高职院校“三全育人”探索与实践

——以秦皇岛职业技术学院为个案研究

张景刚◎著

燕山大学出版社
·秦皇岛·

图书在版编目（CIP）数据

高职院校“三全育人”探索与实践：以秦皇岛职业技术学院为个案研究 / 张景刚著. —秦皇岛：燕山大学出版社，2022.12

ISBN 978-7-5761-0457-8

Ⅰ. ①高… Ⅱ. ①张… Ⅲ. ①高等职业教育－人才培养－研究－秦皇岛 Ⅳ. ①G718.5

中国版本图书馆 CIP 数据核字（2022）第 245488 号

高职院校“三全育人”探索与实践

——以秦皇岛职业技术学院为个案研究

GAOZHI YUANXIAO “SANQUAN YUREN” TANSUO YU SHIJIAN

张景刚 著

出 版 人：陈 玉

责任编辑：宋梦潇　　策划编辑：宋梦潇

责任印制：吴 波　　封面设计：刘馨泽

出版发行：燕山大学出版社 YANSHAN UNIVERSITY PRESS　　电 话：0335-8387555

地 址：河北省秦皇岛市河北大街西段 438 号　　邮政编码：066004

印 刷：英格拉姆印刷(固安)有限公司　　经 销：全国新华书店

开 本：710mm×1000mm 1/16　　印 张：15

版 次：2022 年 12 月第 1 版　　印 次：2022 年 12 月第 1 次印刷

书 号：ISBN 978-7-5761-0457-8　　字 数：260 千字

定 价：68 .00 元

目　　录

第一章　概　　述

第一节 “三全育人”的内涵及特征

“培养什么样的人、怎样培养人、为谁培养人”是中国特色社会主义大学必须回答的一个最基本的问题。2016 年，在全国高校思想政治工作会议上，习近平总书记强调，“要坚持把立德树人作为中心环节，把思想政治工作贯穿教育教学全程，实现全程育人、全方位育人，努力开创我国高等教育事业发展新局面”，这次会议为解决“培养什么样的人、怎样培养人、为谁培养人”的问题指明了方向。之后，党中央、国务院和教育部进行了一系列工作部署，相继实施了一系列改革。2017 年，中共中央、国务院共同印发了《关于加强和改进新形势下高校思想政治工作的意见》，首次对全员育人、全程育人、全方位育人提出明确要求。2018 年，为贯彻落实全员育人、全程育人和全方位育人，教育部启动了“三全育人”综合改革试点工作，确定了首批“三全育人”综合改革试点高校 10 个，试点院系 50 个。2019 年，公布了第二批“三全育人”综合改革试点单位，确定了“三全育人”综合改革试点高校 15 个，试点院系 42 个。除此之外，教育部还指导建设了 32 个省级高校网络思想政治教育中心，培育建设了 20 个思想政治工作创新发展中心，培育打造了 40 个思想政治工作队伍培训研修中心，大力推动理论创新和实践探索。随着综合改革工作的推进，“三全育人”在实践上积累了丰富的经验，在理论研究上也形成了一系列有价值的研究成果。

一、“三全育人”的内涵

“三全育人”关键在“全”，核心在“育人”。“三全育人”既是一个教育理念，也是育人的方式和途径。“三全育人”是中国高等教育在精英教育向大众教育、规模化发展向内涵式发展、教育大国向教育现代化强国的转变过程中提出的全新教育理念，内涵极为丰富，体系极为复杂。作为教育理念的“三全育人”，实际上是从理论上对“三全育人”哲学范式的一种表达，它体现了教育的本质和时代特征，是新时代人们对中国教育价值取向的反映、体现和追求，在理论上和实践上都有鲜明的中国特色。作为育人方式和途径的“三全育人”，是教育理念见之于教育实践的一种体现，对教育实践具有引领定向的作用。

全员育人，强调育人主体的参与性，体现人人育人。全员育人就是学校每一位教职员工都是育人主体，都肩负着育人责任。全员育人要求充分发挥每一位教职员工在各自岗位上育人的功能，相互配合，形成合力，共同促进学生全面发展，培养新时代社会主义现代化建设需要的人才。

全程育人，强调育人的连续性，体现时时育人。全程育人就是将思想政治教育贯穿学生学习成长的全程，融入学生入学到学生毕业的每个阶段、每个环节，并在这一过程中，针对不同阶段的思想政治教育的工作重点及方法进行规划。

全方位育人，强调育人的载体或途径，体现处处育人。全方位育人就是要充分发挥第一课堂（知识课堂）、第二课堂（实践课堂）、第三课堂（网络育人课堂）的协同作用，推动思政“小课堂”与社会“大课堂”相衔接、线下教育与线上教育相融合、显性教育和隐性教育相结合，通过有形或者无形的手段把思想政治教育渗入学生学习和生活的各个环节，渗透教学、管理和服务的各个方面，对学生进行“不断线”“无死角”的全方位教育。

二、“三全育人”的特征

（一）整体性

整体性是“三全育人”的显著特征。“三全育人”包含三个基本要素，即全员育人、全程育人、全方位育人。“三全育人”各要素之间相互联系、相互影响、相互作用，各要素互为条件、互为依托，最终形成紧密的、不可分割的整体。实现“三全育人”的目标，必须整合校内外各类育人资源，实现育人主体、时间、空间三个维度的有效协同，全员、全程、全方位三个要素同时发力，形成人人、时时、处处育人的一体化育人环境。因此，在“三全育人”工作中要遵循整体性原则，统筹考虑各要素在整个思想政治工作中的作用，从育人机制、育人目标、育人方式、育人途径、育人规律、育人资源、基本保障等方面着力，统一谋划、整体推进，形成“三全育人”工作合力；要将课堂内外、学校内外、线上线下及社会各行业领域的育人资源和育人力量有效整合，使其成为思想政治教育的坚实工作基础。

（二）系统性

系统性是“三全育人”的鲜明特征。“三全育人”是一项复杂的系统性工程，包含组织育人、课程育人、科研育人、实践育人、文化育人、网络育人、心理育人、管理育人、服务育人、资助育人等十个子系统，每个系统相互影响、相互作用，共同构成“三全育人”大系统。这也就决定了我们在“三全育人”工作中，不能孤立地、片面地、静止地看待“三全育人”工作，要坚持用系统论的观点和方法，将育人主体、育人载体和育人过程作为一个整体，统筹推进理论探索和实践创新，一体化构建内容完善、标准健全、运行科学、保障有力、成效显著的高质量思想政治工作体系。一体化思想政治工作体系既是“三全育人”的基本保障，也是“三全育人”综合改革的一个重要目标。由于这是一项系统工程，所要实施的改革一定是综合性的。确切地说，“三全育人”本身就是系统性的综合改革，改革既是动力，更是推进工作的路径和抓手。

（三）人民性

人民性是“三全育人”的本质特征和根本要求。这是由中国共产党的本质属性和社会主义社会的性质决定的，也是遵循教育教学规律和人才成长规律的必然要求。坚持以学生为中心、培养学生全面发展和办让人民满意的教育，是人民性在思想政治教育工作中的具体体现。2018 年，在全国教育大会上，习近平总书记指出，要“培养德、智、体、美、劳全面发展的社会主义建设者和接班人，加快推进教育现代化、建设教育强国、办好人民满意的教育”。随后，党中央、国务院、教育部相继出台措施，推动了以促进学生全面发展、培养社会主义建设者和接班人、办让人民满意的教育为目标的“三全育人”综合改革。“三全育人”的关注点和落脚点就是“培养什么样的人、怎样培养人、为谁培养人”，就是立德树人。因此，这也就要求我们的教育教学工作必须坚持以学生为中心，必须围绕学生、关照学生、服务学生，不断提高学生思想水平、政治觉悟、道德品质、文化素养，让学生成为德才兼备、全面发展的人才 。

（四）创新性

创新性是“三全育人”的时代特征。思想政治教育工作的方式、方法、内容、目标、体制、机制等会随着时代的发展而发生变化。面对新的时代要求和形势变化，做好高校思想政治工作，推进“三全育人”综合改革，要按照“因事而化、因时而进、因势而新”的要求，根据工作对象、环境和条件的变化，不断创新理念、方法和手段，做到与时俱进。尽管“三全育人”在理论研究上不断深入，在工作实践上也积累了丰富的经验。但是，目前“三全育人”还处于发展阶段，仍然需要理论探索和实践创新。因此，创新是“三全育人”的内在要求，也是时代发展的需求。

第二节 “三全育人”的发展沿革

目前，关于“三全育人”的发展历程，学界还没有形成统一观点。以往学者大多将其分为四个阶段，还有的将其分为三个或者五个阶段，且每一个阶段划分的依据、方法和标准也不尽相同。比较有代表性的有孙旭等发表在《高教论坛》上的《三全育人研究综述》一文和刘文宇等发表在《现代教育管理》上的《框架分析视域下“三全育人”政策的演化与推进建议》一文，两篇文章从不同视角对“三全育人”的发展历程进行了分析梳理。“三全育人”是在思想政治教育工作的探索与实践中产生和发展起来的，其发展历程大致可划分为起步阶段、改革探索阶段和创新发展阶段（如表 1-1 所示）。

表 1-1 “三全育人”发展历程表

阶段	时间	重要政策（会议、文件）名称	育人主体	育人目标	育人措施	育人对象
第一阶段：起步阶段	1950年	中国教育工会第一次全国代表大会	各级教育工会、学校、教育工作者	提高人民政治文化与技术水平，培养国家建设人才	实施新民主主义教育，提出“教书育人、管理育人、服务育人”口号	人民大众、青年学生
	1956年	中国教育工会第二次全国代表大会	各级教育工会、学校、教育工作者	为伟大的社会主义建设事业服务	发挥教育工会组织的作用，调动和发挥我国教育工作者和科学工作者的积极性	青年学生
	1957年	《关于正确处理人民内部矛盾的问题》	中国共产党、共青团、政府主管部门、校长、教师	培养有社会主义觉悟、有文化的劳动者	加强思想政治工作	知识分子、青年学生
	1980年	邓小平为《中国少年报》和《辅导员》杂志题词	—	培养有理想、有道德、有知识、有体力的人	—	全国中小学生
	1986年	《中共中央关于社会主义精神文明建设指导方针的决议》	各级领导机构	建设社会主义精神文明	加强思想道德建设和科学文化建设	全体知识分子
	1987年	中国教育工会第三次全国代表大会	政府、学校、教育工作者	培养社会主义新人	实施素质教育，加大社会实践、社会服务、科学研究	青年学生

（续表）

阶段	时间	重要政策（会议、文件）名称	育人主体	育人目标	育人措施	育人对象
	1987年	《中共中央关于改进和加强高等学校思想政治工作的决定》	教师、教职工	培养“四有新人”	加强教职工队伍的思想建设，大力提倡教书育人、管理育人、服务育人	高校学生
第二阶段：改革探索阶段	1993年	《中国教育改革和发展纲要》	各级政府及教育行政部门、教师、家庭、媒体	全员育人	加强教育理论研究和试验，加强德育队伍建设，培养子女，提供有益的精神产品	青少年
	1994年	《关于〈中国教育改革和发展纲要〉的实施意见》	党组织、教育工作者	培养“四有新人”，政策和制度上保证“教书育人、管理育人、服务育人”的落实，形成学校、社会家庭教育紧密结合的格局	大力加强和改进德育工作	青少年
	1994年	《中共中央关于进一步加强和改进学校德育工作的若干意见》	学校、家庭、社会、学校党组织	全员育人、全程育人、全方位育人	学校、家庭、社会三方互为补充，协调各方面做好德育工作；建立完善的德育管理体制	青少年
	1999年	《中共中央国务院关于深化教育改革全面推进素质教育的决定》	学校、社会	德育、智育、体育、美育有机统一	更加重视德育工作，改进德育工作的方式方法，加强校园精神文明建设，形成学校家庭社会共同参与德育工作的新格局	青少年
	2004年	《关于进一步加强和改进大学生思想政治教育的意见》	高校教师、学校党政干部、共青团和学生组织	培养德智体美全面发展的社会主义合格建设者和可靠接班人	传授知识的过程中加强思政教育；建设校园文化，重视校园人文环境和自然环境建设；组织、协调实施学生思想政治教育；开展有效的思想政治教育活动	大学生

（续表）

阶段	时间	重要政策（会议、文件）名称	育人主体	育人目标	育人措施	育人对象
	2005年	全国加强和改进大学生思想政治教育工作会议	学校党、团组织	解决培养什么人、如何培养人的问题	以理想信念教育为核心，以爱国主义教育为重点，深入进行民族精神教育；以基本道德规范为基础，深入进行公民道德教育；以大学生全面发展为目标，深入进行基本素质教育	大学生
第三阶段：创新发展阶段	2016年	全国高校思想政治工作会议	高校、教师	把立德树人作为中心环节，实现全员育人、全方位育人，开创我国高校教育事业发展新局面	高校围绕学生、关照学生、服务学生，遵循思想政治工作规律、思想政治工作规律、教书育人规律、学生成长规律；教育者先受教育，以德立身、以德立学、以德施教	大学生
	2017年	《关于加强和改进新形势下高校思想政治工作的意见》	各级党委政府、学校、家庭、全体教职工	加强和改进中国特色社会主义高校育人体系	坚持党对高校的领导，坚持社会主义办学方向，坚持“三全育人”，坚持全员全程全方位育人，坚持改革创新	大学生
	2018年和2019年	《教育部办公厅关于开展“三全育人”综合改革试点工作的通知》	各级党委政府 学校、家庭、全体教职工	德智体美劳全面发展的社会主义建设者和接班人	确定“三全育人”综合改革试点，建立省级高校网络思政教育中心、思政工作创新发展中心、思政工作工作队伍研修中心	大学生
	2018年	全国教育工作大会	各级党委政府、学校、全体教职工	解决培养什么样的人问题	坚定理想信念，厚植爱国主义情怀，加强品德修养；增长见识，培养奋斗精神；增强综合素质，加强和改进学校美育，以美育人，弘扬劳动精神，把立德树人融入思想道德教育和文化教育、社会实践各环节	大学生

（续表）

阶段	时间	重要政策（会议、文件）名称	育人主体	育人目标	育人措施	育人对象
第三阶段：创新发展阶段	2019年	学校思想政治理论课教师座谈会	各级党委政府、学校思政课教师	青少年阶段是人生的拔节孕穗期，最需要精心引导和栽培	党中央对教育工作要高度重视，发挥教师的积极性、主动性、创造性，增加思政课的思想性、理论性和亲和力、针对性，建立党委统一领导、党政齐抓共管、有关部门各负其责、全社会协同配合的工作格局，推动形成全党全社会努力办好思政课、教师认真讲好思政课、学生积极学好思政课的良好氛围	青少年学生
	2020年	《教育部等八部门关于加快构建高校思想政治工作体系的意见》	各级党委政府、学校、全体教职工	努力培养担当民族复兴大任的时代新人，培养德智体美劳全面发展的社会主义建设者和接班人	加快构建目标明确、内容完善、标准健全、运行科学、保障有力、成效显著的高校思想政治工作体系	大学生

第一阶段是“三全育人”的起步阶段（1950—1987）。这一阶段的思想政治教育工作具有深刻的时代烙印，具有鲜明的时代特征。通过实施新民主主义教育等措施，人民群众的文化水平大幅提升，其间思想政治教育因“反右扩大化”“文化大革命”而受到冲击。新中国诞生后，党和国家非常重视思想政治教育工作，1949年颁布的《关于建立中国新民主主义青年团的决议》指出：“团的基本任务，在于有系统地学习马克思列宁主义，从革命实践中不断地教育广大青年群众，同时应当以马克思列宁主义的精神组织广大青年群众积极参加党和人民政府所号召的各项运动。”1950年，在中国教育工会第一次全国代表大会通过的章程中明确提出“提高人民政治文化与技术水平，培养国家建设人才”的育人目标，并在全体代表的倡议下，首次提出了“教书育人、管理育人、服务育人”的口号，这符合我国人口多、底子薄的基本国情。这次会议影响深远，“三育人”教育理念一直影响至今，各级工会组织每年还定期开展“三育人”的评选工作。不仅如此，我们今天提倡的“三全育人”教育理念也是在“三育人”教育理念和工作实践的基础上发展起来的，可以说，“三育人”

是“三全育人”的最初理论雏形。1952年，为加强全国高校思想政治教育工作，国家在各高校设立了政治辅导处，配备政治辅导员，开设政治理论课。1957年，毛泽东在《关于正确处理人民内部矛盾的问题》中指出：“思想政治工作，各个部门都要负责人。共产党应该管，青年团应该管，政府主管部门应该管，学校的校长教师更应该管。”这是关于全员育人理念的最早论述。1980年，邓小平在《中国少年报》题词中提出，“希望全国小朋友做有理想、有道德、有知识、有体力的人”，为改革开放初期的思想政治教育工作指明了方向。1987年，中国教育工会第三次全国代表大会，明确提出了实施素质教育的育人目标，重视社会实践、社会服务、科学研究在育人中的作用。

第二阶段是“三全育人”的改革探索阶段（1988—2011）。在这一阶段，思想政治教育的目标由培养“四有青年”调整为培养德、智、体、美、劳全面发展的社会主义合格建设者和可靠接班人。党和国家站在“培养什么样的人、怎样培养人”的战略高度，对新形势下的思想政治教育工作进行部署，从理念、思路、内容、形式、方法、途径、体制、机制等方面，推进大学生思想政治教育改革。例如1993年发布的《中国教育改革和发展纲要》强调，为了实现全员育人的目标，各级政府及教育行政部门要加强教育理论研究和试验，加强德育队伍建设，家庭将重点放在培养子女上，媒体要为青少年提供有益的精神产品。1994年7月出台的《关于〈中国教育改革和发展纲要〉的实施意见》将责任主体转移到党组织和教育工作者上，并指出大力加强和改进德育工作，具体措施是培养“四有新人”，在政策和制度上保证育人政策的落实，形成学校、社会、家庭教育紧密结合的格局。在同年8月的政策文件《中共中央关于进一步加强和改进学校德育工作的若干意见》中新增了学校、家庭和社会等责任主体，具体措施调整为学校、家庭、社会三方互为补充，建立完善的德育管理体制。1999年出台的《中共中央国务院关于深化教育改革全面推进素质教育的决定》则将责任主体重点转移到学校、社会，动机为推进德、智、体、美的有机统一，措施是更加重视德育工作和改进德育工作的方式方法，加强校园精神文明建设，形成学校、家庭、社会共同参与德育工作的新格局。2004年，我国提出《关于进一步加强和改进大学生思想政治教育的意见》，提出形成学校家庭社会共同参与德育工作的新格局，具体措施包括：在传授知识的过程中加强思想政治教育，建设校园文化，重视校园人文环境和自然环境建设，组织、协调实施学生思想政治教育，开展有效的思想政治教育活动。2005 年，胡锦涛同志在全国加强和改进大学生思想政治教育工作会议上明确指出：“各高校要努力形成党委统一领导，党政群团齐抓共管，全体教职员工全员育人、全方位育人、全程育人的工作机制。”这是党中央第一次在会议上明确提出“三全育人”的口号，为下一阶段“三全育人”工作的改革创新奠定了基础。

第三阶段是“三全育人”的创新发展阶段（2012 年至今）。在这一阶段，无论是在理论上还是实践上，“三全育人”都取得了丰富成果。从国家层面首次对“三全育人”提出明确要求，启动了“三全育人”综合改革试点工作，提出了构建目标明确、内容完善、标准健全、运行科学、保障有力、成效显著的高校思想政治工作体系的目标要求。自党的十八大以来，在习近平新时代中国特色社会主义思想指引下，思想政治教育工作得到了前所未有的重视和发展。2016 年，习近平总书记在全国高校思想政治工作会议上，强调“高校思想政治工作关系高校培养什么样的人、如何培养人以及为谁培养人这个根本问题。要坚持把立德树人作为中心环节，把思想政治工作贯穿教育教学全程，实现全程育人、全方位育人，努力开创我国高等教育事业发展新局面”，这次会议为新时代高校思想政治教育工作指明了方向。2017 年，在中共中央、国务院印发的《关于加强和改进新形势下高校思想政治工作的意见》中，明确提出了“三全育人”要求，并将其作为大学生思想政治教育工作的一个原则、目标和途径。随后，2018 年教育部印发《教育部办公厅关于开展“三全育人”综合改革试点工作的通知》，在全国范围内开展“三全育人”综合改革试点工作。2018 年，全国教育工作大会明确提出“培养德智体美劳全面发展的社会主义建设者和接班人，加快推进教育现代化、建设教育强国、办好人民满意的教育”的育人目标。2019 年，习近平总书记在学校思想政治理论课教师座谈会上强调：“思想政治理论课是落实立德树人根本任务的关键课程。青少年阶段是人生的‘拔节孕穗期’，最需要精心引导和栽培。我们办中国特色社会主义教育，就是要理直气壮开好思政课，用习近平新时代中国特色社会主义思想铸魂育人，引导学生增强中国特色社会主义道路自信、理论自信、制度自信、文化自信，厚植爱国主义情怀，把爱国情、强国志、报国行自觉融入坚持和发展中国特色社会主义事业、建设社会主义现代化强国、实现中华民族伟大复兴的奋斗之中。”这次会议进一步强调了思想政治理论课在育人过程中的地位和作用。2020 年，教育部等八部门发布《教育部等八部门关于加快构建高校思想政治工作体系的意见》，提出了“加快构建目标明确、内容完善、标准健全、运行科学、保障有力、成效显著的高校思想政治工作体系”的目标要求，标志着“三全育人”工作在理论探索和实践创新上达到了一个新高度。

从“三全育人”的发展历程中可以看出，党和国家一直非常重视思想政治教育工作，每一个阶段都有明确的目标、措施和具体内容，并且每一个阶段的发展目标、内容、措施都是相互联系的，都是对前一阶段思政工作的继承和发展。

第三节 “三全育人”概述

“三全育人”作为党和政府开展思想政治教育工作的原则、理念和实践方式，经过 70 多年的教育实践和理论探索，已经成为具有中国特色、内容丰富、体系完备的教育理念和实践路径。

一、“三全育人”的研究对象

“三全育人”内容丰富、体系复杂，其研究对象范围也非常广，涉及学科门类也非常多，如教育学、社会学、政治学、哲学、历史学等等。就“三全育人”的主体而言，主要研究政府、家庭、学校和全体教职工履行教育职能的情况，相对于职业教育而言，还要研究行业、企业在人才培养中的作用；就“三全育人”的宽度而言，主要研究第一课堂、第二课堂和第三课堂及其相互关系；就“三全育人”的过程而言，主要研究学生入学到毕业期间的整个学习过程；就“三全育人”的内容而言，主要研究组织育人、课程育人、科研育人、实践育人、文化育人、网络育人、心理育人、管理育人、服务育人、资助育人等。因此，“三全育人”研究内容、体系、范围的特殊性，决定了必须运用全方位、系统性、跨学科、多角度、多层次的方法，对其进行深入的理论阐释和实践创新。

二、“三全育人”的构成要素及内容

需要明确的是，“三全育人”的构成要素和内容是有区别的，两者不能混为一谈。考察“三全育人”主要从两个方面进行分析：一个是“全”，另一个是“育”。从“全”来看，全员、全程、全方位是“三全育人”的三个基本构成要素，三个要素贯穿立德树人的整个过程，贯穿十大育人中的每一个子系统，是思想政治教育工作的理念、原则、方式、途径。从“育”来看，“三全育人”的内容主要有组织育人、课程育人、科研育人、实践育人、文化育人、网络育人、心理育人、管理育人、服务育人、资助育人等，十大育人共同组成了“三全育人”的全部内容，涵盖了新时代思想政治教育工作的方方面面。本书第二章至第十一章对十大育人进行分别介绍。

三、“三全育人”的目标

“三全育人”的目标可从国家、社会和个人三个维度进行分析。从国家层面来看，“三全育人”的目标就是培养青年学生能够坚信马克思主义、坚信中国特色社会主义制度、坚持走中国特色社会主义道路、坚信中国特色社会主义文化，最终将青年学生培养成能够担当民族复兴大任的时代新人。因此，理想信念教育、爱国主义教育、“四史”教育、中国传统文化教育是青年学生成长成才的必修课，是“三全育人”的重要目标。从社会层面来看，“三全育人”的目标就是为全面建设社会主义现代化培养合格建设者和接班人，办让人民满意的教育。社会主义现代化建设迫切需要大批高素质的技术技能人才，只有源源不断地向社会输送社会发展所需要的人才，社会主义现代化才能充满生机和活力。从个人层面来看，“三全育人”的目标就是实现学生成长成才，促进学生全面发展，提升学生素质，把学生培养成德智体美劳全面发展的人，从而实现高质量就业和有质量的生活。从以上三个维度来看，为党育人，为国育才，办人民满意的教育，与学生成长成才的目标是统一的，它们之间相互联系，共同构成了“三全育人”的总目标。

第二章　组 织 育 人

习近平总书记在高校思政工作会议上指出高校立身之本在于立德树人。这一思想落实到高校育人工作中，形成了多维育人格局，包括组织、课程、科研、实践、文化、网络、心理、管理、服务、资助十种育人方式。其中，组织育人在高校思政工作中发挥着重要的作用，高校构建科学合理的组织育人体系并确保其科学合理运行，最大限度发挥组织的协同作用，是高校提升思政工作效果的核心。

第一节　组织育人的概念及意义

一、组织育人的概念

高校组织是为了保证高校各项工作顺利、有序、高效开展，围绕学校人才培养目标建立起来的内部和外部机构，根据组织的功能和作用可分为党团组织、群众组织、学生组织、学术组织等。党的十八大以来，党和国家对高校思政工作的重视程度不断提升，强化组织育人功能，激发组织育人活力。推动基层组织服务现代化和高等教育高质量发展，是新时代背景下对高校内涵式发展提出的要求。

中共中央、国务院印发的《关于加强和改进新形势下高校思想政治工作的意见》（中发〔2016〕31 号）提出，“把思想价值引领贯穿教育教学全程和各环节，形成教书、科研、实践、管理、服务、文化、组织育人长效机制”，明确将组织育人纳入思政教育体系“七个育人”的总体框架。2017 年年底中共教育部党组印发的《高校思想政治工作质量提升工程实施纲要》（教党〔2017〕62 号）对高校思想政治教育体系作了进一步拓展，提出了构建组织、课程、科研、实践、文化、网络、心理、管理、服务、资助十大育人体系，在丰富完善思政教育系统的同时，再次强调了组织育人在高校思政教育体系中的重要性。

什么是组织育人？高校组织育人是指教育者通过高等院校党政、群众、学生、学术等组织及其开展的活动，将思政理论、价值观念融入其中，直接或间接地传输给大学生，以提升他们的政治素养，助力他们形成符合社会主义大学育人目标要求的过程。《高校思想政治工作质量提升工程实施纲要》中提到，组织育人质量提升体系是把组织建设与教育引领结合起来，强化高校各类组织的育人职责，增强工作活力，促进工作创新，扩大工作覆盖，提高辐射能力，发挥高校党委领导核心作用、院（系）党组织政治核心作用和基层党支部战斗堡垒作用，发挥共青团、学生会、学生社团等组织联系服务、团结凝聚师生的桥梁纽带作用，把思政教育贯穿各项工作和活动，促进学生全面发展。

组织育人是指高等院校各类组织在遵循学生个人发展进步、成长成才规律的基础上，充分发挥其功能和优势，通过有计划、有目的的组织行为落实立德树人根本任务，完成培养担当民族复兴大任的时代新人育人目标的行为。组织育人是全员、全程、全方位育人的重要内容，是高校人才培养和学生思想道德素质提升的重要途径。

二、组织育人的意义

如今，在“充分发挥党建引领”，“积极推行‘三全’育人”“加快构建大思政格局”等一系列高校思政工作质量提升方案和实施举措不断出台的大背景下，充分发挥高校各类组织的政治优势和教育引领功能，对牢牢把握高校意识形态主导权，培养德智体美劳全面发展的时代新人有着重要意义。

（一）组织育人是把牢高校意识形态主导权的根本要求

高等教育关系到“培养什么样的人、怎样培养人、为谁培养人”的根本问题。高等院校通过开展组织育人，可以牢牢把握党对高校各项工作的领导权和主动权，用社会主义核心价值观凝聚师生力量，使学生增强对国家、民族的认同感、归属感、责任感和使命感。党的十九大报告指出：“中国特色社会主义进入新时代，我国社会主要矛盾已经转化为人民日益增长的美好生活需要和不平衡不充分的发展之间的矛盾。”改革开放 40 多年来，世情、国情、党情、民情发生了深刻变化，中国特色社会主义进入新时代，新时代要有新作为，高校思政工作必须与时俱进，拿出新思路、新举措，展现新气象、新作为，在新的历史条件下实现内涵式发展，全面推进质量提升和创新发展。

从新时代中国特色社会主义事业的性质和特点看，新时代的发展特征、国家的发展形势、人民群众思想行为的变化、思政教育领域出现的新课题等等，都要求高校要面向新时代，坚持马克思主义的立场、观点和方法，体现马克思主义的价值指向，以教人育人、塑造新人为归宿。为此，高校要不断探寻与新时代组织育人使命和要求相结合、遵循思政工作规律的育人模式，发挥各类组织的育人功能，推动党团、工会、学生会等群团组织创新组织动员、引领教育的载体和形式。

（二）组织育人是培养全面发展时代新人的必然要求

《中华人民共和国教育法》强调：“教育必须为社会主义现代化建设服务、为人民服务，必须与生产劳动和社会实践相结合，培养德智体美劳全面发展的社会主义建设者和接班人。”大学生正处于个性养成和思想、心理转型的关键时期，处于世界观、人生观、价值观形成的关键时期，他们的主体意识显著增强，身心需求广泛，丰富多彩的组织活动不仅能够满足学生对校园文化生活的精神渴求，而且能潜移默化地培养其热爱祖国的强烈情感、精益求精的求知精神、遵纪守法的规则意识、严谨认真的科学思维、勤于动手的实践能力。

一方面，从外在表现形式看，组织育人具有融趣味性、实践性、广泛性等于一体的隐性育人的特点，学生在参与各类校园文化活动、专业技能竞赛、创新创业、志愿服务等组织活动中，对集体的归属感增强，对组织活动蕴含的主流价值观念进一步认同。另一方面，从内在所具功能看，组织活动有助于学生进一步消化、吸收、验证课堂教学内容，通过与教师、同学的相互交流，接触社会等切身体验，进一步拓宽知识面，涵养道德品质，实现身体机能、劳动技能、思想观念、认知水平、审美情趣等综合素养的全面提升，而这种润物无声的“无教之教”，正是思政育人的最高形态。

（三）组织育人是强化凝聚力和战斗力的内在要求

组织育人是十大育人体系的重要形式，关注的是“育人”与“组织建设”的结合。高校需要依托各级党组织与各类群团组织开展思政教育工作，充分发挥各类组织的育人功能。值得注意的是，组织育人不仅作为十大育人体系的环节之一，为高校落实立德树人的根本任务提供了重要实现途径，还与新时代背景下坚持中国特色社会主义办学方向的政治要求有着密切关联。要办好中国特色社会主义大学，就要将党的教育方针贯穿学校工作的各个方面，保障立德树人根本任务的全面落实。高等院校中党、团、学各级组织的架构，共同构成了组织育人网络，将党和国家的教育方针和人才培养战略贯彻落实下去，使之落地。这种上下贯通、纵深推进的组织架构，正是我国高校区别于西方高校的重要制度特征之一。

以党委为中心的高校基层组织是落实党的决策、传播党的声音、团结动员师生的坚强战斗堡垒，是承担“为党育人、为国育才”重大使命的主要组织者、实施者。近年来，关于加强高校党的建设和思想政治工作、提升高校基层组织战斗力和凝聚力、落实高校立德树人根本任务的顶层设计逐步完善，出台了一系列政策文件。2018 年 2 月中共中央组织部、中共教育部党组联合印发《高校党建工作重点任务》，2020 年 6 月教育部等四部委印发《关于加强高校党的政治建设的若干措施》，2021 年 4 月中共中央印发新修订的《中国共产党普通高等学校基层组织工作条例》等，这些文件为新时期全面贯彻党的教育方针，建设高质量教育体系，提升高校组织育人的政治性、有效性提供了根本遵循和行动指南。要实现党对高等院校的政治领导，就必须发挥好高校基层组织在组织、管理、服务、凝聚师生方面的强大政治功能，在育人过程中务必突出政治标准，以全覆盖、全程的组织育人涵养良好的校园政治生态，这是新时代贯彻党的建设总要求和党的组织路线的内在要求。

第二节　组织育人的内容与途径

高等院校组织育人要与时俱进，顺应时代发展大势，把握人才培养新要求，在全面加强党的领导，促进高等院校高质量发展，满足学生多元化、个性化需求中突出组织的育人功能，创新组织的育人形式，构建新时代高校组织育人机制。

一、组织育人的内容

（一）在全面加强党的领导中突出各类组织的育人功能

在我国高等院校思政教育工作体系中，各类组织承担着不同的育人功能，肩负着对师生进行思想引领、价值引导、能力提升、文化涵养等任务。新时代必须在加强党对高校工作的全面领导中突出各类组织的育人功能。首先，要突出党团组织的思想政治引领功能。高校党委要把好方向、管好大局，各级党组织、基层党支部、共青团组织要牢牢把握思政工作主导权，要突出思想政治引领，确保高校始终成为培养德智体美劳全面发展的社会主义建设者和合格接班人的坚强阵地。其次，要突出各类组织的价值引导功能。高校党团组织是传播马克思主义的重要阵地，要做好马克思主义的宣传教育，培育社会主义核心价值观，引导师生树立正确的三观。再次，要突出各类组织的能力提升功能。各类组织要通过组织培训学习、实践调研、创新创业等形式多样的活动来拓展学生的综合能力。最后，要突出各类组织的文化涵养功能。不同类型的组织文化能给学生带来潜移默化的影响，高校各类组织应加强自身文化建设，这样既可以丰富学生的校园文化生活，又能营造良好的校风学风，最终达到以文化人、以文育人的良好效果。

（二）在促进高校内涵式发展中明确各类组织的育人职责

内涵式发展是新时代我国高等教育发展的新要求。党的十九大报告指出：“加快一流大学和一流学科建设，实现高等教育内涵式发展。”高等教育内涵式发展以“质量提升”为核心，以高校办学资源、规模、结构、质量、效益的协调统一为抓手。新时代背景下高等院校组织育人要与高校内涵式发展相适应，规范各类组织建设，完善育人职责，实现资源优化配置，提高育人质量。

一是深化高等院校各类组织改革。加强高校各类组织建设、深化组织改革是促进组织科学化、规范化发展的需要。同时，以高校各类组织的改革发展推动教育教学改革的深化和发展，促进高校实现内涵式发展，全面提升人才培养质量。二是明确各类组织的育人职责。高校党委要发挥领导核心作用，各院系党组织要明确政治核心作用，履行政治思想引领职责，基层党支部要发挥凝聚师生、服务群众的战斗堡垒作用，工会、共青团、学生会、学生社团等组织要积极发挥团结凝聚师生的桥梁纽带作用。三是推进高校组织建设与教育引领相结合。习近平总书记指出，“培养什么人，是教育的首要问题。我国是中国共产党领导的社会主义国家，这就决定了我们的教育必须把培养社会主义建设者和接班人作为根本任务”。高等教育内涵式发展的最终目标是完成人才培养这个根本任务，为了实现这个任务，必须把高等院校组织建设与教育引领相结合，将思政教育贯穿其中，充分发挥各类组织的思想引领功能，培养能够担当民族复兴大任的时代新人。

（三）在满足师生多样化需求中创新各类组织的育人形式

2016 年，共青团中央、教育部联合印发的《高校共青团改革实施方案》提出，要“着力解决脱离青年学生的突出问题”。高校组织育人要充分尊重师生的思想和行为特点，关心他们的生活、学习、情感需求，将解决思想问题与解决实际问题相结合。2017 年 2 月印发的《普通高等学校学生党建工作标准》指出：“党组织要坚持解决思想问题与实际问题相结合。”

一是帮助组织育人主体克服困难。帮助教师解决工作和生活中的具体困难，适当减轻他们的教学科研压力，加强对他们的育人技能培训，不断提高教师育人的能力素质，并将组织育人效果纳入教师业务能力考核范围。二是加大对组织育人对象的人文关怀。高校要加强对学生的关心关注，在帮困助困、人际交往、专业学习、心理健康、就业创业等方面为学生提供个性化的帮助，使育人工作更加贴近大学生的实际。

高校组织育人要在满足师生多样化需求中激发组织育人的活力，促进组织育人的创新。一方面，将组织育人的传统优势与现代信息技术相融合。加强线上线下组织育人活动阵地建设，促进组织育人资源的充分挖掘与利用，不断扩大高校组织的凝聚力和战斗力。另一方面，促进高校组织育人活动品牌的建设与推广。高校应着力培育和建设一批服务师生时间长、师生认可度高、思想引领价值强的特色组织育人活动品牌，加强宣传，示范推广，扩大组织育人的覆盖面，增强育人的辐射力。

（四）在构建现代化大学治理体系中健全各类组织的育人机制

构建现代化大学治理体系是当前高等院校改革发展的要求。高等院校要深入贯彻落实习近平新时代中国特色社会主义思想，把创建世界一流大学、一流学科作为奋斗目标，系统构建中国特色现代大学治理体系，科学推进依法自主办学和全面深化综合改革进程。而建立现代化大学治理体系要求高等院校各类组织要健全育人机制、完善育人结构。

首先，加强组织育人制度建设。高校党委要在现代大学制度建设中加大各类组织的制度设计，把加强组织育人纳入思政教育工作体系，定目标、定职责、定标准，并且要加强管理、督导、考核等；高校基层党组织要结合人才培养的特点，推动各类组织建设，使组织育人的内容更丰富、形式更多样。

其次，完善各类组织自身建设。高校各类组织要不断完善组织章程，规范组织内部结构，制定科学合理、民主规范的组织章程，并以此作为组织建设、组织管理、组织运行的基本遵循。

最后，加强各类组织的民主监督管理。高校各类组织要健全组织合法性审查机制，加强民主监督管理，实现信息公开，保障师生的参与权、知情权、监督权，保证组织育人程序合法、内容公开，建立符合现代大学治理体系要求的组织育人机制。

二、组织育人的途径

（一）强化组织合力育人意识

增强和保持先进性是对高校各类组织的基本要求。高校思政教育工作应根据不同类型组织的特点，充分发挥其特色优势，通过机制联动、资源整合、优势互补等形式充分发挥组织育人的整体优势。高校组织要在学校党委的统筹下，发挥基层党支部、共青团组织、学生会等组织的优势，有计划、有目标地联合基层学生党组织、团组织以及各类学生组织进行组织共建、资源共享、协调联动，构建工作有统筹，活动有安排，组织间优势互补的组织育人模式。

首先是组织共建。通过开展共建活动，密切基层党团学组织之间的关系，最终实现各组织之间互帮互助，共同发挥优势，实现联合发展。

其次要资源共享。高校党团群组织要充分发挥自身优势，在实现现有资源共享的同时，充分挖掘潜在资源，实现组织效益的最优化。

再次要优势互补。高校应积极发挥基层党组织的思想建设优势、共青团组织建设优势、学生社团组织的文化建设优势，在学校党委的统筹领导下实现组织间的优势互补。

最后要协同联动。高校党团群组织要在科学合理的范围内开展共建工作，既要确保共建的科学合理性，又要确保各组织工作的独立自主性，做到界限清晰、目标明确、方向一致。

（二）提高组织分层育人能力

分层育人是我们党思政教育工作长期坚持的基本原则，也是被实践证明的卓有成效的育人方法。思政教育工作是做人的工作，高校组织育人主体要充分尊重学生的个性差异，遵循学生成长成才规律、教书育人规律，从实际出发，处理好普遍要求与分类指导之间的关系。

首先，要确定组织育人目标。一是要在学生中大力弘扬中华优秀传统文化、民族精神、社会主义核心价值观，加强思想道德教育；二是对学生中的先进分子和骨干力量加强马克思主义思想传输，进行党的基本理论、方针、政策教育。

其次，要有针对性地采取不同的教育方法。高校各类组织要根据不同专业、不同年级学生的培养要求，统筹推进各类组织在政治引领、思想教育、素质提升、困难帮扶、权益维护等方面的育人工作。要根据学生的特点，提供有针对性的育人内容和育人方法，针对学生的个体差异分层进行教育引导。将对广大学生普遍的思政引领和对少数先进学生的教育培养结合起来，构建分层分类一体化思想引领工作体系。

（三）构建组织协同育人机制

高校组织育人要整体推进、协调发展，构建协同育人机制，形成党委统一领导下的各级组织齐抓共管，共同促进学生思政教育实效的育人格局。

首先，坚持党组织的核心引领。高校党委要承担管党治党、从严治校的职责，管好大局、抓稳方向，基层党组织要主动承担起育人的主体责任，充分发挥思想政治引领功能。

其次，以群团组织为重要依托。共产主义青年团、院系学生会、各类学生社团等群团组织是组织育人的重要依托，高校要加强这些群团组织的建设，充分发挥它们团结服务师生的育人功能，实现各级各类群团组织创新发展，增强其育人功能。

再次，以教学、科研组织为重要平台。教学、科研组织要强化自身育人意识和育人能力，把对青年学生的思想引领贯穿教育教学、科研工作的全程。在教学、科研目标的确立，内容的选择，活动的开展，教师综合素质能力提升等各个方面体现尊重学生主体意识、个体差异，关注学生知识需求、技能提升等，有效发挥育人功能。

最后，以管理服务组织为重要补充。管理服务组织要明确育人职责，强化育人效果，依法治校、依规管理，完善服务，提升学生自觉、自律意识；同时贯彻以学生为中心的育人理念，营造风清气正的校园环境，使思政教育达到春风化雨、润物无声的育人效果。

（四）强化组织实践育人效果

高校组织要创新组织引领形式与载体，增强组织实践育人成效。

首先，创新组织育人载体。高校组织育人要与时俱进，紧跟时代发展形势，利用网络、新媒体使育人工作“活”起来。高校党团群组织要不断加强网络平台建设，利用网络开展工作交流、发布信息、实现资源共享、开展网络宣传等。

其次，创新组织育人内容。高校组织要充分发挥文化传播传承功能，不断繁荣校园文化。通过开展形式多样、内容丰富、学生喜闻乐见的校园文化活动来优化校风学风，培育大学精神；通过开展社会主义核心价值观宣传教育活动，引领新时代社会风尚，涵养高校师生品行。

再次，创新组织育人形式。高校组织要整合实践育人资源，拓展实践育人平台，丰富实践育人内容，把对学生的思政教育与开展实践活动结合起来。高校党团群组织要引导学生利用寒暑假和节假日广泛开展社会调研、志愿服务、勤工助学等社会实践活动，支持学生开展创新创业、科技创新，引导学生在积极参加社会实践的活动中不断增长知识才干、增强担当意识、培养服务社会的奉献精神。

最后，创新组织评价机制。高校组织育人要实现科学化、规范化、长效化发展，建立起科学的评价机制。高校组织育人评价标准要突出时代特征、问题导向、理论视角；同时要兼顾部分与整体、效率与公平，不断拓展质量评估指标体系；以信息化为突破口，实现线上线下互联互通，努力优化高校组织育人质量评价体系。

第三节　组织育人的功能与原则

一、组织育人的功能

组织育人的功能是组织功能在育人过程中的体现。在思政教育过程中，高校组织的功能集中表现为思想引领、行为规范、榜样示范和能力提升等内容。

（一）思想引领功能

思想引领功能是指高校各类组织通过开展学习、组织活动等方式对学生进行思政教育，引导学生坚定正确的政治方向，树立正确的价值取向，最终把自己的知识才能运用于社会主义现代化建设。思想引领功能突出表现在凝聚爱党爱国思想、加强理想信念教育及塑造正确的价值观上。

一是强化爱党爱国思想。习近平总书记在全国高校思政工作会议上明确指出了我国高等教育的发展方向，系统而深刻地回答了高校思政教育培养什么人的根本问题。中国共产党是马克思主义政党，高校基层党组织通过宣传党的思想和主张，运用党的理论教育引导广大学生，能够凝聚其思想，坚定他们爱党、爱国、爱社会主义的信念。

二是加强理想信念教育。大学生结束了高中时期紧张的学习生活，来到生活、学习环境相对宽松的大学校园，难免会对自己放松要求，尤其是一些自律性较差的学生，在生活、学习上对自己放松要求。高校各类组织要通过组织活动对学生进行引导和教育，引导学生树立远大目标，充实度过大学生活。党组织要对入党积极分子、党员进行理想信念教育，引导他们树立远大理想，投身社会实践，增强本领，提升服务社会、奉献社会的责任感和使命感。

三是塑造正确的价值观。思想指导实践，目前部分学生思想不成熟，三观尚未完全定型，可塑性较强。然而，他们身在复杂的国际国内环境中，加之互联网的迅速发展拓宽了不良社会思潮传播的渠道，对其价值观的形成产生了消极的影响。高校各类组织通过开展理论学习、组织丰富多彩的校园文化活动，能够有效宣传主流意识形态，弘扬社会主义核心价值观，传播社会正能量，能够用先进思想武装大学生的头脑，帮助他们塑造正确的三观。

（二）行为规范功能

行为规范功能是指高校各类组织通过组织制度、组织活动等对学生进行教育管理，规范学生的日常生活行为和学习行为。

一是规范日常行为。高校各类组织都有其组织制度和组织规范，党组织要按照《中国共产党章程》的要求，召开组织生活会、开展“三会一课”、主题党日、志愿服务活动等。《中国共产党章程》明确规定，党员如果无正当理由，连续六个月不参加组织生活，支部大会应对其做除名处理。高校学生会、社团组织等也要定期召开工作例会，布置相关工作，组织内成员务必遵守这些纪律要求才会有更好的发展。在学生组织中，如果其成员无故多次缺席例会，也会给予训诫、除名等惩罚。因此，高校各类组织不仅能提升学生的综合素养，而且能培养学生纪律意识、规则意识、守时意识。

二是规范学习行为。高校学生不仅要学好专业知识，更要学好政治理论知识。高校组织对学生定期开展政治理论学习，如基层党组织在学生中开展学习习近平总书记系列重要讲话，学党章、党规等，同时借助“学习强国”“青年大讲堂”平台引导学生参与政治理论学习，了解国内外焦点，提升政治素养。与此同时，学生会、学生社团等组织对成员的学习成绩提出了严格的要求，有挂科记录的学生不能担任学生组织的主要负责人、不能加入党组织、不能参加评优评先等，这些要求也能够规范学生的学习行为，使其把学习当作一种习惯，自觉学习、认真学习，提升学习的积极性和主动性。

（三）榜样示范功能

榜样示范功能指高校组织通过评选优秀学生，宣传其先进事迹，发挥其在学生群体中的榜样示范引领作用。主要表现为树立先进标杆，对学生进行精神激励、行为影响等。

一是树立先进标杆。大学生刚进入校园时不能快速适应新环境，容易产生迷茫、焦虑等情绪，导致一部分学生在学习、生活、职业生涯规划上找不到明确的目标和方向。而成绩优秀、工作积极等各方面表现突出的学生的事迹则能对他们产生积极正向的影响，起到良好的引领示范作用。对优秀学生的事迹进行宣传，他们的行为会被更多的学生效仿，能帮助更多学生找到学习、生活、奋斗的方向，明确自己在大学生活中应该成为什么样的人，怎样成为那样的人。

二是进行精神激励。先进榜样的事迹能够对学生产生潜移默化的激励作用。这种激励是隐性的、潜移默化的，很多高校组织都会选树先进榜样，比如党团组织和学生组织会结合学生日常工作表现和学习成绩评选优秀党员、优秀团员、优秀团干、优秀学生、文明学生、三好学生、优秀学生干部等，通过荣誉称号的评选和先进事迹的宣传，能够使更多学生努力学习、积极参加校园文化活动和社会实践活动，能够激励更多学生积极拼搏进取，收获充实快乐的大学生活。

（四）能力提升功能

能力提升功能是指高校组织通过组织丰富多彩的活动、内容充实的理论学习等提升学生的组织协调能力、社会适应能力以及走向社会所需要的各项实践技能等。

一是提升组织协调能力。高校党组织、各类群团组织由不同年级、不同专业、不同地域的学生组成。在学生组织中，学生进行自我管理、自我服务、自我约束，大家共同组织活动、开展讨论学习、分享交流思想等，在一定程度上有很大的自由度。而工作中与组织成员交流又是很好的学习过程，能够提升沟通能力、语言表达能力、管理服务能力等，这也是很多学生加入学生组织的原因。组织开展活动又能够培养学生的活动策划能力、统筹协调能力，从而提升组织成员的综合素养和能力。

二是增强学生的社会适应能力。近年来，社会竞争日趋激烈，就业形势变得愈发严峻，毕业生只有具备良好的社会适应能力，才能适应当前的就业形式。社会适应能力主要包括良好的心理素质、独立处理事务的能力、较强的人际沟通能力、较好的团队合作能力等。而高校各类组织能够提升学生们所需的各项能力。一方面，高校党组织、学生组织由不同的个体组成，他们身在组织中需要与不同年级、不同专业、不同地域的同学相处，能够提升他们的人际沟通和交往能力。另一方面，高校各类组织都会举办活动，成员在组织活动的过程中会遇到各种各样的困难，学生在参与活动的过程中也会面临各种各样的竞争压力，在这一过程中无论是活动组织者还是活动参与者，心理素质都能得到锻炼，在克服困难的过程中也能提升解决问题的能力。

三是丰富实践技能。大学生在校期间需要掌握一定的实践技能才能更好地完成从学校到社会的过渡，更好地完成从“学生”到“职业人”的角色转变。实践技能类型多样，主要包括演讲技能、写作技能、专业技能等。在校期间，各级各类学生组织都会结合自身职能和特点开展一些活动，同时还会组织一些创新创业、社会调研、志愿服务等实践活动，学生参与其中可以不断丰富自己的实践经验，提升实践技能。

总而言之，高校组织育人通过引领学生的思想、规范学生的行为、对学生进行榜样教育，不断提升学生的综合能力，助力学生成为德智体美劳全面发展的合格人才，使他们能更好地进入社会、适应社会、融入社会。

二、组织育人的原则

（一）坚持方向性原则

高校坚持正确的政治方向，就是要坚持社会主义的办学方向。2018 年，习近平总书记在全国教育大会上提出了九个坚持，其中一个就是要坚持社会主义办学方向，办人民满意的教育。这是党和国家对高校办学提出的最基本的政治要求。高校思政教育“三全育人”机制是推动高校顺利开展思政教育，实现育人目标的重要体系，必须坚持社会主义办学方向。首先要做到坚持以马克思主义为指导思想，在深入研究马克思主义及其中国化的一系列理论成果的基础上作出相应的决策；其次就是必须明确我国是社会主义国家，“为党育人，为国育才”是机制建立的目标；最后必须要做到在中国共产党的统一领导部署下进行机制建设。

（二）坚持改革创新原则

高校组织育人机制的良好运行离不开改革创新的助力。因此，在机制建设和后期运行改进过程中要求高校所有人和所有组织做到理念思路创新、内容常更新、方式有创意。要接受、理解、领悟组织育人的内涵，要紧扣“三全育人”的核心内容，并将其运用到实际工作中。各类组织负责人要不断提高自身思想政治素养，在保持原有工作模式优势的前提下，通过开展丰富多彩的活动，借助好网络和新媒体载体，工作思路和方法做到与时俱进，提高工作效率；创新宣传手段，找准宣传定位，搭建更好的信息获取平台，更迅速地掌握学生的思想动态。同时，组织育人机制建设中的人才队伍建设、机制考核评估激励建设等环节也同样需要以改革创新为原则。

（三）坚持客观规律原则

尊重客观规律是发挥主观能动性的前提。建立完善的组织育人机制要遵守两大客观规律，分别是学生成长成才规律和思政教育规律。一方面学生是受教育主体，也是我们建立育人机制最主要的受众群体，因此建立组织育人机制所要采取的一切措施、举办的活动都要在充分尊重学生成长成才规律的前提下进行，要充分了解当代大学生群体的特点，根据他们的需求，采用适当的方式展开思政教育。另一方面要尊重思政教育规律，即高校所有人都要清楚组织育人机制的目标，要了解做好思政教育的方法，要明确思政教育的具体内容有哪些，同时最大限度地将思政教育的功效发挥出来。

（四）坚持有效性原则

高校组织育人要坚持有效性原则。从宏观上看，我们解决问题的标准、改革创新的方向、尊重客观规律的目的都是有效性。为实现机制的良好运行，积极进行思想建设、队伍建设、制度建设、载体建设以及环境建设也是以有效性为原则的。从微观上看，党团组织进行思政教育工作所采用的手段和方法，群团组织对学生进行主流意识形态宣传的方式都要以有效性为原则。所有组织开展的文化传播、社会实践等围绕思想政治教育和机制建设的活动也要坚持有效性原则。建立高校思政教育组织育人机制是为了让高校所有组织、所有人员都能参与到思政教育行动中，实现全员开展思政教育工作，同时借助一定的载体和平台，营造良好的校园文化氛围，实现对学生进行全方位、多角度的思政教育目标。

第四节　组织育人的典型案例

案例：打造“四轮驱动”立体化浸润式培养模式，提升入党积极分子教育实效

——基层党支部提升入党积极分子培养教育质量实践探索

一、实施背景

入党积极分子是党的后备力量，是高校党员发展工作的源头。习近平总

书记高度重视发展党员问题，指出“马克思主义政党的力量和作用，既取决于党员数量，更取决于党员质量”。当前，“00 后”已成为大学生群体的主体。在成长过程中，学生受主客观条件的影响，思想、心理等方面存在一些不足：认识问题从局部出发，看眼前多，看长远少；处理个人与集体的关系时，注重个人，忽视集体；心理承受能力普遍较差，缺乏应对复杂社会的心理准备等。这些问题严重影响高校学生党员队伍建设和入党积极分子的培养。

为全面提升入党积极分子培养教育实效，提高培养质量，秦皇岛职业技术学院商贸系学管党支部遵循德育教育规律，统一知、情、意、行，聚焦学、思、悟、践，打造“四轮驱动”立体化浸润式培养教育模式，从理论学习、情景再现、主题活动、实践历练着手，培养符合要求的入党积极分子，为党组织输送优秀人才。

秦皇岛职业技术学院学管党支部“四轮驱动”立体化浸润式培养模式从 2017 年开始实施，已对累计 8 期 400 余名积极分子进行培养，为党组织输送 71 名合格党员，取得了较好的育人成效。

二、具体方法和过程

（一）具体方法

1. 从“知”出发，让学生了解历史，认清形势，认同社会主义核心价值观

理性认知是基础，是整个认同活动链条中的一环，处在认同的始发点，为主体形成情感认同、坚定意志和自觉践行提供了理论基础。学管党支部引导积极分子从“知”出发，从“学”开始，通过学习中国共产党的发展历史、基本理论、基本经验，改革和现代化建设的历史、任务、成就等，客观认识历史，认清当前形势，认同社会主义核心价值观，形成理性认知，让情、意、行建立在理性认知基础之上。

2. 从“情”着力，激发学生爱国爱党情感，增强民族自信心，提升社会责任感

“知”“情”相生，情感认同是关键。学管党支部通过组织学生观看红色影像资料，到红色教育基地参观学习，到素质拓展基地实景体验等方式，给

学生带来强烈视觉冲击和真实感受，引发他们深刻思考和情感“发酵”，从而引起感情的认同和心理的感应，建立起与时代和人物的共情共鸣，让他们自觉沉浸、感情升华。

3. 从“意”渗透，引导学生树立坚定意志，增强建设中国特色社会主义的理想信念

“情”“意”相融，意志坚定是保障。学管党支部通过在积极分子中开展丰富多彩、形式多样的主题活动，采用“参与—体验—融入—内化”结合的渗透模式，让积极分子通过参与活动将情感沉淀固化为坚定意志，培养毫不退缩的勇气、持之以恒的毅力、责任担当的自觉、坚韧不拔的干劲、宠辱不惊的心态。

4. 在“行”落脚，增强学生勤奋学习、努力实践、报效祖国的自觉性

“知”“行”一体，自觉践行是归宿。学管党支部通过让积极分子参与可知、可观、可感的实践活动，将学生的理性认知、情感认同、坚定意志内化为践行互相融合、相互统一，外化为对党的路线、方针、政策的拥护执行，服务群众的责任担当，报效祖国的自觉性行为。

（二）具体过程

1.“理论学习”驱动，在“学”上出实招，带领学生学出理论深度、学出奋进动力、学出忠诚信仰

“学”是“知”之始。学管党支部重视对入党积极分子的理论教育。形成“集中＋自主”“线上＋线下”“理论＋研讨”互相联动的立体化、多样式的学习模式。组建由院级领导、系党总支书记、支部书记、辅导员组成的积极分子培训讲师团，采取“由浅入深，循序渐进”的培训模式，根据培养阶段和时政热点，设置不同的学习主题。针对大一阶段的入党积极分子，设置入党条件及流程、中国共产党党史、党章党规等较为基础的学习主题。针对大二、大三阶段的入党积极分子，设置最新理论、全国两会精神、国内外重大事件等更为深入的学习主题。

线下，遵循“123”即“一学、二研、三用”的学习理念，引导积极分子提高站位学、带着使命学、扛起责任学，不断把理论学习引向深入。开展“1+1+1”精细化学习模式，科学构建“一次学习＋一次研讨＋一次学用交流

分享”的多元主体交流平台，抓住重点学、围绕主题研、结合实际做。

线上，创建政治理论学习云端课堂，发布学习资源，让积极分子能够打开手机随时学，通过视频会议研讨学，不断丰富学习形式和内容，提升理论学习实效。打造党史学习教育云端平台，在“梦想秦职，风华商贸”微信公众号开展党史宣传教育，助力党史学习教育走深、走实。

2.“情景再现”驱动，在“思”上做文章，促进学生情感升华、激发昂扬斗志、树立家国情怀

学管党支部在入党积极分子中开展“情景再现”系列活动，还原不同年代的先驱人物与重大事件，如实再现过去的岁月与栩栩如生的时代人物。例如，组织学生观看红色影视资料，到红色基地了解革命先烈浴血奋战、艰苦奋斗的革命历程，到素质拓展基地实景体验，采访抗战老兵，等等。通过“情景再现”不断深化积极分子对党情国情的认识，引发他们的深刻思考，引起他们的共情和共鸣。

学管党支部还开展了“观百部红色影视资料，忆百年峥嵘岁月”活动，按照中国共产党百年历史分期，对反映每个时期题材的红色影视资料进行甄选，选取《金刚川》《觉醒年代》《跨过鸭绿江》等100部优秀红色影视作品，开通“红色影院”，组织入党积极分子观看。5年来，组织积极分子观看红色影视90余场次。同时，开展“1+1”活动，即观一部红色影视，写一篇观后心得，使每一段红色历史都能沉淀到积极分子的内心深处，从而达到情感与思想上的深刻共鸣。除此之外，支部还组织积极分子到昌黎五峰山李大钊革命活动旧址参观学习，采访抗战老兵罗镒，听老人讲革命故事，参观山海关组织生活馆，到秦皇岛青龙花厂峪抗日纪念馆瞻仰革命烈士，通过系列“情景再现”活动触动学生情感，激发他们红心向党的坚定决心。

3.“主题活动”驱动，在“悟”上下功夫，帮助学生找准人生航向、筑牢思想根基、坚定必胜信念

学管党支部对每一次主题活动都进行精心设计、组织、实施，自2017年以来共开展主题活动100余次。结合“不忘初心、牢记使命”的主题教育，开展“踏访红色足迹寻初心，传承革命精神再出发”主题实践活动，“不忘初心、牢记使命”学习强国知识竞赛、征文、演讲等活动15场；结合学习党的十九届五中、六中全会精神，开展“绘制发展蓝图，奋进伟大时代”手抄报

设计大赛、知识竞赛等活动 12 场；结合党史学习教育，开展“青春心向党 放歌新征程”红歌大赛，“回望百年，传承初心”党史故事征集活动，“建党百年，书香致远”读书运动打卡等活动 22 场，让同学们在参与活动的过程中学党史、感党恩、跟党走。

4.“实践历练”驱动，在“践”上见成效，助力学生勇挑时代重任、争做有为青年、贡献青春力量

学管党支部秉持“为党育人、为国育才”的理念，引导学生知行合一，在学生中开展“生存体验、社会公益、专业技能”的实践历练活动，引导他们在实践中锻炼自我，提升技能，增强服务意识、奉献意识和责任意识。

开展生存体验实践，历练生存技能。支部鼓励党积极分子利用课余时间进行兼职和勤工助学，召开“我付出，我快乐，我收获”生存体验分享汇报会，组织学生把生存体验过程拍成纪录片，开展以生存体验实践为主题的“微视频”大赛。

参加社会公益实践，历练服务社会技能。依托党员、积极分子组成“海之心”志愿服务队，结合秦皇岛地域文化特征开展志愿服务活动。“海之心”志愿服务队与北戴河旅游局民宿办联合开展“‘惜水、爱水、节水’从我做起”宣传活动，被中国经济网、中国青年网、搜狐网、长城网等多家媒体宣传报道。2017 年暑期配合北戴河旅游局成立“旅游观光铛铛车”志愿服务队，服务北戴河暑期旅游。2020 年，志愿者参加“圆肢残人士登长城之梦”志愿服务活动，助力 140 位残障人士圆梦山海关长城之旅。2020、2021 年“海之心”志愿服务队连续两年参加秦皇岛市暑期交通防疫志愿服务。2020 年至今，共有 156 名积极分子参加疫情防控志愿服务，投身家乡疫情防控工作。“海之心”志愿服务队还走进社区、山村的小学、孤儿院开展志愿服务活动，在爱老济困、留守儿童关爱、公益环保、大型赛事维护等方面作出突出贡献。五年来，共有 2400 余人参加志愿服务活动，累计服务时长达 23000 小时。2018 年“海之心”志愿服务队获评“第八届河北省教育系统优秀志愿者服务组织”荣誉称号。

举行专业技能实践，历练精湛专业技能。支部成员与专业课老师一起制订校企合作方案，带领学生到京东物流华北仓、天津苏宁、北京江泰保险经纪有限公司参加顶岗实习工作。教师与企业师傅一起携手传授，培养学生一

丝不苟、专业专注、精益求精的工匠精神。带领学生参加国家级、省级、市级专业技能大赛、创新创业大赛、职业生涯规划大赛，成绩显著。

四、取得成效

（一）为党组织输送优秀人才，育人成效全面彰显

五年来，学管党支部运用“四轮驱动”立体化浸润式培养模式对400多名入党积极分子进行培养教育，其中71名优秀学生加入党组织。支部培养的党员丁克璇进入英国伦敦大学攻读硕士研究生；王珊珊进入华夏银行工作，成长为业务骨干，多次被评为优秀员工；孙启维、杜凯萍、祁航、梁佳祥等300多名党员、积极分子进入本科院校学习，继续深造；200余名党员、入党积极分子在国家级、省市级专业技能大赛、创新创业大赛、职业生涯规划大赛中获得奖项；积极分子王先涛跳进冰冷的海水勇救落水女青年的英勇事迹获得多家媒体宣传报道。

（二）典型做法在学院推广，工作案例获省级荣誉

学管党支部2021年被确定为秦皇岛职业技术学院样板支部建设单位，2021年12月顺利通过验收，2021年被评为三型基层党组织。支部开展的“微党课”党员、积极分子教育形式成效显著。针对“四轮驱动”中“理论学习”驱动的典型做法形成的“微党课”《让党课教育“潮”起来》，被刊登在秦皇岛职业技术学院校园网站“践使命·迎七一”专栏宣传报道；形成的典型工作案例“微党课激发‘心’动力”被选中在全院范围内进行交流、分享；2021年申报的工作案例“‘微党课’激发‘心’动力——基层党支部创新党员教育形式探索实践”获得河北省高校思想政治工作创新案例三等奖。

五、经验启示

（一）遵循德育教育规律，统一知情意行，全面提升教育实效性

入党积极分子的培养属于德育教育的范畴，德育教育的过程正是知、情、

意、行互动发展的过程。学管党支部打造的“四轮驱动”立体化浸润式培养模式注重发挥知、情、意、行四者的整体功能，即通过理论学习获得理性认知，通过情景再现获得情感共鸣，通过主题活动修得坚定意志，最后通过实践历练外化为身体力行的责任担当。这是一个从认知到情感、从情感到意志、从意志到行动的过程，完全遵循德育教育的规律。“四轮驱动”立体化浸润式培养模式，引导学生从知开始，在行落脚，最后达到知行合一。

（二）注重多点发力，打造“四轮驱动”，跑出育人工作加速度

学管党支部聚焦学、思、悟、践，通过理论学习、红色观影、主题活动、实践历练“四轮驱动”，不断推进积极分子培养教育工作创新发展，形成多点发力、亮点纷呈的良好局面。从横向来看，“四个驱动”形成合力，共同推进，拓宽了育人工作的广度。从纵向来看，每一个驱动均有亮点可挖，比如在理论学习驱动模块，“微党课”教育形式得到了高度认可，形成了工作案例，并且获得省级荣誉。

第三章　课 程 育 人

习近平总书记在全国高校思想政治工作会议上指出，要发挥好课堂教学这一主渠道，守好一段渠、种好责任田。作为十大育人体系中的重要内容，课程育人的作用重大，应当充分发挥育人主阵地的作用。2017 年 12 月，在教育部印发的《高校思想政治工作质量提升工程实施纲要》（以下简称《实施纲要》）中详细规划了课程、科研、实践、文化等十大育人体系，强调要聚焦高校思想政治教育工作中的弱项和短板，探索构建一体化育人体系，位列第一的就是课程育人，可见其在十大育人体系中发挥重要的排头兵作用。要推进课程育人，核心就在把握好课堂这个主渠道。课程是学校育人的专门载体，课程育人主要包括思政课程建设和课程思政建设两个方面，两者在构建一体化育人体系中同向同行，形成协同效应。

第一节　课程育人的概念及意义

一、课程育人的概念

（一）课程与育人的关系

课程是国家意志与社会主流价值的体现，它关系着高校“培养什么样的人、怎样培养人、为谁培养人”这个根本问题；“育人”是指培育符合中国特色社会主义教育目的的不同类别、不同层次的人才。“课程”是“育人”的平台和载体，“育人”是“课程”的目标和价值体现。

（二）课程的范畴

从广义上来谈课程的范畴，项贤明、冯建军、柳海民在《教育学原理》中给过一个定义，他们认为“课程是学校为实现培养目标而选择的教育内容及其进程的总和，它包括学校教师所教授的各门学科和有目的、有计划的各种教育活动”。王谦、李红在《新时代高校课程育人理论与实践》中按照不同标准对课程进行了分类。根据课程内容固有的属性分为学科课程、活动课程，认为学科课程是以学科为中心来编定的，根据知识逻辑体系，将所选出的知识组织为学科的课程；活动课程是从学生的兴趣和需要出发，以活动经验为中心组织的课程。根据课程内容的组织分为分科课程、综合课程，认为分科课程是从不同门类学科中选取知识，按照知识自身的逻辑体系，以分科教学形式传授知识的课程；综合课程是打破分科课程的知识领域，组合两个或两个以上的学科领域构成的课程。根据课程管理的要求，分为必修课程与选修课程，必修课程是法定的，为保证所有学生的基本学力，要求全体学生或某一专业学生必须学习的课程；选修课程是学生可以按照一定规则自由选择学习的课程。在高校课程体系中，必修课是指课程完全由学校决定，学生没有选择的权利；选修课则是学校规定学生需要修读的学科领域和最低学分数，学生在此基础上进行自由选择。根据课程开发与管理的主体分为国家课程与校本课程，认为国家课程是指国家委托有关部门或机构制订的课程方案与必修课程；校本课程是指学校根据自己的教育理念，在对学校学生的需求进行系统评估的基础上，充分利用区域和学校的课程资源，通过自行研究、设计或与专业研究人员及其他力量合作等方式开发出的多样性、可供学生选择的课程。根据课程的表现形式分显性课程和隐性课程，认为显性课程是正式列入学校教学计划的各门学科，以及有目的、有组织的教育活动，一般体现在学校的课程方案或培养方案中，是课程育人的主要平台；隐性课程是指学校范围内除显性课程之外的、按照一定的教育目的及其具体化的教育目标规范设计的校园文化要素的统称，包括实体性精神文化、非实体性精神文化、学校物质环境文化等，对学生发展的影响是无意识性、非预期性与隐藏性的。课程的范畴如此广泛而复杂，因此明确“课程育人”概念中的“课程”含义十分重要。

本书中“课程育人”中的“课程”是个狭义的范畴，应该具有下列特征：第一，是正式列入学校教学计划的各门学科教育活动；第二，体现在学校的课程方案或培养方案中；第三，以“第一课堂”“第二课堂”教育教学为主要形式。

（三）课程的类型

自《实施纲要》颁发以来，党和国家上下十分重视其落实情况，特别是课程育人方面，习近平总书记主持召开重要会议，中共中央办公厅、国务院、教育部等出台了多项规章制度，积极推动课程育人体系的践行，提高课程育人实效。2018 年 4 月，教育部发布《新时代高校思想政治理论课教学工作基本要求》；2018 年 5 月，教育部办公厅公布首批“三全育人”综合改革试点单位名单；2019 年 1 月，教育部办公厅公布第二批“三全育人”综合改革试点单位名单；2019 年 3 月 18 日，习近平总书记主持召开学校思想政治理论课教师座谈会；2019 年 8 月，中共中央办公厅、国务院办公厅印发了《关于深化新时代学校思想政治理论课改革创新的若干意见》；2019 年 9 月，教育部党组审议通过《“新时代高校思想政治理论课创优行动”工作方案》；2020 年 4 月教育部等八部门印发了《关于加快构建高校思想政治工作体系的意见》；2020 年 5 月，教育部审议通过《高等学校课程思政建设指导纲要》；2020 年 12 月，中共中央宣传部、教育部印发《新时代学校思想政治理论课改革创新实施方案》；2021 年 11 月，教育部印发《高等学校思想政治理论课建设标准（2021 年本）》。不难看出，“课程育人”中的“课程”包括思想政治理论课（以下简称思政课）和其他各类课。

1. 思政课

思政课是落实立德树人根本任务的关键课程。习近平总书记强调，我们办中国特色社会主义教育，就是要理直气壮开好思政课，用新时代中国特色社会主义思想铸魂育人，引导学生增强“四个自信”，厚植爱国情怀，把爱国情、强国志、报国行自觉融入“两个一百年”奋斗目标和中华民族伟大复兴的中国梦之中。按照循序渐进、螺旋上升的原则开设好大中小学思政课。

在小学、初中阶段，开设必修课道德与法治。教学内容主要包括中国特色社会主义、品德、法律常识、中华文化、心理健康等等，课时占小学、初中阶段 9 年总课时的 6% 到 8%。

在高中阶段，开设必修课“思想政治”和一些选修课。普通高中必修课的教学内容包括中国特色社会主义、经济与社会、政治与法治、哲学与文化，共 6 学分。选修课围绕当代国际政治与经济、法律与生活、逻辑与思维等内容开展，共 6 学分。中等职业学校（含技工学校）必修课的教学内容包括中国特色社会主义、心理健康与职业生涯、哲学与人生、职业道德与法治，共 144 个学时。围绕时事政策教育，中华优秀传统文化、革命文化、社会主义先进文化教育，法律与职业教育，国家安全教育，民族团结进步教育，就业创业创新教育，公共卫生安全教育等教学内容，开设选修课，不少于36个学时。

在大学阶段，开设思政课必修课和选修课。

（1）必修课的设置

本科：“马克思主义基本原理”，3 学分；“毛泽东思想和中国特色社会主义理论体系概论”，5 学分；“中国近现代史纲要”，3 学分；“思想道德与法治”，3 学分；“形势与政策”，2 学分。从 2022 年秋季学期起全面开设“习近平新时代中国特色社会主义思想概论”课，3 学分。

高等职业学校专科：“毛泽东思想和中国特色社会主义理论体系概论”，3 学分；“思想道德与法治”，3 学分；“形势与政策”，1 学分。从 2022 年秋季学期起全面开设“习近平新时代中国特色社会主义思想概论”，2 学分。

硕士研究生：“新时代中国特色社会主义理论与实践”，2 学分。

博士研究生：“中国马克思主义与当代”，2 学分。

（2）选修课的设置

高校结合本校实际，统筹校内通识类课程，围绕马克思主义经典著作，党史、新中国史、改革开放史、社会主义发展史，中华优秀传统文化、革命文化、社会主义先进文化，宪法法律等，开设本科及高等职业学校专科选修课，确保学生至少从“四史”中选修 1 门课程；围绕习近平新时代中国特色社会主义思想专题研究，马克思、恩格斯、列宁经典著作选读，马克思主义与社会科学方法论，自然辩证法概论等，开设硕士、博士研究生选修课，硕士研究生至少选择 1 学分课程。

同时规范实践教学，把思想政治教育有机融入社会实践、志愿服务、实习实训等活动中，切实提高实践教学的育人实效。

2. 其他各类课程

（1）公共基础课程

重点打造一批能够提高大学生思想道德修养、科学精神、人文素质、宪法法治意识、国家安全意识和认知能力的课程，注重潜移默化的影响，坚定学生的理想信念、厚植爱国主义情怀、加强品德教育、培养奋斗精神，提升学生综合素质。打造一批与时俱进的特色体育、特色美育课程，帮助学生在体育锻炼中健全人格、锤炼意志，在增强体质的同时享受乐趣，在美育教学中提升审美素养、陶冶情操、激发创造创新能力。

（2）专业教育课程

根据不同学科专业的特色和优势，深入研究其育人目标，深挖并精炼出专业课中所蕴含的思想价值和精神内涵，从课程涉及的专业、行业、国家、国际、文化、历史等角度拓展专业课的广度、深度增加课程的知识性、人文性。

文学、历史学、哲学类专业课程。培养学生掌握马克思主义世界观和方法论，从历史与现实、理论与实践等维度深刻理解习近平新时代中国特色社会主义思想。结合专业知识教育引导学生深刻理解社会主义核心价值观，自觉弘扬中华优秀传统文化、革命文化、社会主义先进文化。

经济学、管理学、法学类专业课程。坚持以马克思主义为指导，加快构建中国特色哲学社会科学学科体系、学术体系、话语体系。指导学生了解相关专业和行业领域的国家战略、法律法规和相关政策，引导学生深入社会实践、关注现实问题，培育学生经世济民、诚信服务、德法兼修的职业素养。

教育学类专业课程。注重师德师风教育，突出课堂育德、典型树德、规则立德，引导学生树立学为人师、行为世范的职业理想，培育学生爱国守法、规范从教的职业操守，培养学生传道情怀、授业底蕴和解惑能力，把对家国的爱、对教育的爱、对学生的爱融为一体，自觉以德立身、以德立学、以德施教，争做“四有”教师。体育类课程要树立健康第一的教育理念，注重爱国主义教育和传统文化教育，培养学生顽强拼搏、奋斗有我的信念，激发学生提升全民族身体素质的责任感。

理学、工学类专业课程。把马克思主义立场观点方法的教育与科学精神的培养结合起来，提高学生正确认识问题、分析问题和解决问题的能力。理学类专业课程注重科学思维方法的训练和科学伦理的教育，培养学生探索未知、追求真理、勇攀科学高峰的责任感和使命感。工学类专业课程，要注重强化学生工程伦理教育，培养学生精益求精的大国工匠精神，激发学生科技报国的家国情怀和使命担当。

农学类专业课程。加强生态文明教育，引导学生树立和践行人与自然共同体理念。注重培养学生的“大国三农”情怀，引导学生以强农兴农为己任，“懂农业、爱农村、爱农民”，树立把论文写在祖国大地上的意识和信念，增强学生服务农业农村现代化、服务乡村全面振兴的使命感和责任感，培养知农爱农创新人才。

医学类专业课程。注重加强医德医风教育，培养学生“敬佑生命、救死扶伤、甘于奉献、大爱无疆”的医者精神，注重加强医者仁心教育，在学习精湛医术的同时，教育引导学生始终把人民群众生命安全和身体健康放在首位，尊重患者，善于沟通，提升综合素养和人文修养，提升依法应对重大突发公共卫生事件能力，做党和人民信赖的好医生。

艺术学类专业课程。教育引导学生立足时代、扎根人民、深入生活，树立正确的艺术观和创作观。坚持以美育人、以美化人，积极弘扬中华美育精神，引导学生自觉传承和传播中华优秀传统文化，全面提高学生的审美和人文素养，增强文化自信。

（3）实践类课程

专业实验实践课程，注重学思结合、知行合一，增强学生勇于探索的创新精神、善于解决问题的实践能力。创新创业教育课程，注重让学生“敢闯会创”，在亲身参与中增强创新精神、创造意识和创业能力。社会实践类课程，注重教育和引导学生弘扬劳动精神，将“读万卷书”与“行万里路”相结合，扎根中国大地了解国情省情民情，在实践中增长智慧才干，在艰苦奋斗中锤炼意志品质。

（四）育人的目的

育人就是要全面贯彻党的教育方针，解决好“培养什么样的人、怎样培养人、为谁培养人”这个根本问题。新时代贯彻党的教育方针，要坚持马克思主义指导地位，贯彻新时代中国特色社会主义思想，坚持社会主义办学方向，落实立德树人根本任务，坚持教育为人民服务、为中国共产党治国理政服务、为巩固和发展中国特色社会主义制度服务、为改革开放和社会主义现代化建设服务，扎根中国大地办教育，同生产劳动和社会实践相结合，加快推进教育现代化，建设教育强国，办好人民满意的教育，努力培养担当民族复兴大任的时代新人，培养德智体美劳全面发展的社会主义建设者和接班人。

（五）课程育人的内涵

课程育人就是在课程的教学活动中，充分贯彻党的教育方针，以育人为基础，以德为先，引导学生不断掌握科学的理论和党与国家的方针政策，逐步树立正确的世界观、人生观和价值观，从而使其成为德才兼备、德智体美劳全面发展的社会主义合格建设者和可靠接班人。

二、课程育人的意义

（一）课程育人有利于满足新时代对人才培养的要求

新时代我国面临着严峻的思想政治教育挑战，意识形态领域的“冷战”并没有结束。从国际上看，一些西方国家凭借其军事、科技、经济实力，宣扬历史将终结于资本主义，鼓吹不同文明之间的冲突对抗，在世界上强推所谓的“普世价值”，打着民主的幌子到处制造“颜色革命”。从国内来看，改革从以经济体制改革为主进入以社会改革为主的全面深化改革的新阶段，社会进入“三期”迭代阶段。随着社会发生巨大变化，人们在思想观念、生活方式、价值追求上也发生变化。高校思想政治教育必须要积极回应社会变化之间，为建设好共有精神家园、维护好我国意识形态安全贡献力量。

党的十八大提出，“把立德树人作为教育的根本任务，培养德智体美全面发展的社会主义建设者和接班人”。一直以来，我们都十分重视学生的思想政治素质与道德品质的培养，我国是中国共产党领导的社会主义国家，也就决定了我们的教育必须把培养社会主义建设者和接班人作为根本任务，培养一代又一代拥护中国共产党领导和我国社会主义制度，立志为中国特色社会主义奋斗终身的有用人才。这是新时代对人才培养的必然要求，是教育工作的根本任务，也是教育现代化的方向目标。

（二）课程育人有利于建设一支信仰坚定的教师队伍

改革开放以后，我国选派一大批学者赴西方学习科学文化，也接触了西方价值观，特别是近些年，我国部分高校，尤其是某些“双一流”大学在招聘教师时，不是留学西方名校的不要、不招，青年教师主要来源为留学者，这对高校政治文化生态的现状产生了较大影响。同时，青年教师和学生中的中共党员的比例偏低。在一些高校人文社会科学领域，唯洋是从，西方理论学说大行其道，把将论文发表在国外刊物并获奖作为最高追求。

2018 年 1 月，中共中央、国务院颁发了《关于全面深化新时代教师队伍建设改革的意见》，指出“把提高教师思想政治素质和职业道德水平摆在首要位置，把社会主义核心价值观贯穿教书育人全程，突出全员全方位全程师德养成，推动教师成为先进思想文化的传播者、党执政的坚定支持者、学生健康成长的指导者”。长期以来，不少教师都认为学生的思想政治教育是团委、辅导员、思政课教师的事情。有些教师即使曾经对学生有过专业课之外的思想开导和生活帮助，也都是碎片化的、短暂式的个人行为。甚至有极少数教师受到西方社会思潮的影响，还会向学生传递与社会主义核心价值观相违背的思想而不自知。在课程育人中，学科体系、教学体系、教材体系、管理体系要围绕立德树人这个目标来设计，要求教师充分挖掘和运用各门课程蕴含的思想政治教育元素，发挥专业教师课程育人的主体作用。在这一过程中，必然能够提升教师队伍的思想政治素质，加强教师队伍的师德师风建设。

（三）课程育人有利于学生素质教育落到实处

中共中央、国务院在《关于深化教育改革全面推进素质教育的决定》中指出：“实施素质教育，就是全面贯彻党的教育方针，以提高国民素质为根本宗旨，以培养学生的创新精神和实践能力为重点，造就‘有理想、有道德、有文化、有纪律’的德智体美等全面发展的社会主义事业建设者和接班人。”在中国特色社会主义发展新阶段，学生的创新精神和实践能力是践行新发展理念，实现第二个百年奋斗目标的重要保障和坚实基础。在素质教育中，

“德”是第一位的，大学生面对复杂的社会形势与社会关系问题，如果没有“德”把关，很容易走弯路，甚至误入歧途。在课程育人中，要让社会主义政治信念不够坚定，思想上存在模糊认识，缺乏四个自信的学生，进行系统的思政课学习，让其接受专业相关的思政元素强化教育。只有充分提升大学生的思想道德素质，提升大学生对中国特色社会主义事业的理想信念，引导他们将个人理想和社会理想相统一，他们的人生价值才得以更好实现，素质教育才有了真正的落脚点。

第二节 课程育人的内容与途径

一、课程育人的内容

按照前文所述，课程育人中的课程包括思政课和其他各类课，其育人体系也包括这两大内容，第一是办好思政课程，第二是搞好课程思政。

（一）办好思政课程

正是因为思政课承担着立德树人、价值观塑造的重要政治任务，所以它不是一般的、可有可无的课程，不能简单地等同于数学、物理等知识传授为主的学科课程，而应先于、高于、优于其他的学科课程，予以重点支持。在课程的时间、师资、教学资源等配置上要优先予以保障，切实发挥好思政课培育时代新人主渠道的作用。

推动思政课改革创新，在实践中贯彻落实好建设思政课的“八个坚持”，不断增强它的思想性、理论性、亲和力和针对性。深入推动习近平新时代中国特色社会主义思想进教材、进课堂、进头脑。完善课程设置管理、课程标准和教案评价制度，实施高校课程体系和教育教学创新计划，推动面向全体学生开设提高思想品德、人文素养、认知能力的哲学社会科学课程，创新高校思想政治理论课建设体系。

（二）搞好课程思政

课程思政建设就是要寓价值观引导于知识传授和能力培养之中，帮助学生塑造正确的世界观、人生观、价值观。课程思政育人强调所有的课程都有立德树人的价值观教育责任，应发挥出其特有的育人价值，所有教师都负有育人的职责，使广大青年学生坚定对马克思主义的信仰，坚定对共产主义和中国特色社会主义的价值认同，自觉将社会主义先进文化思想内化，成为新时代建设者和接班人。

课程思政的思想政治教育元素，包括思想政治教育的理论知识、价值理念及精神追求等，潜移默化地对学生的思想意识、行为举止产生影响，润物细无声地产生育人作用。

课程思政坚持个人价值与社会价值相统一的原则，在个人价值上强调知行合一、德才兼备、以德为先；在社会价值上，重点强调政治认同与文化传承，强调个人之德与社会之德的统一。课程思政寓德于课，将思想政治教育融入其他课程中，不管是具体的思想政治教育还是宏观的教育，最终目的都是育人。

二、课程育人的途径

（一）做好顶层设计

2019 年 3 月 18 日习近平总书记在学校思想政治理论课教师座谈会上，发表了《思政课是落实立德树人根本任务的关键课程》的讲话。2018 年 8 月 14 日中共中央办公厅、国务院办公厅印发了《关于深化新时代学校思想政治理论课改革创新的若干意见》。2019 年 9 月 2 日，为了深入贯彻落实习近平新时代中国特色社会主义思想和党的十九大精神，贯彻落实习近平总书记关于教育的重要论述，特别是在学校思想政治理论课教师座谈会上的重要讲话精神，贯彻落实党的教育方针，用习近平新时代中国特色社会主义思想铸魂育人，解决好“培养什么样的人，怎样培养人，为谁培养人”这个根本问题，高质量办好新时代高校思政课，中共教育部党组印发了《新时代高校思想政治理论课“创优行动”工作方案》。2020 年 12 月 18 日，中共中央宣传部、教育部印发了《新时代学校思想政治理论课改革创新实施方案》，目的在于充分发挥思政课在立德树人中的关键课程作用，循序渐进地开设好大中小学思政课。

（二）推动思政课改革创新

构建大中小学一体化思政课课程体系，要根据学生成长规律，结合不同年龄段学生的认知特点，对大中小学思政课课程目标进行一体化设计，构建协同联动的课程内容，完善一体化教材建设机制，构建立体化教材体系；创新思政课堂教学模式，注重思想引领等育人功能，由以往的单向灌输式教学向参与式教学、案例式教学、专题式教学、研究式教学转变；优化育人空间，拓展育人渠道，比如开展第二课堂活动，广泛参与社会实践，打造云媒体，把握学生思想动态；注重人文关怀，强化学生的主体意识，以学生需求为本位，注重学习效果，以生活实践为基础，关注过程性评价。

（三）推动以“课程思政”为目标的课堂教学改革

推动课堂教学改革，要修订各类专业教材，加强课堂教学设计，推进马克思主义理论研究和建设工程教材、思政课统编教材编写修订，研制课程育人指导意见，充分挖掘和运用各门课程蕴含的思想政治教育元素；大力推动以“课程思政”为目标的课堂教学改革，优化课程设置，修订专业教材，完善教学设计，加强教学管理，梳理各门专业课程所蕴含的思想政治教育元素及其所承载的思想政治教育功能，将其融入课堂教学各环节，实现思想政治教育与知识体系教育的有机统一；发挥专业教师课程育人的主体作用，健全课程育人管理、运行体制，将课程育人作为教师思想政治工作的重要环节，作为教学督导和教师绩效考核的重要方面；加强教材使用和课堂教学管理，建立哲学社会科学专业核心课程教材目录，研制引进教材选用管理办法，建立国家优秀教材评选奖励制度，制定高校课堂教学管理指导意见，明确课堂教学的纪律要求；培育选树一批“学科育人示范课程”，建立一批“课程思政研究中心”。

（四）显隐结合协同育人

思政课程与课程思政育人将显性教育与隐性教育相结合，构建全课程育人环境。在现实中，思政课因缺少专业和学科的支撑，往往陷入理论性过强、缺乏吸引力、实践性差的困境，而专业课中又普遍存在一种只注重专业知识的培养，忽视价值观引领的现象。在协同育人中，课程思政建设不是课程与思政的简单相加，更不是课程的全面思政化或思政的全面课程化，而是一种各司其职又相互配合的状态，要避免出现思政课程“孤岛化”和思政课程与专业课程教学“两张皮”的现象。课程思政育人追求专业课程与思政课程同向同行、协同育人，使专业课程教学不再仅重视知识传授这一目的，这本身就意味着教学内容的重构，实现知识传授、价值塑造和能力培养的多元统一。

第三节　课程育人的重点与手段

一、课程育人的重点

（一）思政课程改革创新

充分发挥高校思政课落实立德树人根本任务关键课程的作用，全面推动习近平新时代中国特色社会主义思想进教材、进课堂、进学生头脑，建设一支专职为主、专兼结合、数量充足、素质优良的思政课教师队伍，培育一批优质教学资源，打造一大批内容准确、思想深刻、形式活泼的优质示范课堂。教育引导学生深化对马克思主义历史必然性、科学真理性、理论意义和现实意义的认识，坚定对马克思主义的信仰，坚定对社会主义和共产主义的信念，坚定对实现中华民族伟大复兴中国梦的信心，形成正确的世界观、人生观、价值观，增强中国特色社会主义道路自信、理论自信、制度自信、文化自信，不断提升大学生对思政课的获得感，努力培养担当民族复兴大任的时代新人，培养德智体美劳全面发展的社会主义建设者和接班人。

聚焦全面推动习近平新时代中国特色社会主义思想进教材进课堂，进学生头脑，在坚定理想信念、厚植爱国主义情怀、加强品德修养、增长知识见识、培养奋斗精神、增强综合素质上下功夫，把建设一支高素质的思政课教师队伍作为关键，以高水准教材为遵循，以高水平教学资源为支撑，以高质量示范课堂为抓手，以高效率工作机制为保障，以高标准教学质量为目标，深入推进思政课思路创优、师资创优、教材创优、教法创优、机制创优、环境创优，进一步完善顶层设计、优化工作格局、加大精准施策力度，展现新时代高校思政课新气象“新作为”新担当，全面提升思政课质量和水平。从内容上来看，课程思政和思政课程各有侧重，并形成科学的“互补”。

（二）思政课程建设

落实立德树人根本任务，必须将价值塑造、知识传授和能力培养三者融为一体、不可割裂。全面推进课程思政建设，就是要寓价值观于知识传授和能力培养之中，帮助学生塑造正确的世界观、人生观、价值观，这是人才培养的应有之义。这一战略举措，影响甚至决定着接班人问题，影响甚至决定着国家的长治久安，影响甚至决定着民族复兴和国家强盛。要紧紧抓住教师队伍“主力军”、课程建设“主战场”、课堂教学“主渠道”，让所有高校、所有教师、所有课程都承担好育人责任，守好一段渠、种好责任田，使各类课程与思政课程同向同行，将显性教育和隐性教育相统一，形成协同效应，构建全员全程全方位育人大格局。

高等学校人才培养是育人和育才相统一的过程。建设高水平人才培养体系，必须将思想政治工作体系贯穿其中，必须抓好课程思政建设，解决好专业教育和思政教育“两张皮”的问题。要牢固确立人才培养的中心地位，围绕构建高水平人才培养体系，不断完善课程思政工作体系、教学体系和内容体系。高校主要负责同志要直接抓人才培养工作，统筹作好各学科专业、各类课程的课程思政建设。要紧紧围绕国家和区域发展需求，结合学校发展定位和人才培养目标，构建全面覆盖、类型丰富、层次递进、相互支撑的课程思政体系。要切实把教育教学作为最基础最根本的工作，深入挖掘各类课程和教学方式中蕴含的思想政治教育资源，让学生通过学习掌握事物发展规律，通晓天下道理，丰富学识，增长见识，塑造品格，努力成为德智体美劳全面发展的社会主义建设者和接班人。

（三）思政课程与各类课程协同育人

思政课程侧重理论方面，即进行系统的思想政治理论教育。这一点在中共中央宣传部、教育部颁发的《关于进一步加强和改进高等学校思想政治理论课的意见》得到了明确，即“高等学校思想政治理论课承担着对大学生进行系统的马克思主义理论教育的任务，是对大学生进行思想政治教育的主渠道”。各类课程推进课程思政建设就是侧重于思想价值引领，即各类各门课程（包括公共课、专业课和实践课）中增强政治意识和加强思想价值引领。二者的科学互补，无疑能够推进协同育人进程。

思政课程与课程思政在本质上都是发挥思想政治教育功能，无论是思政课程中的思想政治理论内容，还是其他课程中的思想政治教育元素，都是思想政治教育内容体系的重要组成部分，二者具有内在的契合性。思政课内容创新就是把马克思主义理论、中国特色社会主义理论与中华民族伟大复兴的实践相结合，用中国声音讲好中国故事，用中国故事讲清新时代思政理论，用新时代思政理论夯实学生理想信念，推动思政课程内容在改进中不断充实。挖掘各类专业课程的思政价值元素，就是要充分认识各专业课程都是一座思政价值元素宝藏，将人、物和事件背后蕴含的宝贵精神财富显性化，用新时代大学生易于接受的形式予以呈现，在知识传播中凝聚思政价值。将二者协同就是要注重教育的内在整合和完整性，实现育人的整体效应。

习近平总书记指出：“要用好课堂教学这个主渠道，思政课要坚持在改进中加强……其他各门课都要守好一段渠、种好责任田，使各类课程与思政课同向同行，形成协同效应。”思政课的“向”就是正确的政治方向，思政课的“行”就是进行思想政治教育。同向同行，实际上是指各类各门课程都要与思政课一道，坚持正确的政治方向，发挥思想政治的教育作用，形成协同效应，增强育人合力。

（四）明确课程思政建设目标要求和内容重点

课程思政建设工作要围绕全面提高人才培养能力这个核心点，在全国所有高校、所有学科专业全面推进，促使课程思政的理念形成广泛共识。广大教师开展课程思政建设的意识和能力全面提升，协同推进课程思政建设的体制机制基本健全，高校立德树人成效才能进一步提高。

课程思政建设内容要紧紧围绕坚定学生理想信念，以爱党、爱国、爱社会主义、爱人民、爱集体为主线，围绕政治认同、家国情怀、文化素养、法治意识、道德修养等重点优化课程思政内容供给，系统进行中国特色社会主义和中国梦教育、社会主义核心价值观教育、法治教育、劳动教育、心理健康教育、中华优秀传统文化教育。

1. 推进习近平新时代中国特色社会主义思想进教材、进课堂、进头脑

坚持不懈用习近平新时代中国特色社会主义思想铸魂育人，引导学生了解世情国情党情民情，增强对党的创新理论的政治认同、思想认同、情感认同，坚定中国特色社会主义道路自信、理论自信、制度自信、文化自信。

2. 培育和践行社会主义核心价值观

教育引导学生把国家、社会、公民的价值要求融为一体，提高个人的爱国、敬业、诚信、友善修养，自觉把小我融入大我，不断追求国家的富强、民主、文明、和谐和社会的自由、平等、公正、法治，将社会主义核心价值观内化为精神追求、外化为自觉行动。

3. 加强中华优秀传统文化教育

大力弘扬以爱国主义为核心的民族精神和以改革创新为核心的时代精神，教育引导学生深刻理解中华优秀传统文化中讲仁爱、重民本、守诚信、崇正义、尚和合、求大同的思想精华和时代价值，教育引导学生传承中华文脉，富有中国心，饱含中国情，充满中国味。

4. 深入开展宪法法治教育

教育引导学生学思践悟习近平全面依法治国新理念新思想新战略，牢固树立法治观念，坚定走中国特色社会主义法治道路的理想和信念，深化对法治理念、法治原则、重要法律概念的认知，提高运用法治思维和法治方式维护自身权利、参与社会公共事务、化解矛盾纠纷的意识和能力。

5. 深化职业理想和职业道德教育

教育引导学生深刻理解并自觉践行各行业的职业精神和职业规范，增强职业责任感，培养遵纪守法、爱岗敬业、无私奉献、诚实守信、公道办事、开拓创新的职业品格和行为习惯。

二、课程育人的手段

（一）发挥思政课全面推动习近平新时代中国特色社会主义思想“三进”主渠道作用

1. 推动以学习习近平新时代中国特色社会主义思想为核心内容的思政课课程群建设

在高校全面开设“习近平新时代中国特色社会主义思想概论”课；加强“形势与政策”课建设，及时深入宣讲习近平新时代中国特色社会主义思想，特别是习近平总书记最新重要讲话精神；开设与思政课必修课相配套的系列选修课、实践课。

2. 完善思政课教师队伍建设的顶层设计

研究制定《新时代高校思想政治理论课教师队伍建设规定》，进一步明确思政课教师的职责要求、配备选聘、培养发展、管理考核等；按规定的师生比设置专职思政课教师岗位，建设一支专职为主、专兼结合、数量充足、素质优良的思政课教师队伍；贯彻落实《普通高等学校思想政治理论课教师队伍培养规划（2019—2023年）》（教社科函〔2019〕10号），完善国家、省（区、市）、高校三级培训体系，在五年内实现全国高校思政课专职教师集中培训全覆盖，坚持不懈用习近平新时代中国特色社会主义思想武装头脑、指导实践、推动工作；实施“高校思政课教师队伍后备人才培养专项支持计划”；高水平开展思政课教师示范培训；实施高校思政课教师社会实践专项工作；改革思政课教师评价机制，推动高校在专业技术职务（职称）评审工作中单独设立马克思主义理论类别，按教师比例核定思政课教师专业技术职务（职称）各类岗位占比；加大思政课教师激励力度，如在推进人才项目中、补充学校干部队伍时对思政课教师给予更多支持和关注。

3. 提升高校马克思主义学院建设水平

贯彻落实《普通高等学校马克思主义学院建设标准（2019年本）》；适时开展全国重点马克思主义学院建设督查，推动有关高校落实全国重点马克思主义学院建设方案；系统开展高校马克思主义学院对口支援建设专项工作，选派一批高水平的思政课教学科研管理骨干到相对薄弱的马克思主义学院挂职锻炼；全力推动有关部门共建高校马克思主义学院。

4. 集中建设优质教学资源

编好用好“马工程”高校思政课教材，体现党的理论创新、中国特色社会主义实践和马克思主义理论研究的最新成果；定期研制印发《高校“形势与政策”课教学要点》，有针对性地指导高校“形势与政策”课教学；教育部高校思政课教学指导委员会研制各门思政课必修课专题教学指南及配套课件教案，供全国思政课教师参考使用；构建思政课立体化教材体系，组织力量分课程编写教学辅助材料。

5. 深入实施思政课教学方法改革创新

全面开展高校思政课教师集体备课，建设“全国高校思政课教师网络集体备课平台”和网络集体备课制度，为每位教师提供更个性、更精细、更高水平和效率的备课服务，整体提升思政课教师的业务水平和育人能力；定期遴选教法新、效果好、受学生欢迎的思政课教学方法改革项目并予以资助；每两年开展一次全国高校思政课教学展示活动，引导思政课教师潜心从教、热心从教；在华北、东北、华中、华东、华南、西南、西北地区建立高校思政课教学创新中心，不间断地为思政课教师提供丰富多样、易学易教的教学资源。

（二）各类课程守好一段渠、种好一块田，因课施策打造育人特色

1. 公共基础课提高大学生意识

公共基础课旨在提高大学生思想道德修养、人文素质、科学精神、宪法法治意识、国家安全意识和认知能力，对于帮助大学生坚定理想信念、厚植爱国主义情怀、加强品德修养、增长知识见识、培养奋斗精神、提升学生综合素质有重要作用。要结合对学情、课程、教学背景的把握，实施课程二次开发，形成公共基础课程的思政知识图谱、教学大纲、教学教案和课程材料。

2. 打造育人特色，提升育人效能

思想政治教育元素融入专业课程要符合专业特色和学科实际，也就是基于课程的专业教学体系和知识体系，在维护课程学科价值体系的前提下开展。安排好思政元素的存在方式、体量，使其融入自然，不说教，不求多，只求精。比如故事导入，故事本身应出自知识点背后的研究历史，自然而然地达成专业知识与思政主题的连接；再如话题引入，应以专业的“八卦”为切入

点，引导学生从专业热门话题向思政元素探寻，基于专业视角对其产生的原因和影响进行思考；情境预设导入、问题创设、比较导入等都应紧密地联系本学科的知识体系和历史背景。

3. 优化教学方法，提升育人效能

要求各科教师要根据不同学科专业的特色和优势，深入研究不同专业的教学方法，进而提升学生对课程中思政元素的认知与把握，以及提高基于专业角度对思政元素的运用能力。要根据不同学科的专业特点和育人目标，明确文史哲类、经管法类、教育学类、理工类、农学类、医学类、艺术类等七类专业课程的课程思政建设主要内容，教师要结合课程的德育目标，在课程内容中寻找与社会主义核心价值观、家国情怀、国际视野、创新思维、专业伦理、学术修养、工匠精神等相关的德育元素"触点"和"融点"，通过典型案例等教学素材的设计运用，以润物无声的方式将正确的价值追求、理想信念和家国情怀有效地传递给学生。

（三）科学设计课程思政教学体系

要有针对性地修订人才培养方案，切实落实高等职业学校专业教学标准、本科专业类教学质量国家标准和一级学科、专业学位类别（领域）博士硕士学位基本要求，构建科学合理的课程思政教学体系。要坚持以学生为中心的产出导向，不断提升学生的课程学习体验、学习效果，坚决防止"贴标签""两张皮"。在公共基础课程、专业教育课程、实践类课程中，深入梳理教学内容，结合不同课程特点、思维方法和价值理念，深入挖掘课程思政元素，有机融入课程教学，达到润物无声的育人效果。

将课程思政作为课程设置、教学大纲核准和教案评价的重要内容，落实到课程目标设计、教学大纲修订、教材编审选用、教案课件编写各方面，贯穿课堂授课、教学研讨、实验实训、作业论文各环节。健全高校课堂教学管理体系，改进课堂教学过程管理，提高课程思政内涵融入课堂教学的水平。要综合运用第一课堂和第二课堂，组织开展贴近大学生专业的社会实践、志愿服务、实习实训活动，不断拓展课程思政建设方法和途径。

（四）思政建设的关键

提升教师课程思政建设的意识和能力，全面推进课程思政建设，教师是关键。第一，要推动广大教师进一步强化育人意识，找准育人角度，提升育人能力，确保课程思政建设落地落实、见功见效。第二，要加强教师课程思政能力建设，建立健全优质资源共享机制，支持各地各高校搭建课程思政建设交流平台，分区域、分学科专业领域开展经常性的典型经验交流、现场教学观摩、教师教学培训等活动，充分利用现代信息技术手段，促进优质资源在各区域、层次、类型的高校间共享共用。第三，依托高校教师网络培训中心、教师教学发展中心等，深入开展马克思主义政治经济学、马克思主义新闻观、中国特色社会主义法治理论、法律职业伦理、工程伦理、医学人文教育等专题培训。第四，支持高校将课程思政纳入教师岗前培训、在岗培训和师德师风、教学能力专题培训等。同时要充分发挥教研室、教学团队、课程组等基层教学组织作用，建立课程思政集体教研制度。鼓励支持思政课教师与专业课教师合作教学教研，鼓励支持院士、“长江学者”、“杰青”、国家级教学名师等带头开展课程思政建设。

（五）人才培养效果是首要标准

建立健全课程思政建设质量评价体系和激励机制，人才培养效果是课程思政建设评价的首要标准。建立健全多维度的课程思政建设成效考核评价体系和监督检查机制，在各类考核评估评价工作和深化高校教育教学改革中落细落实。充分发挥各级各类教学指导委员会、学科评议组、专业学位教育指导委员会、行业职业教育教学指导委员会等专家组织作用，研究制定科学多元的课程思政评价标准。把课程思政建设成效作为“双一流”建设监测与成效评价、学科评估、本科教学评估、一流专业和一流课程建设、专业认证、“双高计划”评价、高校或院系教学绩效考核等的重要内容。把教师参与课程思政建设情况和教学效果作为教师考核评价、岗位聘用、评优奖励、选拔培训的重要内容。在教学成果奖、教材奖等各类成果的表彰奖励工作中，突出对课程思政的要求，加大对课程思政建设优秀成果的支持力度。

（六）加强课程思政建设组织实施和条件保障

课程思政建设是一项系统工程，必须要高度重视，要加强顶层设计，全面规划，循序渐进，以点带面，不断提高教学效果。要尊重教育教学规律和人才培养规律，适应不同高校、不同专业、不同课程的特点，强化分类指导，确定统一性和差异性要求。要充分发挥教师的主体作用，切实提高每一位教师参与课程思政建设的积极性和主动性。

第四节　课程育人典型案例

案例一：秦皇岛职业技术学院思政部思政课程改革创新与实践

一、实施背景

目前，高职院校思政课教育教学面临一系列新任务和要求，国际环境风云变幻，各种思潮相互激荡，国内环境面临全面深化改革，各种诉求日益多样，加上高职院校思政课在课程内容、教材质量、教学方法手段、教学针对性和实效性等方面存在一些不容忽视的现实问题。2017 年，教育部启动高校思想政治理论课教学质量年专项工作，要求高校必须打好提高思政课质量和水平的攻坚战。如何借助“互联网+”时代的有利条件，破解现实问题，巩固主阵地，确保主渠道作用发挥，避免思政课教学过程中的“能量衰减”，成为摆在高职院校面前的重要课题。思政课是大学生思想政治教育的主渠道，也是新形势下加强和改进高校思想政治工作的着眼点。秦皇岛职业技术学院党委始终高度重视大学生思想政治工作，将办好思政课、深入推进思政课建设体系创新作为一项重大政治任务。近年来，思政部在学院党委的大力支持下，认真贯彻中共中央、国务院《关于进一步加强和改进大学生思想政治教育的意见》和习近平总书记关于高校思想政治工作的讲话精神，发布了一系列推动思政课程改革创新的文件和相关政策。思政部全体教师上下一心，积极探索课堂教学模式改革，提高育人实效。以深化思政课教学改革为抓手，借助

“蓝墨云班课”平台，积极探索“三环六维”思政课课堂教学新模式，切实提高了思政课课堂教学质量。

二、具体做法

2014年3月以来，依托“蓝墨云班课”平台，思政部总结出“三环六维”课堂教学模式：“三环”主要指课前“任务布置、自主学习”，课中“合作学习、共同成长”，课后“成果评价、总结提升”；“六维”主要指设计问题链和任务单、安排学习任务、引导合作学习、组织研讨互动、开展学习成果（成效）评价、实施教学效果评价。

（一）任务布置、自主学习

1. 坚持问题导向原则，设计问题链和任务单

“思想道德修养与法律基础”“毛泽东思想与中国特色社会主义理论体系概论”等课程在课程目标、课程内容、课程实施、课程评价等方面具有差异性。思政课教师在构建教学体系、设计问题链和制作任务单过程中认真考虑课程之间的差异性和所授课程班级的学情。

2. 借助“蓝墨云班课”平台，安排学习任务

思政课教师在云端创建班课空间，依托云空间上传课程标准、授课计划、学习要求、考核方式、微视频、教案课件和学习任务等学习资源。同时，要求授课班级同学安装云班课App，借助云班课空间浏览学习资源，并按照要求开展自主学习或合作学习，认真完成学习任务。

（二）合作学习、共同成长

1. 倡导合作学习理念，引导学生合作学习

合作学习是建构主义学习理论倡导的主要理念，其核心是充分调动学生合作学习的积极性和主动性，要求学生在教师的引导下明确学习目标，树立合作学习自信心，增强合作学习动力，主动参与合作学习，来理解消化知识，构建知识体系。合作学习体现为学生之间、思政课教师与学生之间的合作学习。合作学习重点关注合理分组、制定公约、明确奖惩、建设小组文化等。

2. 组织课堂研讨互动，提高课堂教学效果

基于云班课平台，教师提前了解学生自主学习的整体情况，归纳梳理学生自主学习过程出现的困惑和问题。对个性问题可网络在线答疑解惑，对共性问题可在课堂上进行集中解决。授课中，教师可利用云班课平台，采取摇一摇的方式，随机抽取某个或几个小组在课堂上展示自主学习成果。班级同学借助云班课平台投票，评价小组成果。教师根据课堂教学目标和小组展示情况进行有效点评，共同研讨成果。对于没有在课堂上展示的学习成果，教师可上传到云班课平台，组织班级学生进行浏览、投票。

（三）成果评价、总结提升

1. 开展学习成果评价

每次授课结束后，教师及时对前两个环节中各小组、每位同学自主学习成果进行评价。同时，也要考虑同组成员之间、异组之间的评价结果。成果评价重点是评价学习成果与学习目标之间的达成度。

2. 实施教学效果评价

教学效果评价主要包括学生、思政课教师、学校和同行等对思政课课堂教学效果的评价。通过评价反馈来总结发现课堂教学的优点和不足，明确改进的方向，不断提高教师教学水平。此外，教师积极引导学生进行自我总结和提升，帮助学生构建符合自我认知水平的知识体系，利用所学知识分析解决现实问题。

三、实施成效

（一）学生对思政课的获得感得到显著提高

近年来，学院先后组织了 3 次学生课堂学习满意度调查和 1 次优秀毕业生满意度调查，发现该院学生对于思政课课堂教学改革及其成效的关注度、满意度逐年提高。同时，学生也提出了许多有价值的意见建议，对完善思政课“三环六维”课堂教学模式发挥了重要作用。

（二）思政课教师的职业成就感得到显著提高

在实施思政课“三环六维”课堂教学模式中，学生对教师的课堂教学满意度逐年提高，教师的教学能力和水平也得到了提高和肯定。例如，于兰副教授在教育部社科司主办的 2016 年高职高专思政课教学展示活动中获得一等奖，被授予“全国高职高专思政课教学标兵”荣誉称号；杨颖副教授获得了学院 2016 年度教学改革标兵、教学成果奖，并被河北省教育厅推荐参加教育部 2017 年高职高专思政课教学展示活动，2021 年在全国高校思政课教学展示活动中获得二等奖，在河北省第三届高校青年教师授课大赛中获得一等奖。

（三）学院思政课教学水平得到显著提高

2015 年 6 月，教务科研处安排部署，组织了面向全院范围的思政课翻转课堂教学观摩会，得到了国内知名职教专家丁德全教授、胡振文教授的肯定与指导。2017 年 5 月，教育部社科司听课专家、北京市优秀教师、北京财贸职业技术学院思政部主任魏启晋教授到校指导，随机观摩了于兰副教授“毛泽东思想与中国特色社会主义理论体系概论”的翻转课堂教学，对学院思政课课堂教学改革取得的成绩表示充分肯定。2017 年 7 月，受教育部社科司听课专家魏启晋教授推荐和全国高职高专院校思想政治理论课建设联盟秘书处邀请，于兰副教授参加了第 4 期全国高职高专院校思政课骨干教师培训会，并作了题为“坚持普通的理想，凝聚复兴的力量”15 分钟的精彩教学展示，受到与会领导、专家和老师们的高度肯定。目前，实施翻转课堂教学模式已经成为该院广大思政课教师的普遍共识，在教学实践中大胆探索，并取得一定成效。程慧老师获得 2020 年秦皇岛市青年教师讲课比赛二等奖，河北省第三届高校青年教师授课大赛二等奖。戴昕哲老师获得河北省第三届高校青年教师授课大赛一等奖。杨颖等 4 位老师在 2021 年河北省职业技能大赛教学能力比赛中获得二等奖。

（四）学院思政课教学改革的社会影响力得到显著提高

近年来，先后有燕山大学、海南外国语职业学院、呼伦贝尔职业技术学院、保定幼儿师范专科学校、唐山职业技术学院、河北建材职业技术学院、聊城职业技术学院等多所院校到访，与该院进行思政课教学改革方面的交流研讨。学院课堂教学改革的相关做法被中国高职高专网、《中国青年报》、河北德育网、《秦皇岛日报》等主流媒体宣传。2017 年 7 月、9 月，该院思政部组织申报的“问题导向 · 合作学习 · 过程评价——高职院校思政课翻转课堂教学模式创新与实践”“基于蓝墨云班课的高职院校思政课课堂教学改革研究”2 项成果，分获中国高职教育研究会 2017 年度高职院校教学改革优秀案例征集评选三等奖、“互联网 + 与高等职业教育教学创新”主题征文评选三等奖。

四、经验启示

作为高职院校思政课课堂教学的一种新模式，“三环六维”课堂教学模式还需要在今后的教学实践中不断提炼总结，使其真正成为提高思政课课堂教学质量的重要模式。因此，要着重从三个方面持续进行探索思考：一是提高思政课教师的课堂组织和驾驭能力；二是提高高职院校学生参与翻转课堂教学的积极性、主动性和获得感；三是提高“三环六维”课堂教学模式的理论研究水平，不断总结提炼实施思政课“三环六维”课堂教学模式的基本规律和有效做法。

案例二：立德树人　润物无声

——秦皇岛职业技术学院信息工程系课程思政建设典型案例

一、实施背景

2020 年 5 月，教育部印发了《高等学校课程思政建设指导纲要》，正式拉开了高等学校课程思政建设的大幕。为落实秦皇岛职业技术学院及信息工程系关于课程思政建设的实施方案，计算机应用技术专业开启了“大数据技术”课程思政的建设工作。

“大数据技术”课程思政的实施，是以社会主义核心价值观、中华优秀传统文化、国家法律法规、职业道德和知识产权等内容为切入点，以促进学生对大数据知识和技能的领悟为主线，融入思政元素，使课程承载思政，实现“立德树人”，达到了技术与思政的和谐统一。

二、具体做法

（一）主要思路

课程思政需要将思想政治教育融入课堂教学的各环节，实现立德树人、润物无声。但是，工科课程内容反映事物的自然规律和运行机理，具有客观性，其本身并无明显价值判断。尤其像专业技术这类课程，其内容着重于技术原理的讲解和技术的实际应用。如果知识传授与思政教育人为捏合的成分较多，就容易陷入两者脱节的困境，学生的认可度会降低，教学效果会打折扣。

考虑到社会主义核心价值观和中华优秀传统文化是思政教育和价值引领的重要载体，而且传统文化也包含了对自然现象与人类生活实践的描述，甚至渗透了古人对自然规律的理解和领悟，因此在教学中，教师以它们作为沟通知识技能和思政内容的桥梁和纽带，开发出无缝对接的教学内容，并通过设计合理的课堂教学模式，使思政载于知识之车、寓于文化之所、融于课堂之间。

（二）具体措施

首先，重构教学内容，实现融合。一方面，找准切入点，以价值引领为导向，有的放矢地关联社会主义核心价值观与大数据技术的教学内容，挖掘其中蕴含的思政素材，以价值之美阐释技术之美。例如，在讲大数据开发平台时，融入爱国这一元素，因为科技是第一生产力，前沿技术要掌握在我们自己的手中，这样才不会被别人“卡脖子”，国家强大了，我们才更有底气。另一方面，合理增加难度、拓展深度，开展前沿科技内容宣讲，增强融合的根基。

其次，按照“设置情境—激发动机—组织教学—应用新知—引导启发—总结回顾—巩固拓展”模式开展教学。用社会主义核心价值观中的某些描述来营造情境或设置问题。运用新学到的知识和技能来分析情境描述。教师引导学生，就课堂教学中涉及的思政内容展开讨论，弘扬正能量。课后就该次教学中的内容进行总结和回顾。

最后，开发课程思政资源，让学生实现课内和课外联动、线上和线下配合的全方位学习格局。

三、取得成效

该课程经过课程团队的努力，完成了建设目标，取得了包括修订版的课程标准、课程实施总结报告、信息化平台上的整套课程资源等一系列的建设成果。

课程建设成效上，最终达到学生、教师和国家三方共赢的效果。

对于学生来说，在专业课中引入思政教育，对学生的世界观和价值观的形成能够起到引领作用，从专业的角度引领学生正确看待身边发生的事情，是思政课程的有效补充。同时，技术的进步还可以提升学生的民族自豪感，激发学生的学习热情，使其能够自觉学习，实现知识传授、能力培养与价值引领的有机统一。

对于教师来说，在良好的课堂氛围中进行教学，讲课也会更有激情，与学生学习形成良性循环。在课程里融入思政元素，能够促进教师对马克思主义理论的学习，特别是将思政作为一种意识融入教学本身，无形中提升了教师的政治素养，对教师的发展也有很大帮助。

对于国家来说，这种方式培养出来的学生既有技能，又有良好的思想品质和道德品质，能够为社会的发展和进步贡献力量。

四、经验启示

（一）探索出实施大数据技术课程思政的有效途径

课堂教学中的融合，既能保证知识和技能的传授在课堂教学中的主体地位，不喧宾夺主；又能形成技术与思政的无缝对接，不牵强附会；还实现了价值引领的水到渠成，不生搬硬套。

（二）促进了教学相长的形成

由于突破了专业课程单一知识技能体系传授的视阈局限，该课程可以在价值引领中凝炼知识底蕴，在传授中实现价值升华，提升了学生学习的获得感，促进了教师教学的成就感，教学的良性互动局面得以形成。

第四章　科 研 育 人

第一节　科研育人的概念及意义

一、科研育人的概念

（一）科研的含义

科研是立德树人的一个重要载体，是“三全育人”过程中不可忽视的重要环节。弄清楚什么是科研，十分必要。科研是科学研究的简称，从字面上理解，就是对学术问题进行研讨探究。我国教育部对科学研究的定义是，“科学研究是指为了增进知识包括关于人类文化和社会的知识以及利用这些知识去发明新的技术而进行的系统的创造性工作”。由此可见，科研活动是将已有的相关信息系统化，并搜集和整理新信息的过程，实质上是通过人类有目的的劳动对知识进行再加工和再创造，能够解决某个或者某些问题而展开的活动。

（二）科研的类型

根据研究工作的目的、任务和方法不同，科学研究通常划分为以下几种类型：

基础研究是对新理论、新原理的探讨，目的在于发现新的科学领域，为新的技术发明和创造提供理论前提的研究。

应用研究是把基础研究发现的新的理论应用于特定的目标的研究，它是基础研究的继续，目的在于为基础研究的成果开辟具体的应用途径，使之转化为实用技术。

开发研究，又称发展研究，是把基础研究、应用研究应用于生产实践的研究，是将科学转化为生产力的中心环节。

基础研究、应用研究、开发研究是整个科学研究系统三个互相联系的环节，它们在一个国家、一个专业领域的科学研究体系中协调一致地发展。科学研究应具备一定的条件，如需有一支合理的科技队伍、必要的科研经费、完善的科研技术装备，以及科技试验场所等。

按照研究目的不同，科学研究可分为以下几种类型：

探索性研究是对研究对象或问题进行初步了解，以获得初步印象和感性认识，并为日后周密而深入的研究提供基础和方向的研究。

描述性研究是正确描述某些总体或某种现象的特征或全貌的研究，任务是收集资料、发现情况、提供信息、描述主要规律和特征。

解释性研究是探索某种假设与条件因素之间的因果关系，探寻现象背后的原因，揭示现象发生或变化的内在规律的研究。

高校各类科研活动按照人才成长的规律贯穿教育教学全程和学生成长成才的全程。低年级阶段重点培养学生的科研兴趣，使他们了解并掌握基本的科研素养；中年级阶段重点强化科研训练，培养学生的创新创造能力；高年级阶段则重点培养学生独立开展科研的能力，通过毕业设计或毕业论文的撰写，逐步让学生在科研之路上独立行走，实现育人伴随学生成长。

（三）科研的过程

科学研究的一般过程包括寻找研究主题，申报项目，查阅、搜集、分析和整理资料，进行科研项目资金预算编制，按照任务书或合同进行研究，通过研究得出结果和结论。由于学科类型不同，研究的具体操作也存在差异，例如科研方法的使用，社会科学的研究主要通过文献法、问卷调查法、访谈法、案例法等进行研究，而自然科学的研究则更多是在实验室利用仪器和设备进行研究。科研中最难的就是寻找研究主题，因为必须要先发现问题或科研课题，这一过程可能是通过阅读、与其他人的讨论交流或者课堂教学等方法获得的，其次围绕研究课题，搜集相关资料，弄清楚这个问题当前的研究情况、存在的问题及产生的原因，然后进入研究环节，运用科学的方法、创新的思维和能力，得出结果，还要经受实践的检验，再将存在的问题和不足反馈给研究者，最后通过研究得出结果，分析总结得出结论，并将研究成果进行评定考核。

（四）科研育人的概念

综上分析，科研育人就是在各类科研活动中贯穿于整个科研过程的立德树人理念。纵观整个研究过程，科学研究不但是研究者对问题的认知由少到多的过程，是研究者之间交流讨论的过程，而且是研究者运用创新思维和创造能力的过程。总之，科研过程既是研究问题的过程，也是育人的过程。高校是科研与教学相互融合的共同体，二者不是孤立的，不是对立的。由于本身自带问题导向和成果导向，科研自诞生之日起就是一种很高效的教学模式。在科研活动中，研究者的学习就是为了认识问题、解决问题、提出方案，因此教师理论讲授和学生知识运用契合度高、践行度高，是一种知行合一的教学模式。科研活动中包含的学习、研究、实践等因素，构成了天然的和谐育人体系。同时，科研是一项严谨认真的工作，对科研能力、方法、态度、习惯有一定要求，稍有差池，轻者出现个别小错，重者研究结论错误，全盘皆毁。因此科研有利于培养学生敢于质疑、勇于探索的精神，敏锐的观察力和透彻的分析能力，踏实的学习态度，严谨的研究作风和不轻言放弃的科研精神。

二、科研育人的意义

（一）科研育人是新时代创新发展的必然要求

创新是历史前进的动力，是各国经济社会发展的关键所在。党的十八届五中全会提出的“新发展理念”，即“创新、协调、绿色、开放、共享”的发展理念，把创新放到首要位置。创新事关国家发展全局，处于核心地位，贯穿党和国家的一切工作。

大学生是科研创新的有生力量。习近平总书记指出，青年要勇于创新，深刻理解把握时代潮流和国家需要，要敢为人先、敢于突破，积极以聪明才智贡献国家、服务社会。越来越多的青年学生响应党和国家的号召，主动承担科研创新重任，努力为实现"两个一百年"奋斗目标和中华民族伟大复兴的中国梦勇毅前行。

科研是高校的重要职能之一，科研人员是高校科学发展的重要资源。长期以来，高校科研人员牢记科教兴国和人才强国使命，立足岗位、敬业奉献，为创新型国家建设和高校人才培养、科学研究、社会服务、文化传承创新作出重要贡献。在新的历史条件下，大力推动科技创新驱动发展战略，全面提高高等教育质量，对高校科学研究提出了新的更高的要求。

（二）科研育人是建设合格教师队伍的应有之义

科研育人的主体是教师。科研过程中，学生和教师朝夕相处、密切接触、深入交流，教师是学生的榜样，是学生观察社会、了解社会、学习社会的一个重要窗口，教师不仅对学生的学术能力的提高至关重要，更对学生的成长和未来的发展产生着长期的影响。教师应该成为学生的信仰之师、学问之师、品行之师，既要育智，更要育人。因此，在科研育人的过程中，教师必须是合格的科学工作者和教育工作者，在做好自己的基础上引导学生的发展。

（三）科研育人是实施学生素质教育的内在要求

改革开放以来，素质教育从概念的提出到实践的探索，再发展到今天，一直是我国教育改革发展的主旋律。2016 年 9 月，《中国学生发展核心素养》总体框架提出以培养全面发展的人为核心，从文化基础、自主发展、社会参与三个维度阐明了新时代中国学生应具备人文底蕴、科学精神、学会学习、健康生活、责任担当、实践创新六大素养，具体细化为国家认同等十八个基本要点。

众所周知，科研活动要求研究者对研究的问题有深入了解和分析，面对研究中的未知领域要勇敢探索，遇到不会不懂的知识要善于学习和解决。完成科研活动，从来都不是一蹴而就的，而是一个持久的过程，这就需要学生具备健康生活的能力，保证能有好的身体和精神完成科研任务。青年学生正处于走向成熟而又不完全成熟的阶段，心理上会有一些矛盾，比如一些学生理想远大，自我感觉良好，但在与他人共事时不愿吃苦，不愿担当，反而更乐于搭便车。形成这一问题的原因很多，其中一点就是学生对责任担当缺乏现实的认知和体验。科研活动中有详细的分工，每个人都需要做好自己的工作，否则就会影响整个科研工作的进度和效果，学生通过参加科研活动感受社会和国家的需要，可以锻炼学生的责任心。科研活动是学生获得丰富知识的途径和平台，除此之外，学生参加科研活动还能学习到很多课本上没有的东西，激发他们探求未知的兴趣和主动性。由此可见，科研育人是实施学生素质教育的内在要求。

第二节　科研育人的内容与途径

《关于加快构建高校思想政治工作体系的意见》中明确指出，要发挥科研育人功能，优化科研环节和程序，完善科研评价标准，改进学术评价方法，促进成果转化应用。把思想价值引领贯穿选题、立项、研究、成果转化全程，把思想政治表现作为组建科研团队的底线要求，引导师生树立正确的政治方向、价值取向、学术导向，培养师生至诚报国的理想追求、敢为人先的科学精神、开拓创新的进取意识和严谨求实的科研作风，健全中国特色学术评价标准和科研成果评价办法，构建一体化学术诚信体系。

一、科研育人的内容

科研是教育教学工作的延伸和拓展，是学校开展立德树人工作的有效载体，在立德树人过程中发挥着独特的作用。在科研过程中形成的不怕苦难、敢于创新、脚踏实地、理论与实践相结合的科研精神，为学校开展立德树人工作提供了丰富的教育资源。所谓科研育人，就是将思想价值引领贯穿到科研全程，把在科研过程中形成的科研精神转化为开展立德树人的价值追求，实现科研与育人相互促进相互提高，最终达到为国育才、为党育人的目的。

二、科研育人的途径

（一）加强科研育人的顶层制度设计

科研工作在社会主义事业中具有重要的战略地位，发挥着重要的战略作用。1956 年 4 月，根据毛泽东同志的指示，由周恩来、聂荣臻等牵头，成立了科学技术规划委员会，并制订了《1956—1967 年科学技术发展远景规划》，调整了科研力量和机构设置，确立了新中国科技事业发展的基本框架。在中国共产党的领导下，经过全国人民自力更生、艰苦奋斗，我们很快有了中国历史上的无数个第一。

从毛泽东同志号召“向科学进军”，到邓小平同志提出“科学技术是第一生产力”，到江泽民同志提出“科教兴国战略”，胡锦涛同志提出“走中国特色自主创新道路”，再到习近平总书记提出“科技自立自强”，纵观我国科技事业发展的每一个历史节点，党中央始终把握着我国科技创新的正确方向，实事求是地作出重大战略部署，把科技事业推向国家发展全局的重要位置。党的十八大以来，以习近平同志为核心的党中央牢牢把握新一轮科技革命和产业变革带来的机遇，坚持中国特色自主创新道路，推动我国科技实力系统能力提升，在人工智能、量子通信、深空探测等前沿领域成为引领者，加快步伐迈向科技强国。

科技人员既是科学技术发展的主要载体，又是科技实践活动的主体。1939 年 12 月，中共中央发布由毛泽东同志起草的《大量吸收知识分子的决定》，明确提出：“没有知识分子的参加，革命的胜利是不可能的”，“对于知识分子的正确政策，是革命胜利的重要条件之一”。在陕甘宁边区极端困难的条件下，党中央和边区政府对科技人员和知识分子给予了适当的优待和照顾。如，1941 年 1 月中央书记处批准，决定当年给文化技术干部另做干部服装，增加津贴 1/3；伙食则另办小厨房，增加菜金 5 元；对文艺作家，另发 12 元的纸张费。党中央还大胆培养、关心和优待知识分子。时任中组部部长的陈云同志说：“广招天下士，诚纳四海人”，“抢知识分子”。最终“天下英雄豪杰云集延安”，延安汇集了化工、机械、地质、医药、农林等方面科技人才。新中国成立后，毛泽东同志指出：“知识分子在革命和建设中具有重要作用，要建设一支宏大的工人阶级知识分子队伍。向科学进军，不能走世界各国发展科学技术的老路，而应独立自主、自力更生、奋发图强，努力赶超世界先进水平。”1962 年 3 月，周恩来同志在《论知识分子问题》报告中肯定我国绝大多数知识分子已经是属于劳动人民的知识分子，在社会主义建设中要发挥科学家的作用，使知识分子受到很大鼓舞。

由此可见，在革命、建设、改革的各个历史时期，我们党都高度重视科学人才，重视科研事业，重视科研育人功能，也出台了很多规章制度为科研活动建章立制，为科研育人功能的发挥和科研育人体系的构建提供制度保障。

2005 年 6 月，教育部、财政部联合印发《关于进一步加强高校科研经费管理的若干意见》，针对少数高校对科研经费管理重视不够，或管理制度不够健全，或已有的管理制度执行不严格，导致学校在科研经费管理方面出现了一些问题，影响了正常的科研工作的情况作出了一系列规定。2014 年 3 月，国务院印发了《关于改进加强中央财政科研项目和资金管理的若干意见》。2016 年 7 月，中共中央办公厅、国务院办公厅印发了《关于进一步完善中央财政科研项目资金管理等政策的若干意见》等，对科研经费的管理更加细化、更加全面、更加科学。

2010 年 11 月，教育部制定《高等学校科研助理管理办法（暂行）》，有效推进高校科研体制和人事制度改革，促进高校专职科研队伍建设，指导高校科研助理的管理工作。2012 年 12 月，教育部印发了《关于进一步加强高校科研项目管理的意见》，充分发挥高校在自身科研管理与监督工作中的主体作用，提高科研管理水平，推动高校科技体制改革，促进高校科研事业健康可持续发展。

2016 年 8 月，教育部印发《关于深化高校教师考核评价制度改革的指导意见》，2018 年 7 月，国务院印发《关于优化科研管理提升科研绩效若干措施》，推进科技领域“放管服”改革的要求，按照能放尽放的要求赋予科研人员更大的人财物自主支配权，减轻科研人员负担，充分释放创新活力，调动科研人员积极性，激励科研人员敬业报国、潜心研究、攻坚克难，大力提升原始创新能力和关键领域核心技术攻关能力，多出高水平成果，壮大经济发展新动能，为实现经济高质量发展、建设世界科技强国作出更大贡献。2019 年 8 月，科技部、教育部、发改委、财政部、人社部和中科院联合印发《关于扩大高校和科研院所科研相关自主权的若干意见》，推动扩大高校和科研院所科研领域自主权，全面增强创新活力，提升创新绩效，增加科技成果供给，支撑经济社会高质量发展。提出强化绩效管理，高校和科研院所要制订中长期发展目标和规划，明确绩效目标及指标。主管部门要按照权责利效相统一和分类评价原则，减少过程管理，突出创新导向、结果导向和实绩导向，对高校和科研院所实行中长期绩效管理和评价考核，评价结果以适当方式公开。对于社会普遍关心的科研经费使用问题，明确落实横向经费使用自主权，单位依法依规制订的横向经费管理办法可作为审计检查依据。针对科研仪器设备耗材采购管理制度，规定对科研急需的设备和耗材，采用特事特办、随到随办的采购机制，可不再走招投标程序。各单位要建立完善的科研设备耗材采购管理制度，对确需采用特事特办、随到随办方式的采购作出明确规定，确保放而不乱。关于改革科技成果管理制度，指出要修订完善国有资产评估管理方面的法律法规，取消职务科技成果资产评估、备案管理程序。科技、财政等部门要开展赋予科研人员职务科技成果所有权或长期使用权试点，为进一步完善职务科技成果权属制度探索路子。在人事管理方面，要对本土培养人才与海外引进人才一视同仁、平等对待。支持和鼓励高校及科研院所专业技术人员以挂职、参与项目合作、兼职、在职创业等方式从事创新活动。

2020 年 7 月，科技部、农业农村部、教育部、财政部、人力资源社会保障部、银保监会、中华全国供销合作总社多部门联合印发《关于加强农业科技社会化服务体系建设的若干意见》，对发挥高校在农业科技社会化服务体系建设中的作用明确了发展方向，在充分释放高校和科研院所农业科技服务动能的方面，强调完善高校和科研院所农业科技服务考核机制，将服务“三农”和科技成果转移转化的成效作为学科评估、人才评价等各类评估评价和项目资助的重要依据。鼓励引导高校和科研院所设置一定比例的教授和研究员岗位，并把农业科技服务成效作为专业技术职称评聘和工作考核的重要参考。建立健全高校和科研院所农业科技成果转移转化机制，加强对成果转化的管理、组织和协调。在鼓励高校和科研院所创新农业科技服务方式方面，指出优化新农村发展研究院布局，搭建跨高校、科研院所和地区的资源整合与共享平台。鼓励高校和科研院所开展乡村振兴智力服务，推广科技小院、专家大院、院（校）地共建等创新服务模式。支持高校和科研院所在农业科技园区建设科技成果转化和服务基地。

2021 年 3 月教育部办公厅下发了《关于推荐新文科研究与改革实践项目的通知》，2021 年 4 月教育部办公厅下发了《关于高等学校做好 2021 年开发科研助理岗位吸纳毕业生就业工作的通知》，2022 年 1 月教育部公布了第二批全国高校黄大年式教师团队名单，2022 年 3 月教育部办公厅、农业农村部办公厅、中国科协办公厅印发《关于推广科技小院研究生培养模式助力乡村人才振兴的通知》，积极推动落实科研育人、科研强国的政策要求。

2022 年 4 月，教育部印发《加强碳达峰碳中和高等教育人才培养体系建设工作方案》，明确了碳达峰碳中和领域科研活动与高校育人、行业需求、社会发展之间的重要关系，进一步落实了高校立德树人的根本任务，体现了科研育人在中国特色社会主义现代化强国建设中的重要作用。

（二）加强教师队伍的科研力量建设

切实利用好教师教育体系，健全以师范院校为主体，高水平综合大学参与，优质中小学幼儿园为实践基地的开放、协同、联动的中国特色教师教育体系。建设国家教师教育改革实验区，推动地方政府、高校和中小学协同育人。支持高水平综合大学举办教师教育，发挥专业优势，突出教师教育特色，重点培养教育硕士，适度培养教育博士，推进教师队伍综合素质、专业水平和创新能力的提升。

高校要加强有组织的科研，支持和引导团队创新科学范式、组织模式和科研方法，坚持面向世界科技前沿、坚持面向经济主战场、坚持面向国家重大需求、坚持面向人民生命健康，大力弘扬科学家精神，大力开展重大基础性研究、原创性研究、前沿交叉研究，打造战略科学家、学术领军人才和高水平创新团队，推动建设世界重要人才中心和创新高地，支撑高水平科技自立自强，更好地服务国家使命。

（三）加强科研项目的管理

1. 完善科研管理体系

科研项目管理是一项政策性、系统性强的工作，涉及校内众多部门。学校要统筹领导，相关部门分工负责，形成多部门协同、分级管理的机制。严格规范项目负责人的责权，确保项目研究的科学性和合理性、经费支出的真实性和规范性，并对科研成果的真实性承担相应责任，自觉接受国家有关部门和学校的监督和检查。学校要在严格遵守国家各级各类科研计划管理规定和相关法律法规的基础上，结合纵向和横向科研项目的不同特点和管理要求，强化对纵向和横向各类科研项目的管理责任。同时，结合科研管理工作的新形势、新特点和新要求，逐步完善涉及学校科研活动全程及人、财、物等各方面的管理办法、制度以及科学合理的工作流程，最终形成既有利于充分调动科研人员的积极性，又具约束力，界限分明、程序规范、简洁易行、覆盖纵向横向项目的分级分类管理制度体系。

2. 加强科研全程管理

组织作好申报指导，综合考虑申请人和研究团队科研项目执行能力，通过科学指导和规范程序，确保申报项目研究的质量和材料的真实性。加强研究过程的监督管理，引导科研人员合理统筹安排科研与教学活动，将科研优势转化为教学优势，鼓励、支持研究生参与科研项目，加强对研究生参与科研工作的规范管理和指导，注重创新能力培养。严格经费管理，做好结题验收工作。加强对从事涉密科研项目的科研人员和学生的管理、教育和培训。鼓励科研成果的保护、转化、应用及申报知识产权，从制度上保障学校和研究人员的合法权益。引导科研人员树立科研项目成果服务社会的意识，大力推进学校相关科研资源向全社会开放和共享，鼓励科研人员积极面向社会和学生开展科学普及和宣传教育活动，为培养学生科学精神、提升全社会科学素养作出贡献。

3. 建立科研服务体系

加强科研服务队伍建设，根据科研工作发展新形势的需要，建立一支结构和规模合理，专职与辅助相结合的专业化、高素质科研服务队伍。提高科研项目管理信息化水平，整合现有的科研管理系统，实现科研项目实施过程及科研成果的动态监管。规范科研项目资料档案管理，按照国家相关规定，在遵守国家相关保密制度、维护知识产权和保障委托人权益的前提下，建立公共查询机制，实现资源共享。

4. 优化考核与监督机制

推行分类评价和开放评价的新机制，建立以创新质量和贡献为导向的科研项目考核、评价和奖励制度，鼓励科研人员面向国家需求潜心研究，为国家科技事业发展作出更多的创新性贡献。建立科研诚信档案，将维护科研诚信、弘扬科学道德作为重要职责，健全教育、制度、监督并重的科研诚信体系，引导科研人员遵守相关法律法规，恪守科学道德准则。

（四）加强科研经费的管理

提高资金使用效益是高校科技事业持续、健康发展的基本保证。各高校的党政主要领导应高度重视，将科研经费纳入学校财务部门统一管理、集中核算，并确保科研经费专款专用。学校科研部门负责科研项目管理和合同管理，财务部门负责科研经费的财务管理和会计核算，项目负责人负责编制科研项目经费预算和决算，并按规定使用经费。科研部门、财务部门和项目负责人应各负其责，密切配合，做好科研经费的管理工作。

建立研究生助研津贴制度。研究生是高校科研活动的重要生力军。在科研活动中培养和提高研究生的科研能力，是我国培养高层次人才的有效方式，也是高校提高研究生培养质量的成功经验和重要任务。各高校一方面要充分发挥研究生在学校科研工作中的作用，另一方面应紧密结合研究生培养机制改革，并根据科研项目管理办法或项目合同的要求，对参加课题研究的研究生，在课题经费支出中据实安排研究生劳务费用支出，作为研究生助研津贴。高校要重视和规范研究生助研津贴的管理工作，确保助研津贴按时足额发给研究生。

（五）加强科研评价与成果转化

科研评价要坚持正确科研导向，坚持服务国家需求和注重实际贡献的评价导向。针对不同类型、层次教师，积极探索分类评价标准，建立以“代表性成果”和实际贡献为主要内容的评价方式。鼓励原始创新和聚焦国家重大需求，引导教师主动服务国家创新驱动发展战略和地方经济社会发展，推进科教结合，提升人才培养质量。

第三节　科研育人的重点与手段

一、科研育人的重点

（一）科教融合育人

教学与科研二者关系如何协调，多年来始终困扰着高校教师，更成为高校教学与科研改革、评价体制与用人机制改革的难点之一。按照高校在人才培养目标上的不同，有研究者将国内高校分为“研究型”大学、“教学研究型”大学、“教学型”大学。其中“研究型”大学以培养高层次研究型人才和创新研究型成果为主，更注重科研，每年授予的博士学位数也最多，国内一流大学多属此类；“教学研究型”大学的教学层次以本科生、硕士生为主，个别专业招收博士生；而“教学型”大学和“高等专科、职业学校”以培养应用型人才为主，更侧重于教学。不同高校，办学条件有差别，在学科建设上理应结合实际情况制定规划。现状却是，“教学型”和“教学研究型”大学都在朝着“研究型”大学努力，都被“争做国内一流大学”的目标“牵着鼻子跑”，而成为“国内一流大学”的重要标准又是院士数量、博士点数量、科研成果的国际影响力等等，这也间接导致了重科研轻教学。

教学与科研不平衡，更多还是缘于观念上的“盲区”——没有正确认识教学与科研之间的关系，将二者看成泾渭分明、截然对立的关系。著名科学家钱伟长曾说：“你不教课，就不是教师，你不搞科研，就不是好教师。”科研与教学，是高校的两大重要职能，相辅相成，缺一不可。教师要想成为“一代宗师”，科研能力与教学水平应全面发展才行。科研是教学的“源头活水”，没有科研作支撑，教学就会失去灵魂。高科研水平的教师，对教学内容理解得更为深刻透彻，教学更易做到深入浅出，有助于学生的理解与学习。教师应及时将前沿学术成果补充到课堂中，激发学生的学习兴趣。此外，科研型教师对学生的影响更多的是思考问题的方式、严谨的科研态度和刻苦的钻研精神。同时，教学是科研的“隐形动力”。有些教师认为，备课、上课、批改作业会占据科研时间，对科研有害无益。其实不然，教师要上好课，必须具备渊博的知识、开阔的眼界，这有助于拓宽科研思路。备课过程中阅读大量研究资料，能促使教师对问题的思考，课堂上师生互动，教师可以获得新的科研灵感。

社会上也存在一种“重科研、轻教学”的观念，认为教学只是重复已知的事实，研究更具创造性，因此更有价值。这种观念在高校教师中也颇有市场，一些长于教学短于科研的教师甚至自惭形秽，为了“更有价值”，他们挤用教学的时间、精力，投身到科研上，结果科研没做出来，教学也耽误了。这就需要从根本上转变观念。高等教育的根本任务是培养人才，教学和科研是为培养人才服务的，没有高下之分。

科教融合是世界一流大学办学的核心理念。高水平科技创新和高层次人才培养密切结合，是大学教育教学高效的规律；师生组成的科研式学习共同体，也成了知识创新和传承的新形式。科教融合的本质就是在“科研—教学—学习”过程中对知识进行传授、传播、传承、创新，使师生互动式学习中扬长避短、取长补短、守正创新。科教融于培养人才的过程中，教学与科研始终是相互促进、相辅相成的。推进科教融合培养人才，就要以学生发展为中心，加强科研同教学的结合，推动高校与科研院所深度合作培养人才，推动高校内部的科研与教学紧密结合培养人才，把优质科研资源转化为育人资源和优势，把科研设施转化为教学创新平台，把科研成果转化为教学内容，把学生参与科研作为一种有效的教学形式，通过制度安排使学生成为教师科研的伙伴，共同开展科研活动，进行有效的自主性、创新性学习。一方面积极为学生开展科学研究搭建平台，支持学生早进课题、早进实验室、早进科研团队参与各种科研活动；另一方面支持校内教师和科研机构研究人员将最新的科研成果引入人才培养，开设更多研究性课程，提供研究性学习条件，着力培养学生的创新思维和创新能力，以高水平的科学研究支撑高质量的人才培养。

（二）产学研协同育人

在国家政策的支持下，高校推动人才培养教育、科学研究活动与生产实践紧密结合、与社会需求紧密结合、与中国特色社会主义现代化建设亟须的各行业紧密结合，探索各领域高层次应用型人才的培养新模式，培养一大批社会主义建设需要、爱国爱党爱社会主义、掌握先进行业理论知识和实践技能、具有家国情怀的新时代人才。

2020 年 7 月 8 日，科技部、农业农村部、教育部、财政部、人力资源社会保障部、银保监会、中华全国供销合作总社印发《关于加强农业科技社会化服务体系建设的若干意见》，目的在于进一步加强农业科技社会化服务体系建设，提高农业科技服务效能，引领和支撑农业高质量发展，推进农业农村现代化。以增加农业科技服务有效供给、加强供需对接为着力点，以提高农业科技服务效能为目标，加快构建以农技推广机构、高校和科研院所、企业等市场化社会化科技服务力量为依托，开放竞争、多元互补、协同高效的农业科技社会化服务体系，促进产学研深度融合，为深化农业供给侧结构性改革、推进农业高质量发展和农业农村现代化、打赢脱贫攻坚战提供有力支撑。

2022 年 4 月 24 日教育部印发的《加强碳达峰碳中和高等教育人才培养体系建设工作方案》中明确指出，实现碳达峰碳中和是一场广泛而深刻的经济社会系统性变革，对加强新时代各类人才培养提出了新要求。面向碳达峰碳中和目标，把习近平生态文明思想贯穿于高等教育人才培养体系全程和各方面，加强绿色低碳教育，推动专业转型升级，加快急需紧缺人才培养，深化产教融合协同育人，提升人才培养和科技攻关能力，加强师资队伍建设，推进国际交流与合作，为实现碳达峰碳中和目标提供坚强的人才保障和智力支持。鼓励高校实施碳中和交叉学科人才培养专项计划，大力支持跨学院、跨学科组建科研和人才培养团队，以大团队、大平台、大项目支撑高质量本科生和研究生多层次培养。强化科教协同，加快把科研成果转化为教学内容，在大项目、大平台、大工程建设中培养高层次专业人才。深化产教融合，推动师资交流、资源共享、建设产教联盟，推进产教深度协同育人。

产教融合是产业与教育的深度合作，是高校提高人才培养质量的必然选择。推进产教融合培养人才，就要坚持产业需求导向与教育目标导向相统一，推动高校与行业企业深度合作培养人才，着力提高学生的综合素质和适应能力。要创新办学模式，把产教融合、协同育人理念贯穿人才培养的全程，在校内打通融合渠道，实现资源共享、平台共建，促进跨学院、跨学科的交叉融合、互动发展；在校外汇聚各类社会资源、拓展育人空间，与政府、行业产业和用户实现多元主体的跨界整合、协同创新，面向产业需求深化教学内容与课程体系改革，以学科前沿、产业和技术最新发展成果更新教学内容。要对接需求，加强产学研协同育人，扩大校企合作科研的溢出效应，从理论、实践、应用三个维度，打造校企联合培养人才的平台，联合开发课程、编写教材，共建专业、实习实训基地和产业学院，把企业员工培训内容和技术咨询成果有机嵌入专业教学计划，通过制度安排使学生成为企业工程技术人员开展技术革新的伙伴，建立紧密对接产业链、创新链的专业体系，提高特色专业、优势专业的集中度，打造一批行业产业急需、优势突出、特色鲜明的应用型专业。要构建校内实践教学基地与校外实习实训基相联动的实践教学平台，建成一批共享型、区域化的产学研合作、协同育人实践平台，促进校企间合作育人、合作发展。要深化产教深度融合，推动专业学位研究生培养改革，完善与经济社会发展相适应、具有中国特色的专业学位研究生培养新模式，将一流大学和一流学科建设与推动经济社会发展密切结合，着力提高高校对产业转型升级的贡献率。要加强“双师型”教师队伍建设，聘请行业企业的技术与管理专家到高校兼职任教，并作为青年教师的实践实习导师，同时促进企业主动为青年教师提供挂职实习锻炼岗位，增强教师实施产教融合培养人才的实践能力。

二、科研育人的手段

（一）改革科研管理制度，用制度设计激发师生科研活力，提升学生参与科研项目的比例

要把人才培养、科教融合贯穿选题设计、立项审查、技术研究、成果运用全程。鼓励学生深入参与科研项目，参与实验设计、数据分析，对于学生主动撰写论文、申请专利持肯定态度，保护学生的批判性精神，提升科研育人的深度。引导、鼓励学生开展独立完整的全程科学研究，在人文社科方面，设立马克思主义专项、思政专项、辅导员专项等科研专项，有力推进科研育人。改革评价体系，把人才培养、立德树人作为教师首要职责，全面考查师德、业绩和社会服务等情况。

（二）完善学术诚信体系建设，健全科技工作道德行为规范和学术诚信教育管理体系

要求从事科研的教师从选题、项目研究、成果发表等方面树立正确的思想政治观，严格遵守学术纪律，规范学术行为。在科研立项、职称评定、成果鉴定、学位授予等工作中实施同行评审，坚决杜绝数据造假、论文抄袭等学术不端现象，强化学术自律、学术诚信、学术道德和学术风纪建设，构建科学规范、高效诚信的科技评价体系，把思想价值引领贯穿教育教学科研全程和各环节。印发《学术委员会章程》，依托学术委员会下设的学术道德规范委员会开展学术诚信有关工作，强化对学术道德规范情况的监督和对违反学术道德行为的处理，构建集教育、预防、监督、惩治于一体的学术诚信体系。组织专家编写师生学术规定与学术道德读本等，设置专业学术道德修养提升课程，邀请各级科协、学会等开展科研诚信警示教育。

（三）强化创新平台与团队建设

支持鼓励各学校间开展主题新颖、形式灵活、注重实效的学术研讨交流。举办学校内部、校际之间的论坛活动，形成学术活动品牌。举办科技活动周，面向校内外开放学院重点实训基地，通过成果展示、讲座培训、参观实训室、现场体验等展示科研成就，培育科学精神。

（四）开展名师科普宣讲和重点科研基地科普活动

可以让优秀教师、省市级教学名师、"四有"党员教师标兵、市级优秀共产党员等称号获得者为学生进行科普宣讲。当前，学校可以将科普育人作为重点工作和长效机制来抓，通过网络公开课、大众媒体、专题系列讲座等多种形式，讲解公共卫生事件相关的科学知识，提供防控建议，勉励广大青年面临困难时要秉承科学精神，做到坚韧不拔、从容不迫，培养奋斗精神和家国情怀。

第四节　科研育人典型案例

案例：协同创新启征程　共建共享谱新篇

——秦皇岛职业技术学院现代物流应用技术协同创新中心建设案例

一、实施背景

2019年，教育部、财政部发布《关于实施中国特色高水平高职学校和专业建设计划的意见》，把“打造技术技能创新服务平台”作为一项改革发展任务，要求对接科技发展趋势，以技术技能积累为纽带，建设集人才培养、团队建设、技术服务于一体，资源共享、机制灵活、产出高效的人才培养与技术创新平台。

秦皇岛职业技术学院以物流管理专业群为基础、以物流实训中心为基地建设了现代物流应用技术协同创新中心（以下简称“中心”）。中心以“省内一流、国内知名”为目标，立足秦皇岛，面向京津冀，瞄准“互联网+”高效物流发展中的关键问题，经过五年的建设，把现代物流应用技术协同创新中心打造成为京津冀区域物流领域人才培养、科学研究、学术交流、技术服务的重要基地之一，为区域物流行业的高质量发展提供理论与技术支持。

二、具体做法

中心按照“对准需求、聚合资源、项目运作、创新引领”的原则建设和运营协同创新平台。

（一）对准需求

物流行业变化迅速，新技术、新模式、新理念、新方法层出不穷。中心针对秦皇岛物流产业发展和经济社会高质量发展需求，深入企业解决其在发展中遇到的问题，将研究范围界定在物流经济、供应链管理、智慧物流与物流职教四大领域，为其提供咨询与技术支持。

（二）聚合资源

中心根据其研究范围和领域，遴选协同创新机构，聚合校内外研究资源，共同开展协同创新，邀请中运物流有限公司、中外运口岸实业公司、北京世纪盈联科技股份有限公司、深圳怡亚通供应链股份有限公司、深圳中诺思科技股份有限公司、京东商贸有限公司、苏宁物流有限公司、燕山大学、东北大学秦皇岛分校、呼伦贝尔职业技术学院、河北省现代物流协会、秦皇岛交通与物流协会等进入协同创新中心，共吸纳了涵盖政府机构、行业团体、科研院所、知名企业等合作单位 28 家。

（三）项目化运作

中心主动对接秦皇岛物流产业发展和经济社会高质量发展需求，围绕物流产业链中的关键问题和难题，开展研究和技术服务。中心从项目申请→立项论证→组织实施→检查评估→验收鉴定→成果申报→科技推广等环节对项目进行全程管理。由校内外专兼职人员共同组织研发团队，对研究项目实行制度化和科学化管理，从而保证研究计划的完成。

（四）平台化管理

中心实施组织组织结构，推行平台化管理。组建了管理委员会—专家咨询、学术委员会—管理小组—专兼职项目团队的四层组织管理体系，对现代物流技术研发中心进行管理（图 4-1）。

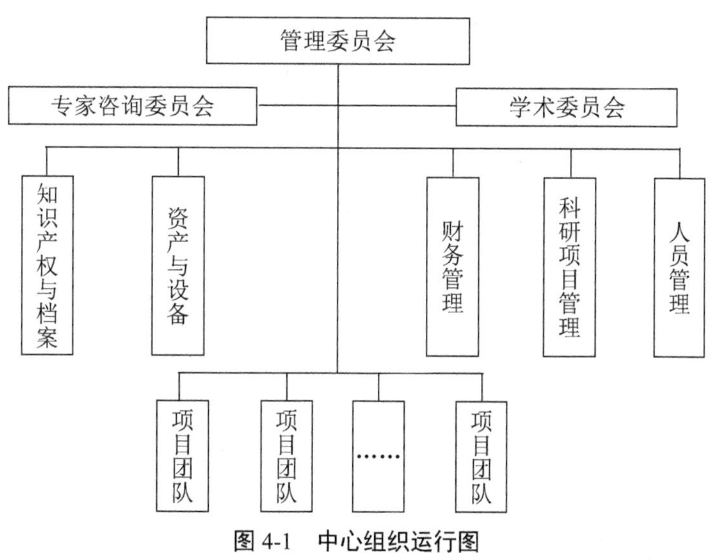

图 4-1　中心组织运行图

三、取得成效

（一）有效促进产教深度融合

中心面向物流技术前沿、区域发展等开展创新研究，把智慧物流、物流职教改革与创新及供应链管理、物流经济作为主要研究方向，以企业为主体协同创新和成果转化，促进产教深度融合。

2019 年至 2021 年，中心围绕秦皇岛及京津冀物流产业链中的关键问题和难题，开展研究与技术服务。2020 年初突发新冠肺炎疫情，各行各业纷纷站出来，为保障生活物资及医疗物资顺利抵达疫区，大半个物流圈都在积极调配资源，中心及时结合产业需求开展创新研究，立项“新冠疫情下我国应急物流体系建设研究”“校园快递包装回收平台”等省级以上科研项目七项、结合《中共秦皇岛市委关于制定国民经济和社会发展第十四个五年规划和二〇三五年远景目标的建议》，立项“‘一流国际旅游城市’视角下秦皇岛跨境物流提档升级研究”“秦皇岛港口物流发展策略研究”等市级科研项目 18 项，科研项目经费到账资金三万元，公开发表学术论文 50 余篇，成功申请《一种电子商务物流包裹配送装置》《校园快递包装回收平台》等发明专利三项，

《基于区块链技术的供应链管理系统 V1.0》《一种新型的 GIS 地图仿真系统 V1.0》等软著八项，《一种应用于物流平台的存放运输装置》《一种可组合连接的物流运输车》等实用新型专利八项。中心积极加速成果转化，授权专利转化四项，成果转化产生直接经济效益 126.31 万元，成果转化服务企业项目四项，成果转化促进企业提高产值 230.7 万元。

中心成员深入企业，了解企业亟待解决的问题，针对秦佰汇物流公司（隶属山东水发集团）转型问题、昌黎葡萄酒产业升级问题等，提供业务咨询与技术服务三项，完成横向课题四项（图 4-2，图 4-3）。

图 4-2　中心成员深入田间地头

图 4-3　中心成员与企业座谈

（二）推动了职业教育教师创新团队建设

中心积极引进行业内的专家能手，组成了一支 33 人的中心研发团队，其中，专职研发人员 15 人，企业技术人员和科研人员 18 人；高级以上职称技术人员 19 人，占研发人员比例总人数的 57.6%。2020 年，物流管理教学团队获批河北省首批职业教育教师教学创新团队。

（三）实现技术研发与人才培养有机结合

中心团队及时将行业新趋势、企业新成果和教育新理念、新观点融入人才培养及课程改革中，取得了良好的成果。中心发挥平台优势，人才培养质量显著提高，中心团队中的学生在 2020 年全国职业院校技能大赛改革试点赛高职组货运代理赛项中荣获三等奖，专业建设屡创佳绩；老师的科研成果《物流管理专业“政行企校联动、课训证赛交融”人才培养模式创新与实践》获得 2021 年河北省级教学成果二等奖。

同时，中心还积极承接职业技能大赛活动，承办了2020年河北省物流服务师职业技能竞赛、河北省2021年职业院校“货运代理职业技能”大赛等赛事（图4-4、图4-5）。

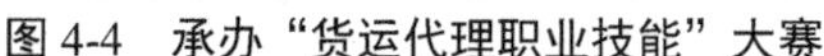
图4-4　承办“货运代理职业技能”大赛

图4-5　赛事考评

四、经验启示

中心整合政府、学院、行业、企业等创新主体的众多资源开展理论研究和科研开发，需要进一步创新科研合作机制，完善科研管理体制。作为隶属于学院的学术机构，中心需要在学院有关制度的统领下，完善协同创新中心的各项制度，使之稳定有序地发展并保持活力。

第五章　实 践 育 人

第一节　实践育人的概念及意义

一、实践育人的概念

学界关于实践育人的概念探讨已久，比较有代表性的观点是，实践育人是指建立在实践的基础上，以学生在课堂上知识的获得为基石，通过学生课外实践和自我教育激情的开发，促进个体自身发展的一种育人方式。

还有学者认为，实践育人就是基于学生一定阶段的学习水平，根据社会需求，设计出来的能够促进学生成长成才及社会发展的体验活动。学生通过参加此种活动可以达到自我教育、自我管理、自我服务，从而提升解决实际问题的能力。

首先，这样的实践活动既要能回应时代诉求，又要能满足学生个体发展成长的需要，同时还必须具备一定的针对性和灵活性，要能根据不同主体的实际情况与个体需求作出相应的变化。

其次，这样的实践活动需要满足社会的需要，要有助于培养时代所需的人才，这就要求实践活动具有前瞻性，能遵循科技发展的方向与社会变革的趋势；同时培养的人才也必须具备较高的政治素养，新时代要求大学生要有正确的义利观、坚定的政治信仰和高尚的道德行为。最重要的是，实践育人要能唤醒学生的自我意识，激发他们自我思考，促进他们自我探索，实现自我超越。

总而言之，实践育人是实践与育人的有效融合，是通过实践教育的形式达到人才培养的目的。高校实践育人是一种新的思维方式、新的教育观念和育人模式，它是以马克思主义实践观为指导，以遵循大学生成长成才规律为原则，立足学生实际、社会需求和国家需要，有目标、有组织地引导大学生参加实践活动，培养德智体美劳全面发展的社会主义建设者的教育活动。

高校实践育人可以分为两种类型：一种是教学实践，指实践教学环节；另一种是课外实践，指社会实践、志愿服务、勤工助学等。从教学和课外两个方面，引导学生参加实践，在实践中提升学生的社会责任感和实践能力。实践育人是高校培养创新型人才的重要举措，能够帮助学生把在校所学的知识转化为包括创新、实操在内的能力和素质，从而提升学生的创新创造能力。

二、实践育人的意义

实践育人是高校开展思政教育的重要途径，对于帮助大学生了解世情、国情、民情，增长知识才干，锻炼意志品格，增强社会责任感具有重要的作用。高校要把开展社会实践作为加强和改进大学生思政教育、提升大学生综合素养和能力的重要途径，要不断深挖实践的育人功能。

（一）有助于增强学生社会责任感

目前，部分大学生缺乏对世情、国情、民情的深入了解，缺乏辨别能力，面对当今社会存在的一些问题容易产生消极思想。实践育人可以引导大学生把对改革创新的热情和自身现实结合起来，使他们对社会改革的全景有一个全面的、积极的认识，从而进一步激起他们的民族自豪感和自信心，勇于担负起社会责任。

（二）有助于完善学生的人格

社会实践是大学生锤炼自身品性的有效形式。目前，在校大学生大多都是“00后”，他们在优渥的环境中长大，缺乏吃苦精神。优越的成长环境使得部分大学生抵触参加实践活动，即便硬着头皮去了，也有可能会拈轻怕重。这种情况不利于青年人的成长成才，甚至会影响整个大学生群体的健康成长。马克思曾指出：“体力劳动是防止一切社会病毒的伟大的消毒剂。”所以，要广泛深入地开展实践活动，引导大学生积极参与实践锻炼，培养他们坚韧顽强的优良品性，引导他们养成务实肯干的学习态度和生活作风，不断提高和完善自己。

（三）有助于提升学生服务奉献意识

实践活动实现了高校人才培养与社会需求的良性互动，强化了大学生的奉献意识。服务和奉献意识是当代大学生应具备的基本的素质和品格，一个人不管拥有多少知识和多强的能力，如果不参加实践，不把自己的所学用于服务人民，知识和能力也只能是潜在的生产力；而通过参加实践活动能使广大青年学生深入认识国情，了解社会，能把个人追求和社会需要充分结合，在满足个人成长需要的同时，更多地关注国家和人民的利益，在服务奉献社会中实现个人的人生价值。所以，应该鼓励青年学生深入社会、深入群众，胸怀远大理想，坚持脚踏实地，从思想情感上向人民群众靠近。

（四）有助于提高学生自我教育的能力

社会实践是一种以学生为主体的教育形式。通过参加社会实践不但能促进人脑的发展，同时，实践活动在人脑内化，会产生特有的认识结构和范式。一个人小时候学会了游泳，即便几十年过去了，还是能熟练地掌握游泳的技巧，却很难再记起小时候游泳老师授课的内容。这是因为社会实践活动可以把艰涩的理论知识转化为技能。高校实践活动内容丰富多彩，形式多种多样，这些活动是提升学生技能的有效载体。参加活动可以成为他们自我教育、能力提升的重要途径。实践育人丰富了大学生自我教育的形式，提高了大学生思政教育的学习效果。

（五）有助于培养学生的科学精神

首先，实践培养求真精神。大学生通过参加社会实践，能够提高分析辨别、去伪存真的能力，能清晰地辨别封建迷信等伪科学带给人们的危害，会清楚地认识到它们会阻碍社会的发展进步。

其次，实践活动培养奋斗精神。在参与社会实践的过程中，学生必须学会和群众打成一片，学会理解和使用群众语言，有时为了讲解清楚一个问题，需要反复琢磨。群众对大学生也抱有较高的期望，有时候提出的问题可能会超出大学生的专业领域和能力范围。为了满足群众的需要，解决他们的难题，青年大学生要求真务实，勤于学习，努力找寻解决问题的方案。青年大学生通过参加这样的实践活动，加强了与群众的联系，培养了吃苦耐劳、艰苦奋斗的精神和积极上进、不断探索的科学态度。

第二节　实践育人的内容与途径

一、实践育人的内容

实践育人作为一种教育理念，渗透高校人才培养的各个环节，目前高校实践育人的形式包括教学实践、军事训练、主题教育、志愿服务、社会调查、创新创业、勤工俭学等。

（一）教学实践

教学实践活动，是与高校教学和学生专业学习相关的实践活动。教学实践包括课程实践、课程实习、专业试验以及生产实习、毕业实习、毕业设计等内容。不同层次、不同类型的高校教学实践活动的设置不尽相同，理工科类课程、人文社科类课程等各种不同的课程在教学实践环节的体现也不尽相同，但都应该遵循人才培养规律和教育的基本规律。教育部对于各学科门类的教学实践环节作出了规定，确保人文社会科学类本科专业的教堂实践不少于总学分（学时）的 15%，理工农医类本科专业不少于总学分（学时）的 25%，高职高专类专业不少于总学分（学时）的 50%，师范类学生的教育实践不少于一个学期，专业学位硕士研究生的教育实践不少于半年。

抓好教学实践活动，强化教学实践环节，能更好地实现高等教育人才培养的目标。一方面，学生通过参加教学实践活动，能加深对理论知识的理解，巩固所学理论知识，实现对所学知识的综合运用，提升理论联系实际的能力；同时，大学生在参与实践活动的过程中能进一步强化对专业技能的掌握，增强对所学知识的理解，从而进一步激发大学生对专业知识的学习热情，提升学习兴趣。另一方面，大学生参与实践教学活动的过程，是发现问题、解决问题的过程，也是面对困难、解决困难的过程，能强化和培养学生的创新意识和创新思维，锻炼学生解决问题的能力和抗压抗挫能力，进一步调动大学生学习创造和科学研究的积极性，培养良好的科研习惯和科学精神，实现全面提升大学生综合素养的育人目标。

（二）军事实践

《中华人民共和国国防教育法》规定：“国防教育是建设和巩固国防的基础，是增强民族凝聚力、提高全民素质的重要途径……依法普及和加强国防教育是全社会的共同责任。”大学生通过参加军事训练，能强化国防意识，增强民族忧患意识和责任担当意识。军训是对学生进行国防教育和国家安全教育的重要途径。近年来，党和国家非常重视学生军训工作，以法律的形式对大学生军训工作作了强调和部署。《中华人民共和国兵役法》规定：“高等院校的学生在就学期间，必须接受基本军事训练。”教育部、原总参谋部、原总政治部也联合下发《学生军事训练工作规定》，对高校大学生参加军训的组织、领导、实施、训练、保障、奖惩制度等进行了严格的规定。高校组织学生军训，是完成人才培养目标的重要环节。大学生参加军训，是高校实践育人的重要形式，是提升大学生的综合素质的重要手段。

（三）主题教育

主题教育是围绕某一个主题，通过开展实践活动，将思政教育的目标和要求融入其中并不断强化，进而达到良好的思政教育效果的实践活动。教育部等部门在《关于进一步加强高校实践育人工作的若干意见》规定：“要抓住重大活动、重大事件、重要节庆日等契机和暑假、寒假时期，紧密围绕一个主题、集中一个时段，广泛开展特色鲜明的主题实践活动。”主题教育活动是高校实践育人工作的重要形式和手段，大学生通过参与系列主题教育活动，能够得到教育和熏陶，从而实现自我提升和完善。主题教育活动在大学生思政教育中发挥着不可替代的作用。

（四）志愿服务

志愿服务活动是开展大学生思政教育、道德教育的重要途径，通过让学生参与志愿服务活动来丰富他们的大学生活，增强他们的社会责任感，提升专业素质和实践能力，增长知识和才干。高校学生通过参加丰富多彩、形式多样的志愿服务活动，能够深入基层了解群众所需所求，了解社情民情，了解我们国家改革开放以来社会的变迁和社会经济发展取得的突出成就，这个过程能帮助大学生辩证、客观地看待当前经济社会发展中出现的种种问题，明确自身在社会发展和国家进步中应该肩负的历史使命和社会责任，进而更进一步坚定在中国共产党的领导下实现中华民族伟大复兴的中国梦的理想信念。

（五）社会调查

社会调查是高校学生走出校园、走进社会、充分了解社会现状的有效途径，是实践育人的重要形式。教育部等部门在《关于进一步加强高校实践育人工作的若干意见》中强调了社会调查的重要性及育人意义，并且对大学生开展社会调查提出了具体的要求："每个学生在学期间要至少参加一次社会调查，撰写一篇调查报告。"开展社会调查是大学生深入了解社情民情、获取客观认知的重要途径，是助力大学生成长成才的有效途径，对他们综合素质和能力的提升有着显著的促进作用。

开展社会调查有助于大学生形成正确的价值观。高校学生在教师的指导下进行社会调查活动，可以更加客观地了解社会现状，更加辩证、客观地认识社会上存在的复杂问题，能透过事物的现象认识本质，能详细地了解我国当前经济发展中存在的棘手问题和面临的各种困难，能详细地了解人民群众的需求和愿望，从而帮助大学生更清晰地认识到所肩负的历史使命和时代责任，进而激发他们的担当意识和责任意识，提升他们的社会责任感。开展社会调查，还能有效引导大学生树立成才意识，增强他们成长成才的紧迫感和使命感，使他们在今后的学习、生活中更加刻苦，提升服务他人、奉献社会的意识，主动扮演好主人翁的角色，担起中国特色社会主义现代化建设事业的重任。

社会调查还能培养高校学生良好的学习习惯，增强学生主动学习的意识。

大学生在参加社会调查的过程中，能更好地理解、掌握所学知识，客观地认识社会问题，能使他们意识到仅靠课堂和书本知识的学习并不能获得足够的知识，同时，开展社会调查能有效帮助高校学生克服主观主义和经验主义，培养他们勤于实践、善于思考的严谨的科学态度，帮助他们养成良好的学习习惯，提高学习效率。

（六）创新创业

随着高校毕业生人数的不断扩大和高校学生群体就业压力的不断增加，大学生创新创业活动也进一步受到党和政府的高度重视与大力支持。党的十八大报告指出：“要贯彻劳动者自主就业、市场调节就业、政府促进就业和鼓励创业的方针，实施就业优先战略和更加积极的就业政策。引导劳动者转变就业观念，鼓励多渠道多形式就业，促进创业带动就业”，“加强职业技能培训，提升劳动者就业创业能力，增强就业稳定性”，“全党都要关注青年、关心青年、关爱青年，倾听青年心声，鼓励青年成长，支持青年创业”。党的十八届三中全会强调：“健全促进就业创业体制机制。建立经济发展和扩大就业的联动机制，健全政府促进就业责任制度。规范招人用人制度，消除城乡、行业、身份、性别等一切影响平等就业的制度障碍和就业歧视。完善扶持创业的优惠政策，形成政府激励创业、社会支持创业、劳动者勇于创业新机制。完善城乡均等的公共就业创业服务体系，构建劳动者终身职业培训体系。”教育部等部门在《关于进一步加强高校实践育人工作的若干意见》也指出：“要加强大学生创新创业教育，支持学生开展研究性学习、创新性实验、创业计划和创业模拟活动。”党和国家的创新创业政策为青年学生的创新创业实践搭建了广阔的平台，提供了坚实的条件保障。

（七）勤工俭学

勤工俭学是大学生利用课余时间从事的以获得经济回报、积累实践经验、提升自身能力等为目的的各类实践活动的总称。勤工俭学是高校学生从事社会实践活动的重要途径，是高校实践育人的重要形式，是大学生思想政治教育的有效手段。

高校学生通过从事勤工俭学活动，走出课堂、走向社会，能深入了解社情民意。参与勤工俭学活动，还能进一步了解经济社会发展的现状，了解中国特色社会主义现代化建设取得的伟大成就，加深对中国共产党的纲领、路线、方针、政策的认识、理解和认同，更加清楚地认识社会发展规律和社会主义建设规律，更加坚定自觉地走中国特色社会主义发展的道路，为实现中华民族伟大复兴的中国梦而刻苦学习、不懈奋斗。勤工俭学活动还能有效提升大学生的综合素质，大学生在勤工俭学的过程中，能清楚地了解经济社会发展的实际情况，他们深入生产劳动一线，一方面加深对所学理论知识的领悟，另一方面通过实践不断提升自己运用专业知识的能力。

二、实践育人的途径

（一）科技文化与思政教育相结合

高校要注重育人工作，积极对学生开展思政教育，并将科技文化的传输与思政教育相结合，培养具有坚定政治信仰的高素质综合型人才。高校可在开展校园文化活动的过程中，将思政教育与科技文化、科技创作等有机结合，这样既可以拉近与学生的距离，引导学生积极参加校园文化活动，不断提升学生的综合能力，同时又能给学生灌输一种理念，即在参与科技、艺术、文学等相关活动时，也不能忽视政治素养的提升。高校在开展校园文化活动时，要注重发挥学生思政教育工作的引领作用，通过组织主题鲜明、形式多样的思想教育和社会实践等校园文化精品活动，传播社会主义核心价值观，积极推动校园文化、科技文化与思政教育的有机统一，为高校学生的成长成才和全面发展提供更好的服务。

（二）社团活动与岗位能力相结合

形式多样的社团活动深受大学生欢迎。同学们参与社团活动不仅可以发挥自己的特长、展现自己的能力，同时还可以提升社会适应能力。社团是目前高校提升学生综合素质和能力的重要阵地。高校在组织社团活动时，可以依托各级团学组织，充分发挥学生团体在校园文化建设、思政教育中的重要作用。同时加强各级各类社团岗位能力的运行机制，可以丰富学生社团类型，比如增加创新创业社团、理论研究社团、文学艺术社团、体育健康社团等多元化社团类型。丰富高校学生校园文化生活，营造浓厚的育人氛围，引导同学们通过参与社团活动，激发自身的创新意识，活跃思维方式。高校社团活动与岗位能力锻炼的紧密结合可以改变传统应试教育重理论轻实践的现状，为学生提供更多提高专业技能及社会适应能力的锻炼机会，学生可以结合自身实际，根据自身特点、需求，有目的地选择参加适合自己的社团组织，为将来走向社会、适应社会奠定坚实的基础。

（三）社会实践与素质提升相结合

社会实践是高校开展学生素质教育的重要途径，素质教育要求“高等教育要加强社会实践，组织学生参加科学研究技术开发和推广活动以及社会服务活动”。这一要求重申了社会实践强大的育人功能，社会实践可以有效打破传统课堂的限制，培养学生的创新精神和实操能力，让学生在参与社会实践的过程中更早地接触社会，了解、认识、服务、奉献社会，从而提升社会适应能力，增强就业能力。当前部分高校更注重学生理论知识的灌输，对于技能的培养和提升存在欠缺。所以，高校应该在课堂教学的基础上，重视社会实践活动的开展，使学生在参与活动的过程中拓宽视野、提升技能、增长才干，进而更好地适应社会。高校可以多组织引导学生利用寒暑假及课余时间参加志愿服务和社会实践，使学生在实践中提升自身的综合素养和能力。

（四）志愿服务与实际需求相结合

志愿服务是为了满足社会需求所开展的一系列活动。高校的志愿服务应做到与时俱进，紧扣社会发展需求，把最优质的服务延伸到最需要的地方。比如，课余时间可以组织学生以定期探访、义演等形式关心关爱空巢老人，关爱帮助留守儿童，让他们感受到亲人般的关心。志愿服务应与当下社会需求相结合，要大力倡导团结、奉献、互助、友爱的精神，秉持服务他人、完善自我的服务宗旨，开展形式多样的志愿服务活动，建立完善的高校志愿服务活动制度，营造互帮互助、团结友爱的良好社会风尚。此外，高校志愿服务活动的重心还应随着社会发展的变化而变化，始终将社会需求作为志愿服务活动的指南针。比如进城务工家庭的子女，因跟随父母远离家乡无法融入当地生活时，学校可以组织志愿服务活动开展助学、帮扶、慰问等活动，帮助他们尽快适应新的生活学习环境、跟上学习进度。组织学生参加这些志愿服务活动，可以让他们感受志愿服务带来的社会新风尚，体验社会正能量。这个过程是学生接受思想洗礼的过程，也是他们人生价值得到体现的过程。

第三节　实践育人的重点与手段

一、实践育人的重点

在工作实际中，往往存在实践育人难以突破的“最后一公里”的问题，这就导致理论内容与思维转化的关系、内容与形式统一的关系不能有效解决。新形势下，要推进思政教育实践育人工作，必须打破惯例，实现突破和创新。为此，须抓以下几个关键点：

（一）注重价值引领

价值理念是行为的先导，推动思政教育实践育人工作，需要充分发挥价值引领的作用，要注重培育和践行社会主义核心价值观。我们所倡导的社会主义核心价值观是社会主义核心价值体系的高度凝练，阐明了社会主义“是什么”，指明了社会主义“要做什么”和“为了什么”。在高校，培育和践行社会主义核心价值观是提升实践育人质量与成效的前提和先决条件。这要求高校要坚持把立德树人作为根本任务，坚持以学生为中心，把社会主义核心价值观倡导的价值理念融入实践育人的过程中，引导学生树立正确的三观。既注重个体价值观与核心价值观的有机统一，又要用核心价值观去引领和指导个体价值观，真正把社会主义核心价值观落到实处，让学生成为自觉践行核心价值观的典范。

（二）注重理念创新

实践育人是对思政教育工作的推进和细化，但思政工作不能仅仅停留在这个阶段，必须传输新的理念，要把中国特色社会主义的道路自信、理论自信、制度自信和文化自信贯穿其中，把党的先进的指导思想宣传好、传播好。这要求高校的实践育人工作要着眼全局，创新形式，开展的活动要充分体现时代性、创造性，同时要把中华传统文化融入其中，让实践育人具有中国特色，让开展的活动充分体现中国话语特色、话语方式和话语内容，通过实践活动讲好中国故事，发好中国声音，不断地引人向善，增强思政教育的感染力、吸引力、凝聚力。同时，也让个体在参与实践活动的过程中得到全面发展。

（三）注重内容凝练

推进思政教育实践育人工作，不能单纯地进行理论传授，要特别注意理论与实践育人的有效衔接，彰显实践育人的特色。为此要做好以下三方面的工作：一是注重中国特色社会主义理论的传播。中国特色社会主义理论是我们实现民族复兴的重要力量支撑，要诠释好、宣传好、发展好、凝练好，指导不断发展和变化的实践活动。具体来讲，高校一定要注重中国特色社会主义理论的宣传，使学生能够深刻理解、自觉运用，同时要拓宽宣传渠道，丰富宣传形式，使高深理论变得更直接、更具体、更形象，使学生在感知、体悟、理解理论的同时，更好地认识社会，将大学生培养成合格的社会主义建设者和接班人。二是注重“四史”教育和形势政策教育。把党的“四史”教育融入实践育人的全程，弘扬中国精神，砥砺心智，不断增强高校学生的家国情怀。三是注重廉政文化教育。要在学生中开展廉政文化和反腐败教育宣传，让大学生了解我们党反腐败斗争的决心和从严治党的方针政策。

（四）注重体制机制创新

实践育人的体制机制创新需要逐步推进，不能一蹴而就，应从以下三个方面努力：

一是完善顶层设计。作好宏观战略筹划，这是推进实践育人的灵魂支撑。宏观战略筹划一定要明晰核心目标和基本战略定位，要具有递呈性和科学性。递呈性就是指实践育人要结合实际，注重用历史思维、理性思维和逻辑思维去分析各种问题，不断提高解决实际问题的能力；科学性是指实践育人的过程要体现规律性和意志性，使时间育人既符合经济社会发展的实际状况，又符合个体发展的目标追求。

二是强化资源保障。资源保障主要包括软件保障和硬件保障。软件保障是指要对中华优秀传统文化、红色文化、中国特色社会主义文化的内核、要义进行深入挖掘，为实践育人提供精神和智力保障。硬件保障就是要从人力、物力、财力、政策等多个维度，为实践育人的实施提供支持。

三是进行适时评价。实践育人具有一定的渐进性和持续性，要加强对实践育人阶段性效果的分析与评估，做到及时发现、梳理存在的问题，及时修正，及时评价，解决好问题，确保实践育人工作扎实有效推进。

（五）注重多维主体协同联动

实践育人是一项庞大的系统工程。实践育人的最终目的是要把中国共产党的指导思想和政策主张具体化、细微化、情节化，把党和国家的各项惠民政策和举措落实到位。所以，必须充分发挥各级党委、政府和学校行政及其职能部门的协同联动作用，注重广大学生慎独意识的培养，重视社会资源的有效整合，群策群力，协同用力，确保实践育人目标的顺利实现。

总之，实践育人就是要通过知识技能的传播传授和方式方法的创新发展，促进学生对社会主义核心价值的认同，提升学生的综合素养，为国家和社会培养合格建设者和可靠接班人。

二、实践育人的手段

（一）改变传统理念

1. 改变重言传轻身教的理念

实践是一种通过行动来促进认识的活动、提升教育的形式。这里所说的“行动”既包括高校教师的引领示范活动，也包括高校学生参与的系列活动。实践育人是一种示范性的“立德”+“树人”的重大工程。要想让思政教育具有说服力、感染力，教育工作者本身必须要“其身正”，所以，思政工作者不仅要具备过硬的理论水平和较强的知识传播能力，更重要的是要发自内心地信马克思主义，真懂马克思主义，发自内心地拥护马克思主义理论，具有正确的价值观和崇高的师德修养；要时刻注意自己的言行，要深刻认识到自己的一言一行都在潜移默化地影响着“祖国的花朵”。教师要自觉提高修养，做到课上课下言行一致，用自己的真才实学和人格魅力影响学生，教育学生，只有这样才能让学生“亲其师，信其道”，提升思政教育的效果，真正把理论教到学生心中去。同时，要保证实践课堂开展规范化，必须规划组织好实践教学，在活动实践中，教师不能仅仅充当组织者和管理者，还要做好学生的引领者，给学生正确的引导、示范和指导，通过反复的实践行为提升学生的综合素养。

2. 改变重形式轻实效的理念

实践育人要求在实际活动中实现对人的“身”“心”教育。而近年来有些高校实践育人口号喊得挺响，但是育人成效并不理想。劳动是实践的重要形式，但是目前有些高校的劳动价值在一定程度上被忽视，劳动教育被淡化弱化。鉴于实践育人的重要性，高校要端正对实践育人的认识，重视劳动教育，同时要制定切实可行的有效措施来加强实践教学。实践育人形式化的另一种表现方式是活动组织流于形式，教学活动设计不够具体，不能激发学生们参与的热情，致使学生的积极性不高、育人成效不高。

目前，有些高校的实践育人活动还存在缺乏时代性、灵活性的特点，不能紧跟时代的变化设计出贴近学生实际的创新方案。实践育人流于形式化，究其原因是高校对实践育人工作认识不够深入、把握不够准确。实践育人迫切需要突破“粗放型”育人困境，向高质量方向发展，这就要求高校教育工作者深刻认识到实践育人的重要性，领悟到实践育人是塑造学生人格、助力学生成长的工程，一定要严格遵照教育标准精心设计教育步骤，要充分考虑到实践过程需要每一个学生积极参与，同时要把握好实践的每一个环节，提高实践的针对性、实效性，把实践育人工作做出品质、做出质量、做出成效，让其充分发挥育人作用。

3. 改变重团体轻个人的理念

实践育人的内在本质是结合不同学生个性需要引导学生在具体情境中进行自我探索，实现自我发展。

新一代大学生深处社会激烈变革之中，受网络影响较大，性格差异较大、个性意识较为突出，传统的实践教学方式很难满足当代大学生的实际需求，实践育人需要由“同质化”向“个性化”转变。一方面，在集体行动中，要尽可能关心关注不同学生的内在精神需求，力争找到每个学生的特殊性。青年一代是开创未来的生力军，而良好的个性表达正是创造性的开端。大学生本身因其自身先天条件、后天生活、学习、成长环境等各方面因素的不同，其个体间存在较大的差异性，这种差异性表现在价值观、个性表达等诸多方面。因此，高校思政教育者在开展具体工作时要尽量做到有针对性地指导学生，从学生的个性特点出发去寻找个体与实践精神相适应的结合点，以此来激发学生的潜能。另一方面，由于学生之间存在发展不平衡的情况，新时代的实践育人原则需要引导更多有能力的学生自觉地去探索自身的成长模式，鼓励他们自己探索，实现自我教育、自我管理，要支持学生利用课余时间争取实践机会、参加社会实践活动。

（二）完善机体机制

1. 建立健全实践育人的组织领导机制

首先要加强实践育人的顶层设计。针对有些高校思政教育的实践育人开展不合理的情况，高校要深下功夫，作好充分的调查研究，合理制订实践育人方案，科学谋划实践育人工作流程，开好实践育人课程，要围绕实践育人的目标要求和总体设计，及时更新实践育人的内容，优化实践育人的方法，并结合实际需要编写实践育人指导手册，明确教学目标、教学任务，做好场地安排、活动设计、考核评估、安全保护等实践育人基本内容。

实践育人作为高校育人工作的重要组成部分，在学生教育培养过程中发挥着重要的作用。因此，要构建实践育人的长效机制，高校要成立由高校党政领导人牵头的实践育人专项工作领导小组，从学院各部门抽调实践教育骨干负责实践育人工作专项事宜。在此基础上，统筹规划实践育人工作开展、政策措施实施以及人员物资分配等具体工作细节，协调社会各方力量，做好实践基地搭建等工作。领导小组成员一人一岗，做好具体分工，明确每个人的岗位责权，全面实施规范化管理。除此之外，在确保各项工作有序开展的前提下，还要作好安全保障。

为了保障实践育人工作的有效开展，高校要加强对师生的实践育人安全教育，强化实践育人的风险意识，科学评估劳动实践活动的安全风险，认真排查安全隐患、确保学生在实践活动中的安全。高校还应在场地选择、器材使用和活动流程等方面制定安全、科学的操作规范，制定实践活动风险防控预案，完善应急与事故处理机制等。

2. 建立健全实践育人的运行实施机制

首先，高校在开展实践育人活动前要加强实践育人的目标设计。要根据实践课程要求结合社会需求合理设定活动主题。具体而言，现阶段高校实践育人工作要从培养学生的知识、技能、情感等综合维度出发，使他们在实践参与中提升创新创造的能力。

其次，高校开展实践活动时要充分利用好实践育人资源，实践育人专项小组要事先确定好实践活动场地，准备好实践活动所需物资，同时要做好安全保障措施。在一切就绪的基础上，要精心设计实践活动开展的过程，同时还要在实践过程中照顾学生的体验和感受，最大限度地调动起学生们的积极性，保证实践教育的效果。

再次，实践活动前作好实践活动的目标、形式、内容等宣传，组建由指导教师和学生参与的实践团队，明确实践活动任务和团队成员的职责，并对师生进行相应的活动培训；实践活动中作好流程及注意事项的讲解，让参与实践的师生作好充分的准备，以便于活动的顺利有效进行。

最后，要运用大数据等现代科技手段动态监测实践活动过程，并作好活动情况的记录并统计得分。实践活动开展时指导教师要想尽一切办法调动学生们参与的积极性和主动性，同时要精确把握好实践实施情况。

3. 建立健全实践育人的评价激励机制

首先，为保证高校对实践育人工作的重视，要把高校实践育人工作作为评估高校办学质量和办学水平的重要指标。实践能力是检验大学生学习成果的重要参考因素，也是学生实现全面发展的关键考量指标。新时代背景下，国家进步、社会发展需要青年大学生共同努力，当前比较迫切的任务是提升青年大学生创新创造的能力以及突破关键核心技术的能力。高校要重视对大学生实践能力的培养，并将其作为大学生毕业升学的重要评定标准。

其次，要把实践成果的转化作为重要的考核依据。实践育人的目的是驱动学生把理论知识转化成实际成果。因此，高校思政教育实践育人应把实践所产生的影响作为实践活动的评判标准。大学生是拥有专业知识和素养的专门人才，把实践对客观世界起到的改造作用作为活动评价的指标，是促进实践育人高水平发展的关键。另外，对于实践效果的考核方式，要实施问卷调查、实地回访等多方式、多维度评价，以确保评价结果的真实性。

最后，为激发师生的后续动力，建议对达到一定水平的学生授予职业技能资格证书。对于在实践教学中效果显著的教师也要给予一定的奖励。为了推广实践育人的先进经验，年终还要开展优秀指导教师和优秀实习生评选活动，并对优秀师生的成功经验进行总结。

（三）夯实实践育人基础环节

1. 挖掘实践育人内容

首先，高校可以结合当地文化特点，挖掘具有地域特色的实践育人内容。受经济全球化的影响，很多富有特色的传统工艺文化和技艺逐渐走向没落。鉴于此种情况，高校可以把传统风俗文化的传播和传统技艺的传承与实践育人相结合，这样既保护了传统文化和工艺，又增强了大学生对地域文化的了解，同时也丰富了实践育人的内容。

其次，实践育人不光要"瞻前"，还要"顾后"，必须要跟得上时代的发展，因此，高校思政实践育人还要深挖具有时代特色的育人内容。高校思政教育实践育人要针对新形势、新要求，大力开展新技术、新工艺育人实践内容学习，同时要强化创新创业教育培训，培养社会需要的时代新人。

最后，高校还要重视开发具有校本特色的实践育人内容，形成富有特色的实践育人模式。高校要结合自身情况，创新实践活动的内容和形式，同时要结合专业特点，打造独具特色的实践育人活动，并做大做强，形成自己的实践育人品牌。高校要结合本校实际，把自身发展与社会需求相结合，找准自己的定位，开发符合本校专业发展实际情况的实习实训内容，让学生在参与实践的过程中提升各方面的能力。

2. 创新实践育人形式

首先，高校思政教育实践育人要善于运用启发式教学方法。所谓启发式教学方法就是针对学生关注的点或者感兴趣的方向，主动引导学生思维聚焦、思考创造和主动探索。启发式教学方法可以有效调动学生的积极性，促进他们打开思维、创新创造。当前实践育人应打破传统机械化、形式化的流程，进一步优化流程，结合学生的实际情况与思维偏好对学生进行引导，将学生的思维和实践逐步引向正确的发展方向，达到育人目的。在实际操作中，启发大学生的思维可运用案例教学、故事讲解、社会话题热议以及同伴行为开导等多种方式。

其次，针对当今社会瞬息万变的形势，要注重加强学生的自我教育和自我提升的能力。高校大学生大都已是成年人，他们已经具备独立思考的能力，高校教育者要善于结合生活、学习中的实际情况，针对社会时事热点问题，多提问、多引导学生，让他们学会客观地思考问题。高校教育者也要有意识地培养学生的自学习惯，要学会运用各种评价考核手段来检验学生的自学效果，同时还可以经常举办交流分享会，激励学生自觉提高知识能力和综合素养，并引导学生根据自身兴趣与爱好，学会扬长补短，找准自己的定位。

最后，高校可以利用现代技术手段来拓展实践育人空间，加强网络虚拟实践教育方式的运用，增强实践育人效果。比如，可以利用非面对面的虚拟空间交流平台加强与学生的互动交流，以此增强实践育人的时代性、科学性。

第四节 实践育人典型案例

案例：构建立体化志愿服务体系 夯实实践育人根基

一、实施背景

志愿服务实践育人是引导学生主动将社会主义核心价值观融入社会实践、提升服务意识、增强实践能力、树立家国情怀的重要举措。习近平总书记多次对志愿者服务提出殷切希望，强调志愿服务组织、志愿服务工作者要立足新时代、展现新作为，弘扬奉献、友爱、互助、进步的志愿精神，以实际行动书写新时代的雷锋故事。近年来，秦皇岛职业技术学院努力探索以“协同性、系统性、针对性”为特色的新型志愿服务实践育人体系，营造良好的志愿服务实践育人氛围，切实提高人才培养质量，取得显著成效。

二、具体做法与过程

（一）形成工作合力，全面实施协同育人

建立学院党委统一领导、院团委协调指导、各系协同合作的三级志愿服务实践育人工作机制。通过层级管理、责任分工，确保志愿服务实践育人制度化、规范化和常态化。

（1）建立“学院—团委—系”三级志愿服务实践育人体系，团委和各系分别组建志愿服务实践育人工作小组，相关部门协同合作，构建有效运行机制，共同推动志愿服务实践育人工作持续而有效地进行。

（2）学院团委在党委的领导下负责全院志愿服务实践育人工作总体规划，为各系志愿服务实践育人工作提供支持与保障。

（3）各系具体负责本系志愿服务实践育人工作方案的制定与落实。

（二）加强整体规划，系统设计育人体系

拓展志愿服务地方、搭建平台、品牌塑造等多种形式，加强社会、学校和志愿者三方协同合作，共同推进志愿服务协同育人长效机制。

1. 服务地方

多年来，学院紧密结合专业优势、地方发展需求以及学生成长需要，助力地方政府，积极参与由公益组织、非政府组织、企事业单位组织开展相关志愿服务活动。比如，连续多年与秦皇岛市文明办、市志愿服务基金会、市公安局交警支队合作开展以“大学生协管交通，及时雨助力圆梦”为主题的文明交通志愿服务，“文明港城我先行”环保志愿服务等活动，“靓丽交通风景线”女子交通警务实践团连续九年圆满完成协助秦皇岛交警支队五大队（北戴河交警支队）指挥疏导北戴河海滨交通和维护交通秩序的志愿服务任务，累计参与450人，累计服务总时长19万小时，服务近千万人次。

2. 搭建平台

多年来，学院坚持以提升学生综合素质、促进学生全面发展为目标，以时代主题为引导，以学院团委为组织主体，为学生开展志愿服务提供平台。与北戴河松鹤老年公寓、秦皇岛儿童福利院以及秦皇岛市山海关区民办龙腾

学校光明爱心之家建立长期联系，积极开展“关爱儿童、慰问孤老”志愿服务活动，近五年来服务总时长近 2 万小时，服务 5000 余人次；与北戴河西山街道办事处等周边社区合作，长期开展“服务社区、造福群众”志愿服务活动，服务总时长近 1 万小时，服务 2 万余人次。

3. 品牌塑造

学院十分注重志愿服务品牌的打造，发挥品牌的示范效应，先后塑造了“靓丽交通风景线”女子交通警务实践团、马永刚志愿服务小分队、抗疫志愿服务团等优秀的志愿服务品牌。志愿者们用自己的实际行动践行志愿服务精神，在实践中成长成才。

（三）打造品牌特色，着力提升服务能力

学院党委把志愿服务作为思想政治理论课的重要实践环节，作为行走的思政课，让志愿服务与学校立德树人根本任务结合起来，将大学生理论学习与公益社会实践结合起来，将志愿服务供给与社会公益需求结合起来，将劳动教育与德智体美结合起来，在志愿服务实践育人的过程中实现校地融合创新发展，积极开展助残敬老、公益环保、助力交通、植树护绿、保护海洋等形式多样的志愿服务活动，形成了具有学院特色的品牌服务活动。

1. 着力培优志愿服务项目

学院党委全面贯彻党的教育方针，在人才培养过程中围绕立德树人根本任务，高度重视实践育人，着力壮大学院志愿服务组织，将志愿服务作为践行社会主义核心价值观的重要载体，培养学生的社会责任感、创新精神和实践能力。逐步形成了多个长期稳定的志愿服务项目，涉及敬老爱老、文明交通、赛会服务等多个领域。

2. 着力打造志愿服务品牌

学院团委在党委的领导下与各级团组织协调行动，鼓励各青年志愿服务组织和社团发挥专业优势，稳定持久地开展志愿服务。学院青年志愿者协会、马永刚志愿服务小分队、小灯塔志愿服务小分队、海之心志愿服务小分队等志愿服务组织已发展成为学院志愿服务的品牌，近年来多次受到省、市级各类志愿服务表彰，荣获奖励 40 余项。

3. 着力拓展志愿服务宽度

学院充分发挥实践育人平台作用，激发教育主体能动性，培育建设了具备不同服务优势的多类型志愿服务团队，成员覆盖学院八个系，有效带动广大青年学生积极参与志愿服务活动。社团活动吸引力和社团成员活跃指数不断提升，志愿服务实践育人宽度得到有效延展，在学院各级志愿服务实践育人平台的辐射带动下，学院已经初步形成“人人都是志愿者”的良好氛围。五年来，学生参加各级各类志愿服务活动累计 1076 个，共 4 万余人次。

三、取得成效

学院志愿服务实践育人项目经过多年的实践，达到了师生参与度和社会满意度的双赢，学生在志愿服务的实践中成长成才，深受社会各界的关注与好评。

（一）专业育人强素质，提升社会责任感

结合专业特色，主动对接社会需求，学院通过“科技帮扶”“文明交通”“大赛服务（礼宾接待）”“艺术支教”“旅游志愿服务团”等志愿服务活动，不断拓宽学生参与志愿服务的渠道，提升志愿服务层次，坚持奉献社会、服务群众、社会实践与专业相结合。在志愿服务的实践过程中，提升学生的社会责任感。

（二）实践育人落实处，提升社会影响力

学院以长效的实践育人体系和多样化的志愿服务内容，帮助学生在了解社会、体察民情、投身地方的过程中体会到作为一个社会成员的自我价值，促进他们形成高尚品格。志愿者们饱满的热情、负责的态度、协作的精神，赢得了社会的高度认可。中国青年报、中青在线、中国文明网、河北新闻网、秦皇岛日报、秦皇岛晚报、新华网、燕赵都市报、河北网络广播电视台、中工网和中国城市网等多家新闻媒体均报道过学院的相关活动。

（三）深化育人内涵，提升综合竞争力

在浓厚的育人氛围带动下，学生主动开展与自身特长相适应的社会实践和志愿服务活动。实践活动的内涵在不断深化，成效显著。多年来，学院 300 余名师生获得“河北省优秀志愿者”“秦皇岛市优秀志愿者”“秦皇岛市最美抗疫个人”等荣誉称号；学院青年志愿者协会、马永刚志愿服务小分队、小灯塔志愿服务小分队、海之心志愿服务小分队多次受到省、市级各类志愿服务表彰，荣获奖励 40 余项；学院先后荣获“河北省教育系统志愿服务工作先进单位”“河北省教育系统优秀志愿服务品牌”等多项省级奖项，荣获“秦皇岛市志愿服务工作先进单位”“秦皇岛市优秀青年志愿服务集体”等多项省市级奖项。

四、经验启示

（一）优选项目，培育志愿服务品牌

在学院现有的志愿服务工作基础上，创新开展志愿服务项目化建设，通过项目带动引领，改变志愿服务“小、松、散”的局面，培育“大、专、优”高水平志愿服务品牌，实现“1+2”（即 1 个项目带动 2 个品牌）的建设目标。

（二）精细管理，打造志愿服务团队

打造优秀志愿服务团队，离不开科学有效的管理。提升管理水平和服务质量，需从规范管理、培优提质、专兼结合三个方面入手，着力打造“三化”（专业化、素质化、特色化）的志愿服务团队。

（三）搭建平台，筑牢志愿服务阵地

志愿服务坚持以立德树人为导向，以培养新时代合格人才为目标，通过构建志愿服务平台，实现在实践中育人、在奉献中成长，教育引导广大青年学生“立足岗位作贡献，志愿服务当先锋”。

（四）宣传引领，弘扬志愿服务精神

几年来，“靓丽交通风景线”女子交通警务实践团、马永刚志愿服务小分队已成为秦皇岛市志愿服务的旗帜和名片，在获评河北省志愿服务品牌和最美团队的基础上，乘势而上，加大宣传和推广力度，精心设计载体，让志愿服务精神在校园内外传承，让志愿服务实践活动真正成为行走的思政课。

第六章 文 化 育 人

党的十八大以来，习近平总书记多次强调，高校要发挥文化的涵养作用，“以文化人、以文育人”。为贯彻落实党的十九大精神和习近平总书记重要讲话精神，大力提升高校思想政治工作质量，教育部党组于 2017 年印发了《高校思想政治工作质量提升工程实施纲要》（以下简称《纲要》），明确提出一体化构建十大育人体系，强调要深入推进文化育人，推进中华优秀传统文化教育，挖掘革命文化的育人内涵，开展社会主义先进文化教育，大力繁荣校园文化，牢牢掌握高校意识形态工作领导权，践行和弘扬社会主义核心价值观，以文化滋养师生心灵、涵育师生品行、引领社会风尚。文化育人是高职院校“三全育人”体系的重要组成部分，也是十大育人体系的重要实施内容。立足新时代新发展新要求，新时代高校文化育人必须不断优化文化育人供给，不断改进文化育人工作方法，不断创新文化育人载体。

第一节 文化育人的概念及意义

一、文化育人相关概念的界定

（一）文化育人的含义

对文化育人概念的界定必然涉及对文化概念的理解。在广义上理解，文化是指物质自然外的一切。从狭义上理解，文化是指社会的意识形态。本书所指的文化，不是广义的文化，而是特指狭义上的文化。作为狭义的精神文化有先进文化和落后文化之分，用什么样的文化教育人，就能培育出什么样的人。用先进的文化教育人，能使人进步、使人高尚；用落后的文化影响人，就会使人堕落、丧失灵魂。新时代中国特色社会主义文化是当下中国的先进文化，包含了中华优秀传统文化、革命文化以及社会主义先进文化。本书所指的文化育人，特指用当下中国的先进文化育人，就是用新时代中国特色社会主义文化培育人、塑造人。

（二）新时代文化育人的含义

文化是一个历史性、时代性和方向性相统一的范畴。一个时代有一个时代的主流文化，文化也是一个民族性与历史性的统一，不同的民族有不同民族的特定文化。沈壮海教授基于对文化的狭义理解而提出的“先进文化”内涵，是指人类的社会实践所取得的先进的精神成果，并与“落后文化”相对立。但是，“先进文化”范畴的提出，它的深刻意义并不仅是用来指称一种与“落后文化”相对立的具体的文化，而是在于，“先进文化”的范畴更加明确地回应了三个紧密相关的文化理论问题，即文化的发展性、先进性和文化发展的方向性问题。中国特色社会主义文化建设理论，正是基于对这些理论问题的回答，确立了当代中国文化发展的基本坐标。新时代是中国特色社会主义发展的新的历史方位，本书所指的新时代文化育人，特指在中国特色社会主义新时代这个新的历史方位下，用新时代中国特色社会主义文化培育人。

（三）新时代高校文化育人的含义

高校是创造文化、传承文化的高地。大学生接受高等教育的过程，本质上就是一个接受文化浸染和熏陶的过程。新时代高校文化育人，是指在高校场域中用新时代中国特色社会主义文化培育人。要求新时代高校在培养社会主义建设者和接班人的过程中，发挥中国特色社会主义文化育人优势，深入开展社会主义先进文化、革命文化、中华优秀传统文化教育，突出社会主义核心价值观凝聚引领作用，深化“礼敬中华优秀传统文化”系列活动开展，创新“传承红色基因、担当复兴重任”主题教育形式，实施“高校原创文化经典推广行动计划”，以独特的大学精神、优美的校园环境、特色的校园文化，涵育师生品行、滋养师生心灵、引领社会风尚。

二、文化育人的意义

（一）文化育人是中国特色社会主义事业持续发展的需要

中国特色社会主义事业持续发展离不开先进文化的有力支撑。新时代人们对高质量精神文化的需求更加迫切，创造美好生活必须答好满足人们精神文化需求的时代答卷，国家治理体系和治理能力现代化需要社会主义先进文化的深厚支撑，社会主义现代化强国建设需要应对解决好文化安全的重大课题。新时代高校需要自觉承担起文化育人的重大使命，引导学生对高质量发展价值意义的正确认识，树立科学的美好生活观念，用习近平新时代中国特色社会主义思想所蕴含的真理力量推动国家治理现代化，增强实现中华民族伟大复兴的文化自信，筑牢文化安全意识，树立正确的总体国家安全观。

（二）文化育人是培育中国特色社会主义时代新人的需要

培育中国特色社会主义时代新人，需要文化的力量增强其价值自信，以文化培育精神基因。贯彻落实我国高等教育方针，需要坚持立德树人的文化指向，重视文化的世界传播和影响力。大学生思想政治教育需要加强我国独特文化和发展大势的教育，以文化增强育人内生动力，着力培育具有中国情怀的世界一流人才。这既是造就担当民族复兴大任的时代新人的要求，又是贯彻落实我国高等教育方针的要求，同时也是实现青年思想政治教育目标的要求。

（三）新时代高校思想政治教育方法途径拓展的需要

青年大学生处于人生的“拔穗孕育期”，更需要培育。新时代高校应自觉承担起育人的重大使命，结合新时代新发展新要求，创新思想政治教育方法途径，给青年大学生更多的营养，使他们顺利成长为新时代所需要和期望的一代新人。这既是新时代高校思想政治教育作用发挥的内在要求，又是新时代高校思想政治教育必不可少的方法途径，同时也是新时代高校思想政治教育发展的必然要求。

第二节　文化育人的内容与途径

一、文化育人的内容

（一）优秀传统文化育人研究

李西京在题为《中华优秀传统文化融于高校校园文化建设研究》的论文中认为中华优秀传统文化集中体现了中华民族的情感、文化传统与思想观念，是在各民族不断融合中形成与发展的。在该论文中，作者将中华优秀传统文化与高校校园文化的建设联系起来，探究优秀传统文化对于校园文化建设的丰富的文化滋养，在分析当前现状的基础上，提出应从目标、原则以及途径开展融入研究。宋向华在学位论文《中国优秀传统文化对高校创新人才的育人研究》中提出中国优秀传统文化对于高校具有培养与造就创新人才的育人价值，高校应以创新人才的培养为目的，借助中华优秀传统文化的内在价值来开展文化育人。同时，路径探究是从思想政治教育的视角探究中国优秀传统文化如何达成培养创新人才的要求。

（二）红色文化育人研究

红色文化是具有中国特色的先进文化。高校如何利用好红色文化资源开展育人实践一直是研究的重点。庄海龙在《新时期高校红色文化育人研究》中提出红色文化是中国共产党以马克思主义为指导，领导人民在争取民族独立与人民解放的进程中形成的。红色文化内涵丰富，凝结着中国共产党人的理想信念、革命意志，体现了革命年代的人民所饱含的家国情怀和价值追求。红色文化具有塑造大学生价值观念与道德素养的育人价值，庄海龙通过分析当前高校红色文化育人现状，进而从健全机制、增强实效性、建设校园文化三方面提出新时期高校文化育人路径。红色文化的地域特征在育人实践中具有不同的实效，雷莉在《湖北红色文化资源育人功能的实现路径研究》中从具有地域特征的文化出发，阐释湖北红色文化资源所具有的内涵和特点，分析湖北红色文化对大学生起到的育人功能，着重对湖北红色文化资源育人功能的实现路径存在的问题及原因进行分析，探究实现具有地域特征的红色文化的育人对策。

（三）校园文化育人研究

校园作为高校学生学习与生活的场所，不同种类的校园文化具有不同的育人作用。校园文化涵盖范围广，组成要素多样，目前主要认为校园文化由校园物质文化、精神文化、制度文化、行为文化、网络文化组成，同时也包括校园建设过程中的楼宇建筑、校徽等体现在校园实体上的，并凝结在精神层面的校园文化成果。这类文化是高校文化的微观表现，特征与自然育人功能相区别，需要采取不同的文化建设与文化育人实践手段。宗高雅在《大学校训的文化价值及育人功能研究》中探究大学校训这一具有传统文化底蕴的大学精神文化的典型代表的育人价值，提出校训文化是以隐性育人的方式对学生施以影响。校训的文化价值与育人功能体现在对校训的认知与践行上，知行合一才是对校训的最有利传承。张俊在《高校网络文化的育人功能研究——以南昌高校为例》中首先界定高校网络文化的概念、结构和特征，提出高校网络文化的育人功能，通过现状调查总结当前高校网络文化育人功能低下的原因，以高校网络文化品质的提升为重点，提出要通过开展网络规范教育、高校网络的建设与管理、网络队伍建设来实现高校网络文化育人功能。叶倩文的《校本文化的育人功能研究》探究校本文化这一源于本校、以学校为基础、彰显学校个性特色的文化形式，在该论文中作者提出校本文化作为高校开展思想政治教育的载体，具有重要的思想政治教育价值。戚妍怡在《大学校史文化育人功能研究》中，研究大学自身发展所形成的独具特色的校史文化的育人功能，界定校史文化的内涵，探究其具有的文化育人功能与价值、理论依据，最后通过原则、内容、机制、渠道探究校史文化育人的对策。李海明在《高校校园行为文化育人功能研究》中定义高校校园行为文化是高校师生在校园中的行为习惯、团体活动、生活方式等外在的动态活动，校园行为主体不同，所形成的文化现象也不同，提出高校校园行为文化是校园文化主体在精神文化作用下所表现的文化成果的总结。通过对校园行为文化育人的调查，在分析现状的基础上提出从思路、机制、环境、载体方面进行改进，从而提升高校校园行为文化育人实效。从以上研究可以看出，校园文化多样且内容丰富，自身所具有的文化属性是其开展文化育人的基础，最终还是要落实到以何育人、何以育人的根本上来。

二、文化育人的途径

（一）课堂教育

课堂是高校教师与学生面对面交流的场所。课堂教育除了传授基础知识和基本技能之外，还要挖掘人文理解与情感认知，把科学文化知识教育与学生思想素质培育相结合，加强教学文化建设，发挥课堂育人的主渠道作用。

（二）实践活动

各类文体活动、社团活动强调对学生课外能力的锻炼、主题内容的感染和号召。敬枫蓉、陆凯、杨连生等学者认为，学校应立足实际，组织或引导学生开展有思想性、娱乐性、公益性等特点的实践活动，让大多数学生都能选择自己喜欢的活动去经历、体验、感悟，增长见识，提升素质。

（三）网络媒体

杨锟、韩继超等学者提出，要根据信息时代学生的特点，重视学生对微信、微博等网络媒体的广泛应用。既要利用校园报刊、校园广播等传统媒体形式对主流价值观和先进事迹进行宣传，也要特别重视校园网站、贴吧等新媒体对学生的影响，坚持全方位、多渠道、立体化建设校园网、广播站、官方微信微博、微视频等宣传文化阵地，精心优化传播内容，尽最大努力发挥网络媒体的正面作用。

（四）育人平台

文化育人的实现，需要软硬件的配套实施，特别是在硬件设施的完善中要将大学文化的软件恰到好处地融入其中。程刚等学者认为，文化育人要注重把校园文化元素有机地融入学生经常聚集的图书馆、教学楼等区域，还要积极搭建引导学生钻研学术、提高艺术审美力等的有效平台。以王宇波、王静、王玉玲、罗润来等学者为代表，对高校搭建具体的高水平报告会、艺术展演等重要育人平台作了深入探讨。

第三节 文化育人的重点与手段

新时代高校文化育人要坚持问题导向，充分研究和把握人才培养面临的主要问题和挑战，遵循马克思主义的方法原则，以习近平总书记关于文化育人的重要论述为指导，聚焦立德树人根本任务，突出价值引领，发挥中国特色社会主义文化的育人优势，加强中国特色社会主义文化安全教育，创新社会主义核心价值观培育载体，探索高校文化育人“一体化”育人模式，构建思想政治工作体系下的文化育人机制，完善高校文化育人效果评价，推动全校力量把工作的重心和目标落在培育时代新人的实效上，致力于把高校建设成为滋养师生心灵、涵育师生品行、引领社会风尚的社会主义精神文明高地。

一、发挥新时代中国特色社会主义文化的育人优势

《纲要》提出，要充分发挥中国特色社会主义教育的育人优势，以立德树人为根本，深入开展中华优秀传统文化、革命文化和社会主义先进文化教育。新时代高校文化育人要挖掘中华优秀传统文化的时代内涵，创新中华优秀传统文化的时代表达，将中华优秀传统文化教育融入大学生日常学习生活中，激活中华优秀传统文化育人生命力；要将思政小课堂与社会大课堂结合，用好用活革命文化红色“基因库”，深挖革命文化育人力量；要坚持地域和行业性特色优秀文化熏染，利用优美的校园环境涵育，发挥社会主义先进文化育人优势，大力探索习近平新时代中国特色社会主义思想铸魂育人的新路径，充分激发大学生文化主体性自觉，使新时代中国特色社会主义文化成为新时代大学生展示新风貌新风采的精神标识。

（一）挖掘内涵创新表达融入生活：激活中华优秀传统文化的育人生命力

习近平总书记在哲学社会科学工作座谈会上的讲话中指出，要加强对中华优秀传统文化的挖掘和阐发。中国特色社会主义文化孕育源自中华优秀传统文化，经历了革命文化和社会主义先进文化的熔铸，深深植根于现代化伟大实践，既有深厚的根基和渊源，也赋予了新时代高校文化育人特殊的内涵要求。

1. 深入挖掘中华优秀传统文化的时代内涵

习近平总书记特别强调加强中华优秀传统文化的创造性转化和创新性发展，强调中华优秀传统文化“既需要薪火相传、代代守护，也需要与时俱进、推陈出新”，强调要深入挖掘和阐发传统文化的时代价值，“按照时代的新进步，推动中华文明创造性转化和创新性发展，激活其生命力”，“把跨越时空、超越国界、富有永恒魅力、具有当代价值的文化精神弘扬起来”，“让中华文化展现出永久魅力和时代风采”。加强中华优秀传统文化教育，必须深入挖掘和阐发中华优秀传统文化的时代内涵及时代价值，赋予中华优秀传统文化时代化的承载形式和呈现方式，使中华优秀传统文化成为大学生健康成长成才的“导航灯”。中华优秀传统文化赋予中国人民一种精神、一种信仰和一种力量，孕育了中国人民的精神品质，体现着中华民族的价值追求和精神标识，是中华民族伟大复兴的精神力量，也是全人类弥足珍贵的精神瑰宝。习近平总书记坚持历史唯物主义的方法，从大历史观出发，深刻论述了中华优秀传统文化的价值定位；提出中华优秀传统文化是中华民族的精神命脉和突出优势，也是中华民族伟大复兴的文化根基，中华民族如果丢了优秀传统文化，就割断了精神命脉，就割裂了文化基因。中华优秀传统文化中蕴含的思想观念，体现了中国人的世界观、行为方式和独特的人文精神。习近平总书记认为，中国特色社会主义道路是同历史悠久的中华文化紧密联结在一起的，“独特的文化传统，独特的历史命运，独特的基本国情，注定了文明必然要走适合自己特点的发展道路”。中华文化发展繁荣是中华民族伟大复兴的条件，没有文化的繁荣，也就没有中国梦的实现，伟大复兴必然要求中华优秀传统文化的复兴。习近平总书记指出：“历史是最好的教师，它忠实记录下来每一个国家走过的足迹，也给每一个国家未来的发展提供启示。”加强对大学生中华优秀传统文化教育，要掌握习近平关于传承弘扬中华优秀传统文化的方法论，坚持历史思维、辩证思维、战略思维、底线思维，准确掌握中华优秀传统文化在当今社会发展中的重大意义，讲清楚中华优秀传统文化是中华民族的突出优势，了解中国特色社会主义植根于中华文化沃土。

2. 将中华优秀传统文化教育融入大学生的日常学习生活

新时代高校文化育人，要将中华优秀传统文化教育融入日常生活中。中华优秀传统文化包含的社会主义核心价值观，体现了革命先烈的美好理想，也反映了当下人们的美好向往，是全国人民同心同德、共同奋进的“最大公约数”。美好理想与向往要内化为人的追求、转化为人的行动，是一个复杂的长期的过程。在这个过程中，高等教育承担着将理想与向往转化为行动的重要责任和使命。习近平总书记指出，要把社会主义核心价值观“融入社会发展各方面，转化为人们的情感认同和行为习惯”。这为高校文化育人指明了方向。社会主义核心价值观作为当下中国“决定文化性质和方向的最深层次要素”，引领着中国特色社会主义文化建设和高校教育事业改革发展，是高校文化育人的精神精髓。中国特色社会主义文化滋养的社会主义核心价值观，体现了中国特色社会主义的本质和精神追求，传达着中国人民的精神信仰和美好价值品质，是站在新时代中国特色社会主义实践立场上对社会主义价值属性的新认识。新时代高校文化育人，要正确看待社会主义核心价值观的整体性、系统性和层次性，设计好大中小学开展价值观教育的阶段性内容，把社会主义核心价值观教育贯穿大学生学习生活和日常交往之中，着力“通过教育引导、舆论宣传、文化熏陶、实践养成、制度保障等”，在校园文明创建、校园文化活动和文化产品创作中体现社会主义核心价值观的精神引领作用，促进大学生成长进步。找准大学生价值追求和利益需要的交汇点，围绕增强大学生成长发展的精神动力培育和践行社会主义核心价值观，激发学生养成健康、乐观、向上的品格，努力做一个心灵纯洁、人格健全、品德高尚的人，努力做一个有文化修养、有人文关怀、有责任担当的人。近年来，高校在整体上把握创新社会主义核心价值观教育的内容形式，形成了有效的做法和鲜活经验，把社会主义核心价值观融入学风教风校风的优化、大学精神与办学理念的凝练、思想宣传活动的强化以及中华优秀传统文化的弘扬中，融入制度文化作用的充分发挥、依法治校的全面推进、民主治校的大力实施以及现代大学制度的建立和完善中，融入各种学术活动、教学活动、校园文化活动和社会实践活动的开展中，融入校内外物质环境的建设、校园文化景观的打造和学校文化设施的完善中，融入网络文化平台建设、网络文化内容的丰富和网络引导管理监控机制的完善中，使社会主义核心价值观在潜移默化中达到“润物细无声”的效果。在具体的内容探索上，高校也开展了积极的实践，如，盐城师范学院以“向王强同志学习”的主题教育活动深化社会主义核心价值观教育，北京化工大学实施“校园青春榜样”工程践行社会主义核心价值观等。新时代高校文化育人，要更加聚焦大学生的价值追求，把社会主义核心价值观融入学生日常生活的细小之处，使大学生在不自觉的感知和领悟中得到精神世界的升华，真正使社会核心价值观成为大学生的一种精神信仰。

（二）创新小课堂发挥大课堂用活“基因库”：深挖红色革命文化的育人力量

习近平总书记在学校思政课教师座谈会上的讲话指出，要把思政小课堂同社会大课堂结合起来，重视思政课的实践性。2019 年 9 月习近平总书记在河南考察中察看鄂豫皖苏区首府革命博物馆革命文物时指出：“革命博物馆、纪念馆、党史馆、烈士陵园等是党和国家红色基因库”，要把红色故事讲好，把红色基因传承好，确保红色江山永不变色。新时代高校文化育人，要创新各类课程“小课堂”的价值引领作用，发挥好“社会大课堂”的文化涵育作用，坚持小课堂同大课堂相结合，用好用活“红色基因库”，讲好红色革命故事，充分发挥红色革命文化的深厚育人力量。

1. 创新“小课堂”强化革命文化对大学生成长的价值引领作用

中国共产党领导全国人民在革命奋斗中形成的红色革命文化，不仅包含着鲜明的革命精神和坚强的革命意志，还包含着深厚的家国情怀，新时代要发挥好课堂教学的主渠道作用，将红色革命文化有机地融入高校的课堂教学特别是思想政治理论课教学之中。习近平总书记反复强调要“创新课堂教学”“用好课堂教学这个主渠道”，为高校开展红色革命文化教育提供了新的要求和视角。高校要创新教育形式，发挥好课堂教学对传承弘扬红色革命文化的主渠道作用，积极推动思政课程与课程思政的有机协同，将红色革命文化教育融入思政课程和其他各类课程教学的培养方案、教学大纲和教材编写之中，并有效实现教材体系向教学体系的转化，将红色革命文化蕴含的爱国情怀、民族情怀和社会责任融入教育教学全程。重视对革命事迹、革命故事、革命文物等红色革命资源的挖掘，并将之融入转化课程教学体系中，对教学过程、教学方法进行系统的整体性设计，创造性地对红色文化进行转化和创新，赋予新的时代内涵，使课堂教学更加贴近学生实际、贴近学生生活、走进学生心里。

2. 发挥“社会大课堂”强化革命文化对大学生的涵育作用

用红色革命文化精神特质浸润大学生的心灵，增强红色革命文化教育的时代内涵与实际效果，需要高度重视社会实践活动的涵育作用，把说理与实际相结合，把思政课堂与社会课堂相结合，利用好大学生暑期“三下乡”社会实践活动或青年志愿者活动载体，组织大学生到革命老区、革命教育基地等开展走访调研等活动，引导青年学生在践行社会主义核心价值观的实践中自觉传承发展红色文化，推动将实践活动转化为鲜活的新时代文化成果，做红色革命文化传承弘扬的实践者和传播者。要重视在校园文化活动实践中融入红色文化教育元素，让红色文化在校园中亮起来、活起来，以红色文化为主题设计系列学生校园文化活动，通过红色经典故事传唱、红色革命文化主题舞台剧演出、红色歌曲演唱等形式，丰富红色革命文化的时代表达，增强红色文化教育的趣味性。红色革命文化凝聚着中国共产党人的革命理想和坚定信念，承载着中国共产党人的英雄气概和奉献精神，蕴含着中国共产党人的初心和使命。红色革命文化支撑着新时代中国人民坚持不懈为共同理想和远大理想奋斗献身的价值追求，是我们党永葆先进的文化底色。习近平总书记反复强调：“走得再远、走到再光辉的未来，也不能忘记走过的过去，不能忘记为什么出发”，要把红色资源、红色传统、红色基因利用好、发扬好、传承好。新时代高校文化育人要把革命文化的深厚力量转化为人才培养的前进动力。

（三）优秀文化熏染大学精神，滋养优美环境涵育：发挥社会主义先进文化的育人功能

《纲要》提出要充分发挥中国特色社会主义教育的育人优势，着力培养社会主义建设者、接班人和时代新人，不断开创新时代高校思想政治工作新局

面。习近平新时代中国特色社会主义思想为新时代中国特色社会主义文化发展提出了精神动力和思想指引，是新时代高校文化育人之魂。新时代高校文化育人要重视坚持用习近平新时代中国特色社会主义思想铸魂育人，重视大学精神的内涵建设，以优美的校园环境涵养学生，用先进文化中蕴含的中国精神、中国价值、中国力量塑造人、充实人、鼓舞人，用社会主义现代化创造的辉煌奇迹激发大学生对美好生活的追求，使中国梦成为凝聚大学生价值认同的生动载体，使团结创新、实干开拓成为学生成就美好人生的强大力量。

1. 深入推进习近平新时代中国特色社会主义思想铸魂育人

习近平新时代中国特色社会主义思想是我们党立足时代之基、回答时代之问的重大理论创新，是马克思主义中国化的最新成果，体现着中国精神的时代精华，是对中国特色社会主义理论体系的创新发展，是中华民族伟大复兴的行动指南，是建设社会主义现代化强国的思想理论武器。习近平新时代中国特色社会主义思想既是高校文化育人重要理论依据，也是根本方法指南，特别是习近平新时代中国特色社会主义思想中包含的关于文化的重要论述以及关于教育的重要论述，是高校文化育人的根本遵循。新时代高校文化育人，就是要立足于中华民族千秋伟业，围绕“培养什么样的人、怎样培养人、为谁培养人”的根本问题，用习近平新时代中国特色社会主义思想铸魂育人，给学生心灵埋下真善美的种子，引导学生扣好人生第一粒扣子；就是要围绕文化内容的丰富创新，突出思想性、理论性、亲和力和针对性，把习近平新时代中国特色社会主义思想作为精神养料和营养大餐，提振人的精神力量、丰富人的精神世界、涤荡人的精神灵魂；就是要围绕文化教育方式方法转变，将习近平新时代中国特色社会主义思想作为根本方法指南，更加重视文化需求和文化体验，把服务同教育引导结合，把满足学生需求同提高综合素养结合，通过丰富多彩的校园文化活动和社会实践活动，满足学生的精神需求，提升学生的精神境界，使学生顺利成长为能够担当民族复兴大任的时代新人，成为德智体美劳全面发展的社会主义建设者和接班人。

2. 用独特厚重的优秀地域文化熏染学生

地域文化是本地域人们的精神和生活规范，体现了本地域的民情风貌，反映了本地域人们的生存状态。不同地域的人在长期的社会实践中形成了较为稳固且极具特色的文化精神特质。高校作为社会的独特组成部分，根植于地域经济文化之中，存在和发展于地域文化的熏陶之中，不同的地域会产生不同的地域文化，不同的地域文化也在潜移默化地影响着高校文化。地域文化是地方大学文化的催生剂，地域文化对地方大学的办学理念和传统学习氛围都有十分重要的影响。当地域文化与高校文化内化为人内在的一种精神信仰，就能自觉将此精神外化为一种生活习惯和行为方式。高校要找准地域文化特色与高校办学的聚焦点，深入挖掘地域文化蕴含的育人资源，发挥地域文化环境对人的陶冶和熏陶作用，利用地域文化创新高校精神文化和物质文化，完善制度文化，不断丰富高校文化内涵，将地域文化的核心精神引入高校文化育人实际工作中，充分利用地域文化拓展高校文化育人的有效载体，不断提升高校文化育人效果。当代大学生有朝气且乐于接受新鲜事物，地域独特的人文精神和文化环境能够满足大学生丰富多样的精神追求，高校应更加重视地域文化环境文化资源的整合利用，丰富文化育人的文化内容。如临沂大学设立沂蒙文化研究院，以沂蒙红色文化、沂蒙古代文化和沂蒙文化产业开发研究为核心和主打品牌，高校整合研究资源，全力打造沂蒙文化研究育人平台。南昌大学以弘扬井冈山精神和改革创新精神为重点，推行“党建+星火引航计划”，打造四大平台，抓好12项活动，教育引导磨砺学生进一步坚定理想信念，传承红色基因，做坚定的青年马克思主义者和党的事业可靠接班人。北部湾大学开展了钦州市红色文化的保护与传承调研，让学生在钦州市红色革命文化建设及发展的感染熏陶中接受教育。桂林理工大学则充分利用桂林市革命红色资源，建设桂林近现代革命史馆，把红色教育资源搬进校园，使学生在接受革命文化熏陶感染中成长发展。运用高校所在的地域文化加强对大学生的教育已经成为高校文化育人的重要方式，高校需要进一步探索地域文化与办学理念的有效融合，进一步挖掘地域文化育人的内容和内涵。

3. 以优美的校园文化环境涵育学生

《纲要》提出要建设美丽校园，广泛开展校园文明创建，以优美环境涵育师生品行。长期以来，高校在校园文化环境育人方面进行了积极探索。如江西师范大学建设教育名言石刻园、设计教育名言碑园、建设泉山校区玉泉河风光带、修缮云龙校区古典建筑、完善贾汪校区文化活动场所功能、增加校园文化活动设施；对校园道路、桥梁、园林命名，营造浓厚的环境育人氛围；

把体现民族传统和区域特色的文化元素融入学校建筑颜色搭配、道路楼宇命名、雕塑主题凝练、花木种植规划之中，提升学生审美情趣的同时滋养学生热爱民族文化的情感。

二、创新社会主义核心价值观培育载体

社会主义核心价值观是新时代中国特色社会主义文化的核心和灵魂，新时代高校文化育人要按照《纲要》要求，以社会主义核心价值观为引领，探索中华优秀传统文化、革命文化和社会主义先进文化教育“活起来”的有效途径，坚持文化活动隐育、主题教育滋养、原创精品涵育，创新社会主义核心价值观培育载体，切实提高人才培养工作的亲和力和针对性。

（一）文化活动隐育：深化“礼敬中华优秀传统文化”系列活动开展

中国优秀传统文化是中国古人留下的丰厚遗产，是我国几千年悠久历史的结晶。我国传统文化中自强不息、厚德载物、人性本善、德性为先、忧国忧民思想对当前高校的社会主义核心价值观教育具有重大意义。在教育部的统筹安排和指导下，自 2014 年开始，全国高校开展了“礼敬中华优秀传统文化”系列活动，在广大师生中形成热烈反响。

1. 新时代高校文化育人要系统总结“礼敬中华优秀传统文化”系列活动开展做法和经验

高校在系列活动的开展中，主要有以下做法和经验：一是通过经典著作阅读、导读、鉴赏等强化传统文化教育。中山大学通过为学生布置精读《大学》并撰写读后感的暑假作业的方式，使学生独立思考、自行感悟中华优秀传统文化。为更好地将经典著作的研习融入课程中，北京师范大学在通识教育中专门设置传统文化教育模块，每学年开设中华优秀传统文化课程，该校推出的网络课程如“中国哲学”“儒家经典文献导读”和“中国传世名画鉴赏”等都受到了学生的追捧。二是通过戏剧艺术表演等加强传统文化的熏陶。复旦大学通过在通识教育课程中融入京剧艺术，多措并举使戏剧艺术在校园中流行起来，使学生得到传统文化的熏陶。清华大学举办的“戏曲进校园”高峰论坛、新年戏曲演唱会等得到了当地热烈的反响，辐射北京其他高校、

中小学以及社区，有力地提升了中国传统文化的影响力、吸引力。三是结合特色文化资源加强传统文化教育。延安大学把“延安精神”作为学校思想政治教育的重要内容带进校园、带进课堂，大力宣传党的革命传统，讲好党的故事，通过组织学生游历革命旧址、采访老红军老党员、举办延安经典红歌赏析活动等丰富文化育人资源。湖南大学结合岳麓书院特色文化资源，开设“岳麓讲坛”，探索开展祭孔典礼、拜师礼和成人礼等一系列活动，传播中华传统文化。四是以必修课程和选修课程为主要渠道加强传统文化教育。哈尔滨工业大学开设“国学经典导读”等必修课程，设置“中国茶文化欣赏”“红楼梦”等选修课程；华中农业大学开设“传统文化与协同力培养”“儒家文化与人格修养”“中国农业文明史”等课程，从基础课程、研读课程和应用课程三个层次教授国学知识，弘扬传统文化；清华大学开设的“中国古代礼仪文明”等课程还被评为国家级精品课程。五是以主题讲座和主题活动为载体加强传统文化教育。东北大学以“大视野”“建龙大讲堂”等讲座为载体，邀请各学科专家讲授优秀传统文化，受到学生的欢迎和追捧；浙江大学的“人文经典·四季歌行”传统文化主题活动，成了独具特色的礼敬中华传统文化项目品牌；华东师范大学致力于挖掘中华民族的文化基因，通过对珍贵古籍进行整理收藏并组织“古籍”主题展览，吸引众多师生驻足观看，有力地提升了传统文化教育的影响力。六是不断创新活动形式和载体加强传统文化教育。湖南大学以“千年学府”岳麓书院为依托，定期举办“祭孔典礼”，使学生在参与典礼的过程中充分感受传统文化的魅力，激发学生的民族自豪感。七是走出校园让学生在传播传统文化的同时接受自我教育。北京交通大学组织学生走出校园连续多年开展“迎新春，送春联下乡”活动，既传播了优秀传统文化，又使学生得到了文化熏陶。

2. 新时代高校文化育人要进一步探索深化“礼敬中华优秀传统文化”系列活动开展

一是要统筹全局、加强顶层设计，深化对传统文化教育的理论研究。中华优秀传统文化是高校人才培养的重要育人资源，高校应当树立正确的育人观，立足长远，统筹全局，努力培养“全人”。在资源分配和管理决策上充分关注人的全面发展，强化传统文化理论研究和内容阐释，重视优秀传统文化的继承和创新发展，大力支持传统文化教育，营造良好的传统文化学习氛围。

加强对传统文化的解读，深入挖掘传统文化的深层内涵。高校要保证科研项目和师资队伍建设的投入，逐渐完善激励机制，大力支持教师对优秀传统文化进行研究阐释，并将研究成果以教材、讲座等形式应用于传统文化教育。注重对学生思想发展研究，因材施教，根据学生的思想变化和发展特点，有针对性地选取教学内容和教学形式，打造恰当的教学模式，使传统文化教育更为有效、深刻。二是要加强拓展系列活动开展的方式。首先，坚持以第一课堂教学为主阵地。教师是课堂的主导者，教师的水平是影响教学质量的关键，进行传统文化教育教学的教师不仅需要提升专业教学能力，还要注重自身人文素养的提升，以“导师”的身份来引导学生的精神成长。在学生受到多种“声音”影响，面临文化价值抉择时，及时为学生提供帮助和引导。教材和课件是传统文化的重要载体，课堂教学不仅要有优质的教材供学生进行日常学习，还要求教师能够对教材进行适当的整理，将教学内容以更为清晰的方式呈现在课件中。学校要不断完善传统文化教育课程建设，就要大力加强教材的编写工作，精选优质内容，为学生的学习提供最大的保障。其次，不断创新第二课堂教育形式。第二课堂是灵活的，没有特定的时间、地点和人物的限定。学校进行传统文化教育应当充分创新第二课堂教育形式，坚持学生的主体地位，激发学生的学习兴趣，鼓励学生在育人实践活动中探索和创造。学生也可以根据自己的实际情况，选择学习方式和学习内容，以自己适合的方式学习传统文化。三是要重视将文化理论教育与实践有机结合。知是行之始，在开始时充分地进行理论教育，帮助学生弄清楚“学什么”“怎么学”和“为什么学”这些问题，才有可能激发学生的学习斗志，让学生产生学习的愿望。通过理论教育，学生可以了解传统文化的内涵，感受传统文化的独特魅力，认识学习传统文化的重要性。行是知之成，传统文化教育的目的不只停留在了解或认识的层面，更需要我们发自内心地去认可，主动地学习，积极的践行，产生文化自觉和文化自信，在不断发展和创新的实践中传承弘扬中华优秀传统文化。

（二）主题教育滋养：创新“传承红色基因担当复兴重任”教育形式

红色基因是中国革命取得胜利的精神力量，也是激励中国人民在新时代砥砺前行的强大精神动力。党的十八大以来，习近平总书记反复叮嘱，“不能忘记红色政权是怎么来的、新中国是怎么来的、今天的幸福生活是怎么来的”，再三强调，“把红色基因传承好，确保红色江山永不变色”。青年大学生是祖国的未来，更是党的千秋伟业的希望，高校在人才培养中需要向大学生播撒红色基因和理想的种子，使之成为大学生为中华民族伟大复兴而奋斗的不朽信念。

1. 新时代高校文化育人要全面总结“传承红色基因、担当复兴重任”主题教育的有效做法和鲜活经验

近年来，高校紧紧围绕“传承红色基因、担当复兴重任”主题开展了形式多样的教育，主要有：第一，探寻先辈足迹，追忆红色岁月。红色景点是我国的一种特殊景点，主要是在风起云涌的革命时代遗留下来的。红色革命景点通常以某个人物的事迹、生前故居，或某一著名事件为主体，主要用于宣传教育，是高校进行爱国主义教育，培育时代新人的重要素材。中山大学组织师生奔赴百色，游历粤东会馆、百色起义纪念碑广场、百色起义纪念馆等，追寻先辈足迹，重温革命传统。北京大学组织学生党员及学生骨干赴西柏坡进行思政实践，参观中共中央旧址大院、七届二中全会会址和西柏坡纪念馆等，在七届二中全会会场旧址门前面向党旗庄严宣誓，重温入党时期的庄严承诺，追忆我们党在西柏坡时期的革命岁月。第二，聆听专家教诲，感受红色情怀。西北农林科技大学动物科技学院邀请本校教授讲座。方建斌教授以“选择中国道路的历史验证和实践证明”为主题，为同学们描述了中华人民共和国 70 年的历史。闽南师范大学马克思主义学院开展“品读红色经典，传承红色基因”读书沙龙活动，由学院教授为学生分享学习心得，与学生交流互动，相互启发，深入理解红色文化的丰富性，感悟文化内涵，坚定理想信念。五邑大学文学院研究生支部与图书馆联合举办“诵读红色经典，传承红色基因”经典阅读班，让革命先辈的光荣事迹深入学生心中，助推青少年以更饱满的学习热情投入学习和生活中。第三，开展党日团日，继承先辈精神。主题党日和主题团日具有接地气、实效的特点，是党、团的组织生活方式的重要创新。主题党日和主题团日方式灵活，各党、团基层组织可以根据自身特点开展。中南大学湘雅医院团委联合博士生 2017 级内科党支部组织青年团员赴岳麓山开展“传承红色基因，担当复兴重任”爱国主义团日活动。活动包括登山比赛和拜谒陆军 73 军抗战阵亡将士墓。在登山活动中，青

年团员充分展现了“努力、拼搏、向上”的精神。第四，举行文艺汇演，实施教育熏陶。舞台艺术是直观感知的艺术，具有多种表现形式，通过一系列生动可感的形象，给人直接的美感享受。哈尔滨工程大学通过文艺汇演，讴歌新中国成立以来取得的举世瞩目的历史成就，引导党员干部和师生群众将个人发展与历史使命结合起来，激发热爱祖国、奉献祖国的激情。潍坊医学院举办“传承红色基因，担当复兴重任”思政育人成果展示大赛。以情景剧、话剧、朗诵、舞蹈剧等形式，演绎红色经典，传承红色基因，缅怀革命先辈。学生在欣赏精彩舞台艺术的同时接受红色经典教育熏陶。第五，开展志愿服务，践行初心使命。传承红色基因需要理论学习，更需要开展实践，在实践中成长起来，将红色传统贯彻到实际行动中。赣南师范大学暑期实践队伍开展“三下乡”活动，助力脱贫攻坚，践行劳动教育。

2. 新时代高校文化育人要重视红色文化的时代转化与表达

新时代要加强对各种文化资源的整合利用，创新文化内容呈现方式和文化育人途径，发挥各种文化资源育人的整体价值和功能，实现“1+1 ＞ 3”的育人效果。相比枯燥乏味的阅读听写等方式，直观形象、生动趣味的具有视觉冲击的教育呈现方式越来越受到大学生的欢迎。随着网络信息和动漫数字等产业的发展，生动趣味富有吸引力的教育呈现方式得到社会的重视，新媒体技术辅助教学得到普遍推广；通过加强网络信息内容建设，把握网络传播的规律和特点，借用微信、QQ、微博等学生喜欢的媒体平台，让有更多价值内涵、富有营养的主流舆论和正面信息吸引学生、凝聚学生。2016 年 12 月召开的全国高校思想政治工作会议提出，要运用新媒体技术使人才培养工作活起来，在传统优势同信息技术高度融合中推动思想政治工作创新发展，增强教育的时代感和吸引力。近年来，高校在实践中探索，在创新中发展，形成了很好的做法。如，2013 年北京市教工委在新浪网开设了“首都百万师生微党课”微博，首都高校师生通过网上网下参与，校内校外互动，掀起了学习宣传党的十八大精神的热潮。在新冠肺炎疫情防控工作期间，全国高校开展的线上教学，教学内容通过各种网络载体有效呈现在学生面前，真正做到了“停课不停教、停课不停学”。广西师范大学马克思主义学院以“课程视频 + 教材电子版 + 课程 PPT+ 课程思考题 + 教师线上辅导答疑”的教学模式，结合抗击新冠肺炎疫情对学生开展爱国主义教育、理想信念教育、生命观教育等，直观生动地为全校学生上好新学期第一堂思政课。北京师范大学面向全体师生开展“众志成城，共克时艰”主题网络文化作品征集，鼓励师生们“写”抗击疫情主题网文、书法作品，“拍”富有感染力的图片、短视频，“唱”温暖有爱的原创或改编歌曲，“画”定格感动瞬间、直击心灵的画作、动漫，并通过“京师学工”微信公众号集中展示，让正能量始终充盈网络空间。桂林理工大学通过4D影视、大标本展示、标本长廊等建设广西功能最齐全的地质博物馆，融科学性、知识性、趣味性为一体，使人们身临其境地感受大自然的鬼斧神工和沧海桑田，收获打开地球科学知识之门和了解宇宙奥秘的“金钥匙”。新时代高校文化育人要更加重视传统文化、革命文化和先进文化的纪念馆、艺术馆、展览馆等育人功能的发挥。2012年5月30日成立的全国高校博物馆育人联盟，搭建了高校博物馆发展和育人的重要平台，高校应该用好这个平台，使高校博物馆群与社会文化共生发展，更好地在高校人才培养中发挥作用。

三、探索文化育人“一体化”育人模式

新时代高校文化育人要坚持文化育人手段相对滞后的问题导向，坚持以学生发展为中心，把握学生思想特点和发展需求，注重协同联动、全员发力，探索高校文化育人“一体化”育人模式，着力打造“三全育人共同体”基础上的文化育人共同体，探索十大育人体系框架下的文化育人模式，实现新时代高校文化育人的“协同效应”，着力提升新时代高校人才培养质量。

（一）高站位：打造“三全育人共同体”基础上的文化育人共同体

《纲要》提出支持打造“三全育人共同体”，形成学校、家庭和社会教育有机结合的协同育人机制。新时代高校文化育人要围绕人才培养目标的整体性设计、育人主体的整体性协同、育人过程的整体性联动打造文化育人共同体。

1. 文化育人共同体构建需要围绕育人的目标整体性设计

文化育人目标的设计决定着文化育人实践运行的方向，有什么样的育人目标，决定着采用什么样的育人方案，直接影响着文化育人的质量。文化育人共同体的构建是一个系统的整体性工程，无论从人的不同成长发展阶段来

看，还是从育人实践的过程来看，人才培养都是一个整体性目标与具体目标的统一。在人的不同发展阶段、文化育人的不同环节，育人的具体目标应该是不同的。文化育人共同体的构建既要考虑促进人的全面自由发展这个总体性目标，更要聚焦不同时代的思想政治教育目标要求，从整体上把握文化育人的发展性、历史性和具体性。在社会主义新时代，文化育人共同体就是要紧紧围绕培养担当民族复兴大任的时代新人这一目标展开。运用整体性治理的理念审视文化育人共同体构建，既要从整体上把握育人共同体具体性、历史性、发展性的存在，突出人才培养的整体性把握；也要结合人的成长发展不同阶段的具体特征和需求，设计文化育人共同体的具体构成和要求，构建大中小学有效衔接的文化育人各方力量协同体系，以更加有效地提升文化育人的针对性和更加有利于实现培养自由全面发展的人的总体性要求。

2. 文化育人共同体构建需要聚焦育人主体的整体性协同

育人多方主体发挥整体性协调功能，必然要考虑主体间的利益需求，将文化育人纵向的层级结构和横向的部门结构全面整合起来，实现主体之间的有效制约、契合和相互作用，使多方主体共同参与的整体性功能大于其中任何一个主体单一管理的功能。要通过对各个参与主体进行优化重组，形成整体性参与合力，推动文化育人质量体系的优化。长期以来，高校思想政治工作致力于专业化发展，取得了显著成效，但是专业发展又过于放大了细化分工的倾向，把专业化片面理解为细化分工下的育人工作体系中某一局部工作的专业化，将思想政治工作分割为多个片段，将一个整体性问题分割成多个小问题，小问题又分割为更小的问题，然后由不同的部门、不同的工作人员承担，割裂了文化育人的整体性，导致了育人工作的碎片化。文化育人共同体的构建必然要求文化育人主体的整体协同，进一步加强顶层设计，从体制机制上理清不同部门单位之间职能交叉、职能缺位以及决策评估、监督主体的空缺问题。文化育人共同体的整体性构建和协同，要求打破以往局部的管理式育人壁垒，向整体性协同育人转变，不仅要破解文化育人自上而下管理的单向性问题，更要求有效化解过去单一的管控模式，建立动态开放机制，激发多元主体的协同自觉。文化育人共同体多方主体的整体性协同既包括家庭、学校、社会、政府的有效协同，也包括专兼职力量和队伍的有效协同。从高校系统内部来看，高校要着眼学生成长发展的期待和现实需求，强化顶层设计，运用系统性思维，加强对学校内部各部门之间协同的整体性设计与谋划，进一步理清各教育主体之间的内在联系与育人功能发挥机理，加快形成各单位各部门协同育人的有效机制，使学校各育人主体形成一个动态发展的育人整体系统。

3. 文化育人共同体的机制设计运行需要整体性联动

文化育人目标的实现，既离不开文化育人系统内部各要素的统一协调，也离不开文化育人系统内部与外部要素的有效联系与协调。文化育人是一个整体性系统工程，也是思想政治教育治理现代化的重要手段。思想政治教育作为党的一项重要工作，其本身也是国家治理现代化的重要内容。要在国家治理体系和治理能力现代化的全局与整体中理解文化育人共同体的整体性，在机制设计上聚焦文化育人与现代社会发展的互动性，在机制的运行上聚焦国家治理制度对文化育人的规范性，把国家治理的制度优势转化为文化育人的重要资源和效能。要建立健全高校文化育人与社会先进文化、文化育人研究等不同系统体系之间的整体性协同，更要考虑大中小学文化育人机制之间的整体性协同和联动。更加有效地整合系统内外要素功能，消除整体性功能消耗、碎片化现象，着力解决好教育主体、内容、方法、资源等方面的碎片化，优化文化育人工作流程，通过纵向层级的整合与横向层级的协调，在实践中健全、完善党委统一领导、党政群齐抓共管、有关部门各负其责、全社会大力支持的领导体制和工作机制，形成全党全社会共同关心支持人才培养的强大合力。文化育人要强化高校与社会间多元力量的联动，坚持问题导向，紧扣社会发展实际需求情况，将文化育人融入社会人才需求培养的各个环节，不断完善协同育人工作保障机制；同时，高校文化育人也要强化高校各学科各部门间不同主体联动协作，既包括思政课程和课程思政的授课，也包括第二课堂的日常思想政治教育中的文化实践活动，打通各学院各学科和各部门间的沟通合作渠道，形成全员育人合力机制，真正实现全方位全程的共同体育人新格局。

（二）强实践：探索高校十大育人体系框架下的文化育人模式

《纲要》提出要切实构建十大育人体系，深入推进“文化育人”。新时代高校文化育人应更加重视发挥十大育人中的文化育人功能发挥，探索构建十大育人体系框架下的文化育人有效模式。

1. 加强课程育人中的文化育人模式创新

通过课程教与学的互动在传授知识的同时传递价值观，是高校文化育人的主要方式，而知识性和价值性相统一，正是新时代高校课程育人的根本要求。思想政治理论课作为我国高校思想政治教育的主渠道，是价值观教育的主要途径，其他课程也要发挥价值引领的重要作用，在专业知识传递过程中更加重视价值引领和思想引导。习近平总书记在全国高校思想政治工作会议上指出："要用好课堂教学这个主渠道，思想政治理论课要坚持在改进中加强，提升思想政治教育亲和力和针对性，满足学生成长发展需求和期待，其他各门课程也都要守好一段渠、种好责任田，使各类课程与思想政治理论课同向同行，形成协同效应。"这为高校各类课程协同育人提出了要求，也为构建课程育人的协同机制指明了方向。习近平新时代中国特色社会主义思想是新时代高校各类课程建设的指导思想，也是各类课程建设的宝贵资源。用习近平新时代中国特色社会主义思想铸魂育人，引导学生增强中国特色社会主义道路自信、理论自信、制度自信、文化自信，厚植爱国主义情怀，把爱国情、强国志、报国行自觉融入坚持和发展中国特色社会主义事业、建设社会主义现代化强国、实现中华民族伟大复兴的奋斗之中，不仅是对高校思想政治理论课的根本要求，也是对高校各类课程的根本要求。各类课程都要强化本身所蕴含的价值引领，使各类课程在人才培养目标上一致、方式上互补、功能上协同。教师是文化的传播者，更是价值观的传递者，教师的言传身教和师德师风对学生的价值引领具有潜移默化的作用，学生身上有老师的缩影，良好师德品行的教师给真善美的种子，帮助学生扣好第一粒扣子，严于律己修身，是新时代每一位高校教师的要求和责任。

2. 加强科研育人中的文化育人模式创新

科研活动本质上是一种"人化"的特殊文化实践活动。高校承担着立德树人的根本任务。科研育人作为一种隐性教育形式，在高校立德树人中发挥不可替代的作用。高校科研育人主要是通过两种途径来育人：一是通过科研成果来培育人，二是在科研活动过程中培育人。新时代高校科研育人中突显文化功能，突出文化的作用，就是要求高校把科研成果作为重要的育人资源，通过结合教学的科研环节育人、加强对学生业余科研活动的指导、吸收学生参加教师的科研活动、引导学生面向社会开展科研等途径和方法，使学生在参与科研实践活动的过程中，通过自己切身体验和感受，潜移默化地受到团队文化、科研思维、科学精神等文化的熏陶。因此，高校要进一步创新科研育人的文化机制，更加重视科研成果的文化功能，更加注重学生在科研活动中潜移默化地接受文化熏陶。

3. 加强实践育人中的文化育人模式创新

新时代高校实践育人中强化文化育人机制创新，就是要把高校实践育人既看成一种教育人、培育人的思想文化理念，又看成一种教化人、熏陶人的教育方法手段，也看成高校以人化人、文化育人的重要环节。高校实践育人中的文化育人动力之源来自人的实践“需要”。“需要”是高校文化育人的根本动力。高校实践育人的动力，主要来自高校发展的需要和利益需要，这种内在发展动机也是高校实践育人的动力源泉；政府的政策、社会导向以及市场企业的需求均是推动高校实践育人的动力。大学生对美好生活的需要，特别是对高质量精神文化生活的需要是大学生接受文化熏陶感染的内生动力。要重视文化教育与实践相结合，德智体美教育同生产劳动相结合，促进人的全面发展，使大学生在实践中增长知识、增长才干。实践是大学生拓展人生阅历、提升文化素质的重要途径，人正是在实践、认识、再实践、再认识这样循环往复以至无穷的过程中，达到知行统一。实践育人是将学生所学知识转换为自身能力、精神和品格的根本路径，新时代高校实践育人更是要发挥认识事物和理论创新的先导作用，立足学生需求，顺应时代发展，响应时代呼声，让学生在亲身实践体验中感受到社会的发展变化以及党和人民的伟大。实践强化了人在实践层面的文化认同，深化了文化育人的价值引领作用，使文化育人在实践层面起着塑造个人人格、实现个人社会化的价值和功能。习近平总书记号召新时代中国青年要“到人民群众重去，到新时代天地中去，让理想信念在创业奋斗中升华，让青春在创新创造中闪光”。这正是对高校实践育人中的文化育人机制的最深刻把握和最通俗表达。

4. 加强网络育人中的文化育人模式创新

网络文化作为一种新的文化形态日益深刻地影响着青年学生的生活和成长，越来越显示出其独特的文化力量。加强网上思想文化建设，丰富育人网络文化的内容内涵，营造风清气正、健康向上的网络空间环境，用青年学生喜闻乐见的网络话语和行为方式潜移默化地感染学生、影响学生，已经成为高校文化育人的重要内容。网络育人中的文化育人也蕴含了通过对青年学生用网习惯的引导，培养积极健康的网络生活方式的思想意蕴。青年学生个性鲜明、自我意识强烈，但使用网络的自控能力较弱，学生沉溺网络已经成为全社会普遍关注和家长们担心的问题。高校网络育人要更加重视对学生用网习惯的教育引导，培养他们科学用网、依法用网，形成健康阳光的用网心理和科学正确的用网习惯，真正使网络成为促进人的全面发展的有效载体。网络育人中的文化育人机制也体现在现实空间中的文化育人与虚拟空间中的文化育人的互动中。习近平总书记强调："宣传思想工作是做人的工作的，人在哪儿重点就应该在哪儿。我国网民有 7 亿人，很多人大部分信息都从网上获取。"要使育人工作活起来，运用新媒体技术推动传统工作优势与信息技术融合，增强人才培养工作的时代感和吸引力。新时代网络育人既要拓展文化育人的空间和渠道，根据不同学生群体的不同需求，实现多层次和个性化的文化资源覆盖，也要改变现实空间中的育人模式，使共享互动、双向交流成为主要方式，有效地弥补文化育人在实体环境中的不足。

5. 加强心理育人中的文化育人模式创新

心理育人包含了培育契合育人目标指向的心理健康和人格健全的人，在育人目标上与文化育人培养担当民族复兴大任的时代新人是一致的。心理育人从育人内容上看与文化育人培育的心理品质和文化特征是相关联的，习近平总书记在纪念五四运动 100 周年大会上讲话指出："要主动走近青年、倾听青年，做青年朋友的知心人"，"要关注青年的所思、所忧、所盼"，既是对学生发展心理的关照，也是对学生文化特点的重视。心理育人的方法手段更加体现了与文化育人手段的一致性，心理育人强调用情感触动内心，用心灵唤醒心灵，用灵魂塑造灵魂，这同样也是文化育人的最根本要求。因此，心理育人与文化育人有着必然的联系，离开文化的心理育人是不可能打动内心的，而离开人的内心谈文化育人，是空中楼阁，是没有根基和灵魂的。心理育人的发展历程也体现了心理育人与文化育人的一致，从最初"作为德育的重要组成部分"到相对独立的"心理健康教育"，再到"三全育人"框架下的"心理育人"，高校心理育人工作从无到有、从弱到强，不断发展与完善。新时代学生的需求发生根本性变化，高校思想政治教育只有加强对学生思想、心理、行为精准的判断，才能提高育人的针对性和实效性。基于这一现实情况，教育部印发实施的《纲要》明确要求把“心理育人”纳入新时代高校思想政治教育工作十大重要育人体系。新时代高校文化育人，绝不能就文化谈文化，必须深入研究和把握好文化育人的心理学依据，无论人的文化价值追求还是人的文化创造生成，都根源于人的心理，反过来，文化又塑造和影响人的心理和行为，只有重视在“心理”与“文化”的双向互动中培育人、塑造人，才能更好促进人的健康幸福成长，促进人的自由全面发展。

6. 加强管理育人中的文化育人模式创新

管理育人最核心的是制度文化，充分发挥制度文化在文化育人中的规范引领价值，充分将高校管理文化建设与育人相融合，更加利于促进学生的成长发展。管理育人中创新文化育人，对于大学生来说，要求更加自觉地实现助人自助，从文化感化的被动者和旁观者，转化为主动参与者、行动者，充分在自我管理、自我教育的实践中体验管理的乐趣，收获管理中蕴含的文化价值观念，促进学生自我成长成才。新时代高校文化育人，要求更加完善管理体系，将管理的理念、管理的内容、管理的目标和管理的重点与大学生成长发展全程密切联系，与学校的制度文化体系相融合，真正实现有文化地管理、有内涵地管理、有价值地管理。

7. 加强服务育人中的文化育人模式创新

在以人为本新的教育思想指导下，服务育人更加注重与学生学习、生活、工作等相关的部门服务活动，也可以说是要做到一切为了学生、为了学生一切、为了一切学生的全方位服务育人。从文化角度看，坚持什么样的服务理念，什么样的服务立场，要达到什么样的服务效果，以及由谁来评价服务，等等，都是文化价值观的体现，因此，服务就是一种文化，提供服务的过程也是传递文化的过程。习近平总书记强调要“围绕学生、关照学生、服务学生”，就是强调高校在服务中强化育人，通过贴心的服务温暖学生，通过有针对性的服务打动学生，通过专业化的服务赢得学生。新时代高校要更加考虑服务对象的特殊性和差异性，不断提供服务能力，营造服务环境，瞄准服务需求，切中服务要害，提升服务效果。要更加丰富对学生的服务供给，为学生提供多样化贴心化的服务选择，拓展服务空间，构建网上网下服务文化体系。志愿者服务是在体验中实现文化育人的重要途径的，党的十八大以来，习近平总书记多次指出志愿者服务的重要性，专门给大学生志愿者回信，鼓励大学生用实际行动实现青春梦想。新时代高校要为学生搭建更多服务体验成长平台，进一步拓展志愿者服务的渠道和方式，更加发挥好志愿者服务在助力大学生成长成才、强化大学生实践认知和文化认同方面的作用。中国共产党全心全意为人民服务也是一种更为深层次的服务文化，新时代高校文化育人，要充分挖掘和传承好党的服务文化，讲好党服务人民的故事，传承好党服务人民的精神。

8. 加强资助育人中的文化育人模式创新

新时代高校资助工作面临新的问题和挑战，更加需要资助与育人相结合，而资助与育人结合，强调的是一种文化，反映的是一种育人文化和育人活动。从我国社会的整体发展看，随着精准脱贫目标的实现，绝对贫困作为一种现象将在中国社会从此消失，绝对贫困消除后，相对贫困作为社会发展中的普遍现象将长期存在，这就要求高校必须改变过去的贫困资助思路和做法，不能按照固定的统一划线的标准确定贫困生范围，必须根据学生整体生活情况的变化实现动态管理，实现精准资助向精准育人的转变。从我国教育发展来看，高校资助工作体现的是一种对教育公平追求的价值理念，深层次体现着社会主义共同富裕的价值追求，如何给学生讲清楚资助工作蕴含的价值意义，使学生在获得资助的同时坚定人生理想，是新时代价值多元影响下做好资助育人必须思考的问题。从当下在校大学生的总体特点来看，在校大学生总体都是在家庭条件比较宽裕的生活环境中长大，在父母的宠爱中成长，自我意识强烈，在给予贫困生资助的同时，教育引导学生心怀感恩，铭记党和国家的恩情，做一个懂得感恩的人更加重要。因此，在新时代高校资助育人工作中，要更加重视获得资助以及没有获得资助学生的心理、情感、交往等方面的体验，更加重视资助蕴含的育人价值。根据马斯洛的需求层次理论，大学生的需求是一个由低到高的需求层次体系，新时代高校育人不能仅仅着眼于学生的经济资助和满足学生低层次的需求，更要重视大学生高层次的需求和满足，使学生成为懂得自尊自爱、受人尊敬的人，成为有尊严有追求、充满自信的人。

9. 加强组织育人中的文化育人模式创新

高校各级党组织是文化育人的核心，必须明确学校党委管全局、把方向、聚人心、促发展的政治方向，确保高校人才培养的社会主义方向。也要发挥好院系党组织的政治核心和党支部的战斗堡垒作用，使育人定位不偏离方向、育人实践不迷失航向。新时代高校共青团组织，更要发挥好服务青年、凝聚青年、引领青年的功能，加强共青团文化建设，以文化滋养青年学生，以更加丰富多彩的文化活动和文化实践满足学生，为学生提供更加广阔多样的文化实践平台。发挥好学生会等学生组织的育人功能，加强对学生组织的管理指导和服务引导，搭建平台鼓励学生开拓创新，但放手不是放任，做到“形散神不散”，坚持学校“搭台”、教师引导、学生“表演”，实现以学生组织为载体，激励学生在自我管理、自我教育和自我服务中助人自助、成长成才。新时代高校文化育人，要更加重视发挥各类组织的整体育人功能，构建和完善各级各类组织协调发力的育人体系，以党的组织为统领，发挥党团组织和社团等的育人功能，并将新时代思想、先进文化、红色文化和社会主义核心价值观等贯穿融入其中，因事而化、因势而新，从政治信仰、思想品德、工作作风、廉政意识、国家观、世界观、人生观、价值观、民族观等方面对学生进行全程、全员、全方位的教育，明确育人环节上的不同责任，各组织管好责任田、守好一段渠、画好育人的最大同心圆，实现人才培养的最大公约数。要进一步探索和强化文化在组织育人中的作用发挥，加强各级各类组织的文化建设，构建以思想价值引领为重点的组织功能发挥长效机制，强化人才队伍建设，为强化组织功能提供智力支持，营造风清气正的育人环境，同向发力、同处使劲，形成育人合力，更好地培养为实现中华民族伟大复兴中国梦的合格建设者和可靠接班人。

第四节 文化育人典型案例

案例：以艺弘业 以美培元 教学扎根 思政带心

——秦皇岛职业技术学院音乐表演专业群课程思政“融盐”案例

一、实施背景

教育部《高等学校课程思政建设指导纲要》（教高〔2020〕3号）明确要求“要坚持以美育人，以美化人，积极弘扬中华美育精神，引导学生自觉传承和弘扬中华优秀传统文化，全面提高学生的审美和人文素养，增强文化自信”。为此，秦皇岛职业技术学院艺术系音乐表演专业群课程思政建设团队对标文件要求，确立了“一个目标，两个结合”的课程思政建设思路。一个目标，即要实现艺术专业课上出“思政味”，专业课教师担起“思政担”的目标；“两个结合”，即“将专业教学与思政课程紧密结合”“将艺术展演与思政教育紧密结合”，把思想引领作为课程思政建设的核心，将思政教育的“盐”与艺术专业教育的“汤”相融合，从而达到课程思政的良好育人效果。

二、具体做法

（一）以舞台为中心，确定课程思政建设“融盐”的方式

1. 创新授课形式，打造差异化课堂

一是创设跨专业、融年级课程运行小组，以教师工作室为划分进行艺术项目重构；二是围绕“课堂舞台化、舞台社会化”的教学理念，以台前、幕后典型工作岗位为划分。台前以社会主义核心价值观为贯穿，在艺术作品中寻找“触点”“融点”“切入点”与学生演唱（奏、舞）技能结合起来；幕后加强以劳树德、以劳育美，在舞台剧务、灯光、音响等岗位中淬炼奉献品质（图6-1）。

2. 创新艺术实践模式，搭建云舞台

网络赋能，艺术教育渐行渐近。团队发挥专业优势，师生合力，打造“山河无恙，人间皆安”云舞台演出季，共同演绎伟大的抗疫精神。

3. 创新育人载体，创办思政小课堂

2020年，团队始创网络“思政小课堂”与大课堂相互补益，抓取身边人、身边事为思政元素，将艰涩的“大道理”转化为易于接受的小故事，使学生在观看中不断省察、修正自我（图6-2）。

（二）以育人为目标，确定课程思政建设“融盐”的路径

专业教学与思政课程同向同行，将核心价值观播撒在不同学期，用思政元素的“金种子”激发学生的正能量。

（三）以树人为根本，确定课程思政建设“融盐”的内容

借力于舞台表演，在艺术实践中突破学生专业技能提升的卡点，鼓励学生“踩泥土”“闻烟火”，在艺术实践中读懂中国故事，理解中国力量。

三、取得成效

（一）以德强技，专业水平显著提高

朋辈共进的协作效应初显。音乐表演专业2020年获得“河北省第六届大学生艺术展演”等省级奖项11项，2021年获得“河北省职业院校技能大赛”等奖项26项，8名学生参加“2021牛年央视春节联欢晚会”及元宵节晚会演出。

（二）以德树人，人才培养质量不断提升

师生联手，共同打造的艺术实践项目“文艺大篷车”、秦职版《岁月征程》MV，相继登上学习强国平台及各大媒体，浏览量16万人次。

（三）以德弘业，社会影响力不断增强

非遗课程作为学院“三全育人”文化育人典型案例，被中国高职高专教

育网报道；庆祝中国共产党成立100周年庆典晚会演出，在省级媒体长城网冀云平台全程直播，观看人数达42万。

四、经验启示

一代人有一代人的责任和使命，不同的时代有这个时代所需要的新人，不同的时代也对这个时代新人有特殊要求。在社会主义新时代，培育担当民族复兴大任的接班人，需要挖掘学校所在地区的文化特色，结合时代提出的新要求，以文化厚植时代新人的价值自信，以文化彰显时代新人的人类命运共同体精神基因。通过音乐表演专业群课程思政“融盐”设计与实践，“将专业教学与思政课程紧密结合”，“将艺术展演与思政教育紧密结合”，把思想引领作为课程思政建设的核心，将思政教育的“盐”与艺术专业教育的“汤”相融合，在润物无声中给予学生美的化育、人生的启迪、生命的力量。

第七章 网 络 育 人

随着科技的发展和社会的进步，网络已成为人们普遍使用的工具之一，尤其是对大学生而言，网络与其学习、生活密切相关。网络具有虚拟性、交互性、隐蔽性、兼容性、快捷性等特征，高职院校学生一方面获取信息更便捷、学习途径更多样；另一方面，他们的价值观念、思想观点、道德判断、行为方式、生活态度等方面不断受到网络的冲击，进而影响着高职院校思想政治教育的整体环境氛围，为高职院校育人工作带来了极大的机遇与挑战，网络已成为高职院校育人不可忽视的载体和重要阵地。因此，网络育人是高职院校“三全育人”体系中的重要组成部分。

第一节 网络育人的概念及意义

一、网络育人相关概念的界定

（一）网络的含义

人们对于网络的认识主要是在通过为网络下定义的过程中体现出来的，在汉语中，“网络”一词有多重含义，《现代汉语词典》中有这样的解释：“在电的系统中，由若干元件组成的用来使电信号按一定要求传输的电路或这种电路的部分，叫网络。”但网络在各个学科和领域中的定义不尽相同，例如，在物理和数学等学科中，主要指节点和连线的相互联系。网络还有引申义，如人际关系网、城市网络、交通网等。在当代社会，人们说的“网络”，是指计算机网络或互联网（Internet），本书也主要探讨这一层的含义。

学术界对网络有着不同层面和不同程度的理解。“网络的含义是丰富而广泛的，它不仅指基于信息技术而存在的物理硬件，也包括了文化、观念、社会、经济等层面的交往空间”。网络是当下人们日常离不开的数字化信息交流系统，是人类创造和使用的工具，为人们的学习、工作和生活带来了极大便利，具有信息传送、资源共享和优化组合等功能，带有虚拟性、交互性、隐蔽性、兼容性和快捷性等特征，已成为现代社会必不可少的工具之一。

（二）网络育人的含义

随着科技的发展与时代的进步，在网络大环境中，网络育人应运而生。如今，网络已成为一种育人的载体，与教育密切相关，具有明显的开放互动和信息传播的优势。对网络育人含义的界定是对网络育人深入研究的前提，也是推动当前网络育人进一步发展的重要基础。

网络育人是以网络为载体，通过教育者与受教育者之间双向互动的方式，以促进受教育者思想政治道德素质的发展而开展的教育活动，是一种教育的新形态。它成为全员育人、全方位育人、全程育人理念在网络信息化背景下的新体现，并使得全环境育人的理想成为现实。网络育人能够在很大程度上弥补传统教育的不足，是在传统育人方式基础上的发展和完善，能够为教育者的施教和受教育者的学习带来极大便利，更好地适应网络时代的发展和学生的成长规律，同时更好地实现全员、全程、全方位育人。

（三）高校网络育人的含义

高校网络育人是指高校运用网络对大学生进行思想政治教育的实践活动。高校作为培育人才的重要基地，肩负着思想政治教育的责任。随着时代的迅猛发展，高校网络育人的研究和开展越来越受到教育者的重视，网络的广泛普及为高校思想政治教育工作带来了机遇和挑战。20 世纪 90 年代以来，国内高校的信息化建设不断完善，大学生对网络的使用热情高，但面对多元文化的冲击，大学生的思想意识、心理状态等会出现不同程度的动摇。由此，网络育人便应运而生。特别是进入 21 世纪后，各高校的网络硬件设施日趋完善，网络育人更加受到重视。当前，大学生几乎每天都会接触并运用到网络，在这样的大环境下，要想更好地把握学生思想动态，引导学生成长，加强网络育人显得尤为重要。

二、网络育人的意义

（一）网络育人是高校思想政治教育的重要组成部分

网络育人是高校思想政治教育的重要组成部分。通过网络进行思想政治教育，可以及时了解高校网络舆情，及时把握高校大学生的思想动态，提高高校大学生辨别和运用网络信息的能力。高校网络舆情主要是指大学生网络群体通过论坛、微博、微信等网络平台，针对自己所关注的社会现象、社会问题，以及校园生活中的某种现象和问题发表意见和评论，从而形成的带有倾向性的意见和观点的总和。高校网络舆情作为高校把握大学生思想动态的窗口和风向标，已经成为高校思想政治教育的重要课题，成为现代网络思想政治教育的重要课题。通过网络育人，可及时了解网络舆情，构建通畅、宽容、理性的沟通对话机制，引导学生通过正当方式表达自身的合理诉求。同时，海量的网络信息为人们的学习与研究提供了丰富的资料，开拓了大学生全方位、多角度认识世界的视野。网络育人可以提高大学生运用网络的认识和能力，也可以提高网络信息对大学生发展的促进作用，减弱网络信息对大学生成长的消极作用，引导其树立正确的信息观念和清醒的信息主体意识，有助于他们理性分析和认识各种社会矛盾和社会问题，增强其社会责任感，这也是高校思想政治教育的任务。

（二）网络育人是高校传统育人方式的创新与发展

传统育人方式的教学内容比较有限，教学形式相对枯燥，传统育人方式期望通过教学资源对教育对象进行影响和作用。传统育人方式有其存在的合理性，但随着时代的发展，传统育人方式难以满足教育对象的变化和个体发展全方位的需求。网络育人创新和发展了传统育人方式，弥补了传统育人方式的不足。网络育人相较传统育人方式的创新，主要表现在空间和时间上、教学资源和内容上。一方面，网络育人突破了空间和时间的限制。网络的便捷性和开放性使教育发挥作用的空间越来越广阔，时效性不断提升，覆盖面不断扩大。另一方面，网络育人使教育的资源和内容得到了极大的丰富，教育者可以借鉴引用网络上的大量资源，网络育人也丰富了大学生思想政治教育的内容。

（三）网络育人有助于高校充分发挥受教育者的主体性

网络育人具有交互性特征。所谓交互性，是指教育者与受教育者在网络思想政治教育过程中所形成的思想、情感、观念和信息之间的双向互动关系。网络育人的交互性打破了教育者和受教育者的固有身份，教育者和受教育者都是网络思想政治教育活动的主体。教育者要认识并尊重受教育者的主体性地位，在平等的环境中探讨问题，同时受教育者主体意识得到充分激发，会实现与教育者的思想、情感、观念和信息的交流。

（四）网络育人有助于高校提升思想政治教育的实效性

高校传统的思想政治教育主要是通过课堂进行的，学生在严肃的课堂上往往不愿表露自己内心的真实想法，教育者难以及时察觉学生掌握知识的真实情况和想法，导致教育效果受到影响。而在网络育人中，由于网络的虚拟性和隐蔽性较强，学生可以更真实地表达自己的想法，更充分地展示自我。教育者可以更全面地收集教育对象真实的思想信息，了解学生的思想现状，从而增强思想政治教育的针对性和实效性。此外，高校传统思想政治教育相对于教育对象的思想变化总是有一定的滞后性，而网络育人的快捷性和实时性能够弥补和消除二者之间的时差，使思想政治教育更加及时。

第二节　网络育人的内容与途径

一、网络育人的内容与要素分析

主体是指能够掌控客体的存在与发展，对客体有实际操作能力的人。从高校网络育人的主体角度来看，高校网络育人的主体是决策者与实施者，其对高校网络教育的建设与发展起着决定性的作用。他们共同决定了高校选择什么载体和内容来进行网络育人。在实施高校网络育人时，网络育人的主体分为两个方面：第一，高校领导人员。高校领导人员这一主体在高校网络育人建设和发展过程中起决定性作用。第二，在线教育的专任教师。专任教师积极吸纳以在线教育课程内容为基础的网络和社会文化中的合理资源，创造出相应的在线教育模式。

高校网络育人的内容有三个方面：第一，教育导向。提高学生文化素质、道德情操，抵制网络造成的消极影响，提高网络育人的正面功能。以网络为载体的教育导向主要包括了价值、理念、行为习惯三个方面。第二，凝聚力激励。目前，一些大学生沉迷于互联网的游戏世界，对丰富和发展学生的社会关系和人际交往能力是不利的，这就需要通过网络教育充分发挥凝聚力激励作用。第三，陶冶情操。高校在线教育的内容能为学生自由、全面发展提供良好的心理环境，为陶冶他们的情操提供有益的帮助。

高校网络育人的对象以大学在校生为主。大学生是大学在线教育的客体，也是受益者，而在线教育只有得到大学生群体的认可和支持，才能长久地发展下去。高校网络育人发展的主要力量是大学生，因为他们的思维更加活跃，更善于接受新鲜事物，会尽可能多地发挥高校学生的客体作用。学生是互联网教育的主要对象，互联网教育的内容和形式一定要得到大学生的喜爱和拥护，才能得到进一步发展。

二、高校网络育人的特点

（一）高校网络育人具有超时空性和自主性

随着互联网技术的发展以及信息技术的不断进步，人们获取信息的方式也发生了改变。媒体传播已经不仅仅局限于电视或者报刊，而是通过各种新媒体渠道向社会公众传播知识，并且利用网络手段来发布相关消息，使得民众能够及时接收最新消息，进而获得较高质量的反馈。网络具有虚拟、开放、共享的特点，这直接决定了它在高校育人过程中所发挥的作用是其他媒介所无法替代的，作为网络时代背景下出现的一种新的教育形式，高校网络育人在教育形式上超越了时间和空间的限制，为教育者和受教育者提供了更大的自主选择权。

第一，高校网络育人具有超时空性。由于网络自身具有虚拟性和超时空性，高校的教育模式在网络环境中具有显著的超时空性。互联网的超时空性使人与人之间的距离更加紧密，打破了时间与空间的限制，因此，大学生的教育在时间与空间上的边界得到了进一步的扩展。一方面，网络教育不受时间限制，教育者与受教育者可以基本上做到24小时学习交流，不管是"课堂上"，还是"面对面"，都可以通过网络获取知识，解决问题；另一方面，网络教育可以实现零距离沟通，不再受空间、地域、场所的限制，打造了一个人人平等、人人可共享的平台。自主选择、超时空性的高校网络育人，可以有效地激发学生学习的积极性，提高学生自主学习和探究学习的能力，有效改善了传统高校育人的不足，让教育更具渗透力、吸引力。

第二，高校网络育人具有自主性。高校网络教育突破了传统单向灌输的教育模式，以能够共享资源、双向互动的灵活模式，颇具优势。可以说，在网络育人中，教育者和受教育者均具有较大的自主选择权，学生可以自行选择教育内容，不是被动地学习和接受，而是自由地发表自己的看法，这样既可以减轻学生学习的压力，又可以有效地解决学生的主观能动性差的问题。通过网络育人，学生在学习中面临的困难得以缓解、压力得以释放，同时也可以充分发挥学生的主观能动性。

（二）高校网络育人具有持续性和隐蔽性

第一，网络育人具有持续性的特征。通常教育都是需要约定时间，约定地点，"面对面"地完成，这就给教育者和受教育者带来了诸多不便。不同于传统的教育方式，网络育人的过程是持续的，因为网络是一个虚拟的空间，教育者和被教育者可以自由地进行教育活动，不受时间和空间的限制，对学生的作用是持续的。这种教育过程的持续性，能让学生更好地汲取知识，给老师和学生带来很大的便利。

第二，隐蔽性也是网络的一个显著特征。互联网的特点使得高校教育从一个个直观、现实的教育教学场景转移到虚拟的网络世界。与传统的显性育人相比，网络育人是一种将教育内容融入教育载体中的教育方式。

（三）高校网络育人具有平等性和相互性

传统的教育实践强调集体，忽视教学对象的差异性与个性，对教育对象群体的重视程度高于个体，对于单向传授的重视程度高于双向互动，缺少对学生个体发展需求的关注，师生互动不足。学生主动参与少，在教育过程中很容易成为“局外人”，难以激发学生的主观能动性。网络育人很好地弥补了传统育人方式在这方面的不足之处。

第一，网络育人使师生关系更加平等。一方面，网络中的教育资源，不管是教育者，还是受教育者，都可以平等享用。知识不再被某一领域、学科、教师单独占有，全民皆可学习，人人皆可利用。另一方面，在网络育人中，教师与学生的身份更为平等，在虚拟网络环境中，教师与学生的身份都是“网民”，获取知识、发表见解的权利平等，学生有问题能及时解决、有建议能及时提出，有效改善了传统教育中羞于发问、难以启齿等问题，学生的思想得到更自由的表达，对激发学生学习的热情、主动性更有帮助，同时也帮助教育者及时掌握受教育者对知识的掌握情况和思想动态。

第二，网络育人具有相互性。网络条件下，教育从消极的单向灌输教育变成了交互式教育，打破了受教育者与教育者的传统身份。同时，这种育人方式也大大激发了学生作为教育对象的主体意识，实现了与教师在思想、信息、情感等方面更广泛、更深层次的交流。

（四）高校网络育人具有共享性和多样性

随着各高校对网络育人的重视程度不断加深，校园的信息化建设不断发展与完善，网络育人内容也在进一步充实与完善，高校网络育人的内容呈现出共享性和多样性等特点。

第一，网络育人内容具有共享性。开放、平等、互动的网络，赋予了教育共享性，任何人公布的信息都可供他人使用。

第二，网络育人不仅具有共享性，其内容也是十分丰富的，具有多样性。网络是一个信息海量、信息内容多样性的开放空间。由于各种传统的教育方法受各种因素的制约，教师无法确保传授给学生足够全面的知识或满足每一位学生的对知识的需要。而网络育人的内容和资源可以满足不同学生对不同方面知识的需要，从而达到更好的教学效果。

三、网络育人的途径

充分发挥网络的积极作用，使网络育人更好地发挥大学生思想政治教育的功能，为高校思想政治工作提供更好的服务，离不开两个层面的支持：一是主观层面的意识提高，包括正确的网络育人观念、优质的网络育人工作队伍等；二是客观层面的保障，既要有良好的环境气氛，又要有高水准的硬件设施和充分的软件保障。所以，大学生的思想政治教育要突破实际困境，实现新跨越、新提升，具体要从理念、载体、队伍、形式、环境等方面下功夫。

（一）高校应着力增强网络育人的意识

知是行动之始，只有在思想上高度认同网络育人理念，才能在行动上高度重视网络育人工作。正确的意识是促进高校思想政治教育中网络育人功能得以有效实现的先决条件，并且要在高校管理层的引领下形成高校教育群体的共同意识，在“三全育人”的格局下开展实施，才能够促进网络育人功能的充分发挥。

（二）高校应着力建强网络育人的队伍

网络育人工作团队既是高校开展和实施网络教育的主体，又是大学生思想政治教育工作的组织者和落实者。网络育人活动在大学生思想政治教育中的顺利开展，很大程度上取决于网络育人工作队伍的素质。因此，高校必须建设一支强大的网络育人工作队伍，才能做好网络育人工作，促进网络育人功能的充分发挥。

（三）高校应着力打造网络育人的平台

平台建设是推动网络育人实践活动向深度和广度发展的重要抓手。只有精心建设网络育人平台，才能吸引受教育者，激发他们的浏览兴趣和参与热情，才能促进网络育人功能的实现。所以，高校管理层作为网络育人实践的主要组织者，为满足高校思想政治教育中网络育人功能实现对载体建设的需要，应着力打造网络育人平台。

（四）高校应着力优化网络育人的环境

网络育人工作是在特定的环境中进行的，而良好的外部环境是学生思想政治教育增强实效和促进作用发挥的基础保障条件。不良的环境会让网络育人实施者的工作难度增大，不仅对网络育人工作的实施不利，而且严重影响实施效果。应积极、主动优化网络育人的环境，为网络育人功能更好地实现营造一个良好的外界环境。

（五）高校应着力创新网络育人的形式

大学生求知欲很强，对新奇的、新鲜的东西容易产生兴趣。单一的网络教育形式很难满足大学生的个性需求，依据思想政治教育形式、内容与效果三者的辩证关系原理，只有当形式和内容适当并且二者关系协调时，思想政治教育才会有实际效果。因此，为了让网络育人发挥效果，网络育人形式一定要根据受教育者的现实需要来选择。创新网络育人形式，不断通过新颖的形式开展网络育人的各项活动，是推动高校网络育人功能充分发挥的又一重要途径。

第三节　网络育人的重点与手段

高校创新探索育人路径，是实现网络育人高质量发展的必由之路。探索的方式可以从以下几个方面着手，包括：完善高校网络育人的制度体系，优化高校网络育人的工作平台，强化高校网络育人的队伍建设，提升大学生网络素养和能力，丰富高校网络育人的文化内涵，推进高校网络育人现代化治理等方面。

一、完善高校网络育人的制度体系

完善高校网络育人体系是高校网络育人工作高质量开展的关键。不仅要通过高校教师与学生形成共建网络育人平台，还需要完善网络育人的管理制度、工作体系以及监管体系。

（一）完善管理制度

校园网络的管理制度是网络育人环节的顶层设计，缺乏完善的校园网络管理制度是当前高校网络思想政治教育工作中比较突出的问题。应该重视通过管理制度的创新，带动网络育人工程建设的高质量开展。

第一，建立健全网规网纪。开展网络育人建设的重要基础是网络信息的规范化与有序化传播，需要完善的网络管理制度。所以高校应该协调并统筹各方面资源，建立健全各种网站和自媒体平台的备案制度、重要网络信息的审核与发布制度、信息引导和舆论监督制度、处理网络应急事件的相关制度等。

第二，对高校网络育人平台进行科学化的管理，建立健全科学的管理制度，引导高校学生共同参与到网络育人实践活动之中，共同营造网络育人的清朗空间，给网络育人营造一种和谐稳定、安定有序的文化氛围。

第三，建设高校网络育人管理体制，需要兼顾技术性和人文性。为适应互联网时代的发展需要，高校建设了大量的思想政治教育网站、官方微博、微信公众号等网络教育平台，但并未呈现出理想的教育效果。具体表现在网络教育往往只体现了技术性，而对学生的人文关怀却没有充分的体现，学生的思想动态不易被辅导员等教育管理人员及时掌握。因此只有将技术和育人的理念相互融合、有机结合，才能实现技术性与人文性在高校网络育人中的高度统一，为高校网络教育的高质量发展找到优质路径。

（二）完善工作体系

习近平总书记在全国网络安全和信息化工作座谈会上明确指出，要加强网络发展建设和社会管理，尤其是要重点加强网络技术创新，使互联网发展处于可管可控状态在党的十九大报告中重新强调“加强互联网内容建设”的任务，充分说明加强互联网内容建设的重要性和紧迫性。把“建立网络综合治理体系”纳入党的十九大报告，可见这是目前我国社会治理工作面临的一个重要问题，也是目前高校网络育人实施效果的重要保证，需要教师与学生共同管理，教师主要负责制订网络育人计划，同时引导学生积极参与网络育人文化建设和思想道德素质建设。高校大学生是网络育人活动的参与主体，学生和教师的共同参与能够保证网络育人的健康可持续发展，同时能够通过网络育人活动提升学生的思想政治素质和网络道德素质。

完善高校网络育人工作体系，结合“互联网 +”技术是十分有必要的。要积极发挥“互联网 + 育人”的优势，必须积极创新高校网络育人平台，重视现有的 QQ、微信、微博、短视频等 App 在大学生群体中的应用。

（三）完善监管体系

为了保证高校网络管理的有效性，网络育人应该从事前、事中、事后三个方面考虑，建立起一套行之有效的监督管理体系。

第一，在高校网络教育初期的监管上，高校要加强对学生网络平台发布的内容、信息内容的审核和监管，大学网络文化的创作必须在学校制定的体制框架中进行。

第二，在高校网络教育的过程监管上，重点加强对网络舆情和相关行政的监管，要避免出现不符合社会主义核心价值观的内容。

第三，在高校网络教育的后期监管上，对高校教师、政工队伍、学校社团、班级、个人等进行事前、事中监督的综合评价和考核，要制定个性化的考核目标，形成一套完整的奖惩措施。高校要建立起较为科学、合理的评估机制，将网络育人列入党建工作责任制，将网络教育的实际效果作为重要指标，进行考核评比，从而促进网络育人的工作任务的高质量完成。

二、优化高校网络育人的工作平台

2018 年 4 月，习近平总书记在全国网络安全和信息化工作会议上强调，要主动适应信息化要求，强化网络思维，不断提高把握网络规律的能力、引导网络舆论的能力、驾驭信息化发展的能力、保障网络安全的能力，从国家治理网络环境的高度，推进网络安全和信息化建设。

（一）加强平台内容的吸引力

当前我国高校的网络教育平台的育人功能发挥尚有局限，要想提升网络平台的吸引力，需要学校思想政治教育部门加强对网络教育平台的建设。高校思想政治教育类网站的影响力提升，宣传推广是关键。

（二）加强网络教育平台的互动性和参与性

高校网络育人平台的建设重要途径之一是提升教师与学生的互动性和参与性，这需要专业技术支持。

第一，以思想政治教育为核心，构建高校易班工作站、网络文化论坛、红色知识教育、优秀学生社团等平台，进行思政教育专题活动。带动更多的教师和学生参与到高校的网络思政育人建设中来，逐步打造出一批既易于学生接受又品位高雅的网络平台，促进大学生世界观、人生观、价值观的形成与发展。高校网络育人平台的内容设计与宣传应尽量贴近学生的学习与生活实际，网络教育平台面对的是各种专业的学生，若平台上宣传的内容专业性过强，过于枯燥，学生参与感容易降低。

第二，提升教师和学生的参与度，需要从网络教育的内容着手，特别是目前大学生较为关心社会热点、学术难点问题，要组织学校的专家、学者进行全方位的剖析，让广大教师和学生都能参与到网络育人平台的建设之中。此外，还可以建立在线网络思政课，开发与时代发展热点和学校特色结合的在线教育内容。

第三，还可以建立数字化网络的展示厅，定期展示大学生的日常生活以及广大师生在人文社会科学领域所创作的原创作品，使网络教育与生活、学习环境融合成为一体。

（三）强化网络教育平台的实用性和针对性

高校师生文化需求层次较高，因此网络文化产品的实用性、针对性，高校应予以重视。

第一，通过展示中华优秀传统文化，形成高校网络育人文化品牌。高校一方面可以根据学生关心的热点，在校园内加大网络文化建设的投入，把网络资源的优势集合起来，及时满足学生对网络文化产品的需求；另一方面，围绕师生对互联网文化的需求，高校网络教育平台应建立一个有利于网络育人文化良性持续发展的机制。

第二，建立高校网络文化，要满足学生、教师的精神需要，实现内容生活化、大众化和社会化，增强高校网络育人的广泛性、实用性。

第三，强化高校网络育人平台的针对性，院系要直接面向学生，提供网络育人服务二级机构的网络教育平台。要设计好网站子栏目，以更生动的形式让网络教育内容更加具有针对性。另外，学校官方网站要及时了解师生的思想动态，及时更新重要数据，充分反映学校的历史文化底蕴和办学特色，展示学校良好的社会形象。

三、强化高校网络育人的队伍建设

当前高校的网络育人工作表现出较强的开放性和交互性，使学生对网络育人文化的理论和实践能够有较好的理解和认同，但网络育人文化在其传播过程中，往往会受到一定的批评和质疑，这就要求高校必须建设一支专业化的网络育人队伍，发挥好网络育人功能，不断增强育人工作的亲和力和针对性，更好地满足大学生成长成才、全面发展的需要。

（一）构建"四位一体"人才队伍

高校可以尝试构建"网络导师—学工队伍—学生骨干—学生家长"四位一体的网络育人人才队伍，在信息监管、网络内容引导、内容更新等方面整合高校的网络教育资源，发挥出合力育人的优势。

第一，网络导师。高校可以选拔任用一批博学多才、社会阅历丰富、人际关系良好、热爱学生的教师，组建网络育人导师队伍，进行"线上+线下"的育人活动。针对班级中的特殊学生群体，例如孤儿、单亲、有心理障碍、经济困难或有思想困惑的学生，通过学生常用的QQ、微信和邮件等方式，与学生保持频繁沟通与联系，对大学生进行思想辅导和心理疏导。

第二，学工队伍。作为高校网络教育工作的主体，学工队伍主要包括学校学生工作部、团委，院系主管学生工作的副书记、团总支书记、学工办主任，以及辅导员和班主任。学工队伍应针对一些大学生比较关注的热点问题，利用学校、学院、班级等各级网络平台，设立讨论专栏，让大学生能够在这样的网络平台上展示自我、自由表达，以此方式及时准确地掌握学生的思想动态。学工队伍既要发挥好学生网络育人的“服务员”“管理员”以及“引导员”角色作用，又要不断创新拓展网络育人方法。

第三，学生骨干。高校要注重培养有号召力的学生骨干，培养学生中的“网络意见领袖”，充分发挥大学生的朋辈教育作用，通过在网络平台上进行积极的思想沟通，实现共同成长。

第四，学生家长。各高校可以让监护人参与学校的学生管理工作，通过辅导员和班主任建立有效联系，及时了解学校的工作动向和孩子在校的相关情况，与学校形成育人合力，实现家校共育。

（二）加强网络育人培训工作

目前，网络信息技术发展迅速，新媒体形态日益增多。网络育人队伍作为高校网络育人的主体，提高驾驭网络的能力是非常必要的，因此，需要加强对网络育人队伍的培训。

第一，高校要充分提升网络育人队伍的责任意识，在网络思想政治教育活动中勇于承担重任，敢于直面网络育人实施过程中出现的新问题、新挑战。

第二，高校网络育人队伍的业务知识培训还需要加强。对网络信息技术熟练掌握，队伍的综合能力才能不断增强。除了具备思想政治教育的先进理念之外，每个高校组建的网络教育师资队伍都要有较强的专业网络应用能力，尤其要将思想政治工作传统的优势与信息技术融合。同时，还应将思政教育工作的综合性和理论性作为依据，将其纳入教师思想政治教育工作绩效考核体系。

第三，高校网络育人工作要求网络育人队伍具有较强的思想政治理论水平、敏锐的思想观察能力和行动能力、多媒体操作能力。网络育人队伍应掌握学生经常关注的自媒体和网站，及时了解网络的发展最新动态，并重点关心网络舆论事件，这样在日常生活和教学中，可以更好地与学生进行沟通，对学生进行正确的思想教育。

（三）重视网络育人队伍稳定

高校网络育人要实现安稳有序、又好又快的发展，就必须要重视网络育人队伍的稳定，队伍不稳定，不利于高校网络育人工作的开展，更不利于学校的长远发展。重视网络育人工作的队伍稳定需要从以下两个方面入手。

第一，高校需要建立完善的网络育人工作考评机制，制订切实可靠的网络育人工作考核方案，健全激励机制，为青年教师参与网络育人工作搭建更好的平台，对于参与网络育人工作的教师和学生都要给予物质和精神鼓励，充分激发他们工作的积极性，使得更多的师生能够参与到网络育人工作队伍中来。高校可以将网络育人工作的质量水平与教师的职称晋升、年终考核、评奖评优等方面联系起来，有效调动有能力的教师参与到网络育人工作中，从而使得高校能够长期保障高校网络育人队伍的稳定。

第二，高校应该加强对网络育人工作经费的扶持力度，高校领导应该积极重视网络育人队伍的选拔、培训和管理工作。一方面，应该尽可能地将高校中思想素质高、管理能力强以及熟悉网络技术的青年教师加入网络育人队伍，加强对这些青年教师的资金扶持力度；另一方面应该重视对他们的培训，尤其要重点加强对网络技能方面的培训，尽可能保证高校网络育人工作队伍专业化和规范化。

四、提升大学生网络素养和能力

（一）提升大学生网络素养

第一，要提升大学生网络素养，高校需要引导大学生培养自律意识。高校网络育人的一个重要体现就是要加强大学生网络道德教育，强化大学生网络道德意识，引导大学生严格遵守道德规范，积极参与网络道德教育建设并承担必要的网络道德责任。一方面，大学生要不断提升网络安全意识和自律意识，在网络平台上合理地表达自己的意见；另一方面，高校需要培养大学生的自我发展意识和自我管理能力。大学生要积极主动地向高校网络育人工作组反馈存在的问题，或者积极大胆地提出改善建议。

第二，有序推进新时代大学生爱国主义教育。2019 年 11 月，国务院颁布了《新时代爱国主义教育实施纲要》，其中强调，网络育人是丰富新时代爱国主要教育的实践载体。在高校网络平台上，进一步增设关于爱国主义教育的内容，着力打造主题突出、思想导向鲜明以及内涵丰富的网络育人平台，进一步强化互联网在红色教育和爱国主义的功能。在高校网站上广泛开展主题教育活动，制作适合网络传播的视频、网络文章、纪录片和微电影等，积极利用微博、微信、社交媒体以及手机客户端平台，在青年大学生中积极开展爱国主义教育活动。同时还需要加强网络舆论引导，引导大学生自觉抵制损害国家荣誉和否定优秀传统文化的行为。

第三，要在大学生理想信念教育方面深入开展工作。习近平总书记在纪念五四运动 100 周年的大会上强调："新时代中国青年要树立远大理想，坚定引领大学生的理想信念教育。"在大学生的理想信念教育方面，需要有效利用网络和新媒体资源。当前青年大学生主要是以"00 后"为主，他们是在互联网技术快速发展的背景下成长起来的新时代青年。在对大学生的理想信念教育中，高校教师要充分利用网络媒体资源，及时了解大学生的思想动态。

（二）增强大学生辨别和处理网络信息的能力

第一，网络上每天都有海量的媒体信息，大学生所接受的信息量超过自身的接收能力，就会影响学生的学习和生活质量。由于大学生各个方面的知识不够完善，自控能力相对较弱，缺少信息辨别能力，未消化的过剩信息也会给他们带来一定的心理压力，所以高校网络育人工作需要帮助大学生提升获得信息、处理信息以及表达信息的能力。

第二，大学生要坚持用唯物主义观点与方法论来过滤良莠不齐的网络信息。唯物主义观点要求人们在思考问题和处理事情的过程中，坚持一切从实际出发。因此，青年大学生在面对海量的网络信息的过程中，应该坚持唯物主义，一切从实际出发，才能够不断地发现问题和思考问题，要做到不盲从和不上当。

第三，当代青年大学生要树立正确的政治观念，要用中国特色社会主义理论和马列主义来武装自己的头脑，不断提升自身的认知水平，增强自身的政治敏锐性，建立正确的价值观和世界观，在大是大非面前，坚持正确的政治立场不动摇。

五、丰富高校网络育人的文化内涵

网络文化是一把双刃剑，一方面可以优化当前的网络育人环境，拓宽青年学生接受知识的途径与方式，有效提升高校育人的效率；另外一方面，不良的校园网络文化也会给高校育人工作带来一定的风险和挑战。

（一）以社会主义核心价值观为引领，提升高校网络文化的认同度

高校网络育人的根本目的在于提升学生的思想道德素养和加强学生对校园网络文化的认同，因此，高校目前需要以社会主义核心价值观为引领，不断提升大学生对校园网络文化的认同程度，帮助大学生坚定理想信念，树立高度的文化自信，增强大学生的使命感和责任感。

第一，高校网络育人工作应占领高校网络文化的阵地。如果一些不良社会思潮占领学生的网络文化主流位置，将会给高校的思想政治网络育人工作带来较大的冲击。所以高校网络育人工作应该在社会主义核心价值观的指导下，不断弘扬中华民族优秀传统文化，坚决抵制不良社会思想的侵蚀。

第二，社会主义核心价值观的表达通过网络化和大众化的形式，大学生更容易接受。高校网络育人要既能够体现社会主义核心价值观，又能够表现出现代趣味，应在活动的内容设置上尊重大学生的心理需要，不断推出新的网络育人活动形式。

（二）以文化传承为核心，培养高校网络文化的自觉性

网络文化是基于互联网信息技术特点所产生的一种文化形态，需要植根于中华优秀传统文化之中，应表现出鲜活的时代特色。在高校网络育人活动中，需要以文化传承为核心，不断创新优秀传统文化的表现形式。

第一，借助互联网技术，实现中华优秀文化的数字化传播。比如“数字敦煌”就是一个典型的应用案例。高校网络育人活动需要将中华优秀传统文化中所包含的思想观念、人文精神以及道德规范，以数字化的形式表现出来，从而更好地在网络平台上传播，以满足当代大学生的精神文化需求。

第二，高校应该结合优秀传统文化的区域性特点，结合高校自身的办学特色，创作具有鲜明主体、形式新颖的网络文化作品。同时还应该有效发挥

网络的资源优势，运用高校的网络教学平台和精品课程，培养高校网络育人文化的自觉性，全面提升网络思想政治教育的效果。

第三，目前许多高校开展了传统文化相关课程，在网络育人过程中应该积极推进相关优秀文化课程的网络化。比如开展“中国戏曲欣赏”“中国古曲鉴赏”以及“中国书画艺术”等网络课程，课程形式可以通过慕课、微信、微博等线上和线下相结合的形式，来展现优秀传统文化。

第四节 网络育人典型案例

案例：打造“1+3+N”网络故事育人新模式 推进习近平新时代中国特色社会主义思想进高职学生头脑

——秦皇岛职业技术学院“匠心筑梦”工匠精神培育辅导员工作室案例

一、实施背景

党的十九大站在历史和时代的高度，深刻阐释了习近平新时代中国特色社会主义思想。用习近平新时代中国特色社会主义思想武装青年学生头脑，在“学懂、弄通、做实”上下功夫，切实推进习近平新时代中国特色社会主义思想在广大青年学子心中落地生根，教育引导大学生用青春和理想拥抱未来，用奋进和奉献书写人生，汇聚同心共筑中国梦的磅礴力量，是新时代的呼唤，更是高校思想政治工作的历史责任和使命担当。

传统大学生思想政治教育方式多采用说理教育，而说理教育过于强调抽象的道德规范和政治理论灌输，脱离大学生的日常生活，不易于入脑入心。尤其是高职学生本身具有理论基础薄弱、缺乏规划及奋斗目标、自信心不足等特点，对单纯“填鸭式”说理性的教育容易产生排斥心理。基于这样的现实困境，秦皇岛职业技术学院辅导员工作室自2018年起创新开展“故事育人”特色工作模式，将思政教育元素像“盐”一样“溶”入故事里，从讲述身边故事、校园故事开始入手，经过四年“故事育人”与“网络育人”双向融合的思政教育探索与实践，逐步打造了“1+3+N”网络故事育人新模式

（图 7-1），将理论融入故事，用故事讲清道理，以道理赢得认同，巧妙地寓习近平新时代中国特色社会主义思想的精髓要义于微妙的思政教育设计之中。

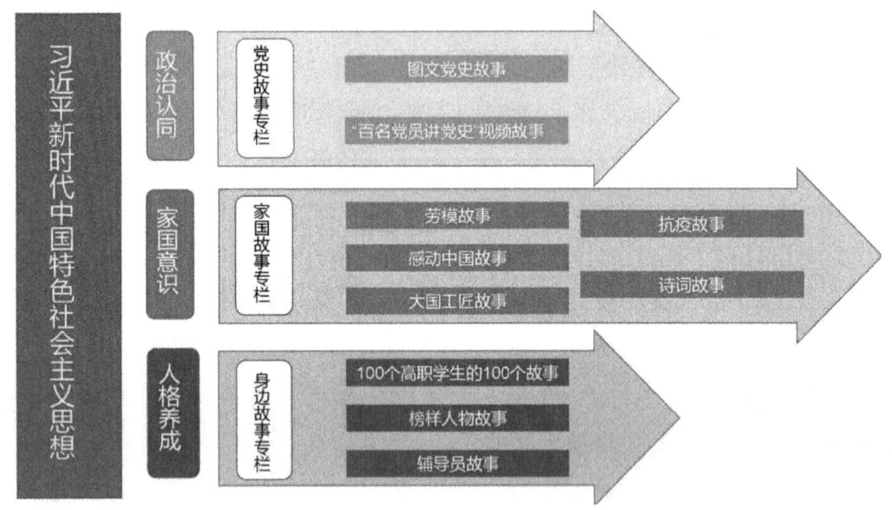

图 7-1　“1+3+N”网络故事育人新模式

“1+3+N”网络故事育人新模式以习近平新时代中国特色社会主义思想为根本指针，以“政治认同”“家国情怀”“人格养成”为切入点，以党史故事、家国故事、身边故事等系列故事为交点，形成网络故事育人新模式。其中，“党史故事”系列包括图文党史故事和“百名党员讲党史”系列视频故事，“家国故事”系列包括抗疫人物故事、劳模故事、大国工匠故事、感动中国人物故事、诗词故事等，“身边故事”系列包括校辅导员年度人物故事和“100个高职学生的 100 个故事”。系列故事在秦皇岛职业技术学院“秦职芳华”官方微信公众号中定期推送，在潜移默化中扎实有效推进习近平新时代中国特色社会主义思想进高职学生头脑，使其铭刻脑海、扎根心田、融入血脉。

二、具体做法

（一）实施方法

用习近平新时代中国特色社会主义思想铸魂育人，根本要在铭刻脑海、扎根心田、融入血脉上下功夫，必须破解三个难题：一是如何做到及时鲜活地增强马克思主义理论的感染力和生命力；二是如何做到心服口服，既要讲得生动有亲和力，又要深刻有针对性；三是如何做到不断创新，思想引领要“因事而化、因时而进、因势而新”。

为破解以上难题，项目组借助“秦职芳华”微信公众号，用生活中的真实事例引发学生的思考，将艰涩的“大道理”转化为易于接受的“小故事”，使学生在阅读中把优秀人物的故事内化于心，外化于行，并不断修正自我。项目组按照“统筹布局、分步实施、纵横发展”的节奏逐步推出身边故事、家国故事、党史故事等系列故事，这些主题系列故事共同组成了秦皇岛职业技术学院网络思政教育“1+3+N”网络故事育人新模式。

（二）实施过程

在实施过程中，项目组深入研究学生成长的规律，挖掘适合学生的成长故事，了解学生喜欢的话语体系。在实践过程中定期组织工作人员探讨学生的兴趣点在哪儿，学生成长的困惑是什么，什么类型的故事能引起共鸣，故事中传递的价值观念如何输出。这些都是项目在实施过程中重点考虑的问题。

1. 坚持“以小见大”原则，把握小切口，做足大题材

“1+3+N”网络故事育人新模式是秦皇岛职业技术学院网络育人的响亮品牌。四年来，在深化拓展教育切口、做亮做强主题教育、发掘提炼精彩故事、有效提升学生综合素质等方面，发挥了独特而重要的作用。

一是成立团队，选题策划，把握小切口。项目组在讲什么故事、确定故事内容时深刻意识到，故事育人选题必须找准中央精神与基层实践的结合点，摸清党的创新理论点，把握思政教育的亮点，有针对性地做主题切入，使习近平新时代中国特色社会主义思想真正落地生根。经过反复对比，“政治认同”“家国情怀”“人格养成”在众多选题中脱颖而出，分别在培育学生社会主义核心价值观、厚植家国情怀、提升学生人格素养方面，有针对性、有层次感地切入。二是辐射全员，征集发动，做足大题材。项目组在主体确定方面作了深入探讨，除了讲述全国各行各业优秀代表人物的故事之外，还在向基层拓展、向校园延伸、向身边靠近上下足了功夫。挖掘基层一线和学生的身边故事。上至学院领导，下至一线教师，前至优秀毕业生，后至在校生，均收到过“秦职芳华”的故事邀约。

2. 坚持“点面结合”原则，多角度挖掘，立体化展现

项目组着眼思政工作针对性和实效性不强的“老大难”问题，以习近平新时代中国特色社会主义思想为基准面，以政治认同、家国情怀、人格养成为切入点，以点带面辐射带动全局，努力形成全面覆盖、类型丰富、层次递进、相互支撑的网络生态育人共同体。

“党史故事”专栏已经推出图文党史故事，正在有计划地推出“百名党员讲党史”故事系列，故事以视频形式推出，征集上至领导下至教师党员、学生党员讲党史的视频，让学生在讲述中，深入认识中国共产党的红色基因、历史根脉，激发学生对中国共产党的政治认同，赓续红色血脉（图 7-2）。

图 7-2 “党史故事”专栏部分故事展示

“家国故事”专栏已推出“劳模故事”“大国工匠故事”“感动中国人物故事”“抗疫故事”“诗词故事”等系列故事，讲述坚守在一线的抗疫英雄和劳动模范以及我院师生的抗疫和劳模故事，学习他们甘于奉献、乐于助人、舍小家为大家的家国情怀（图 7-3）。

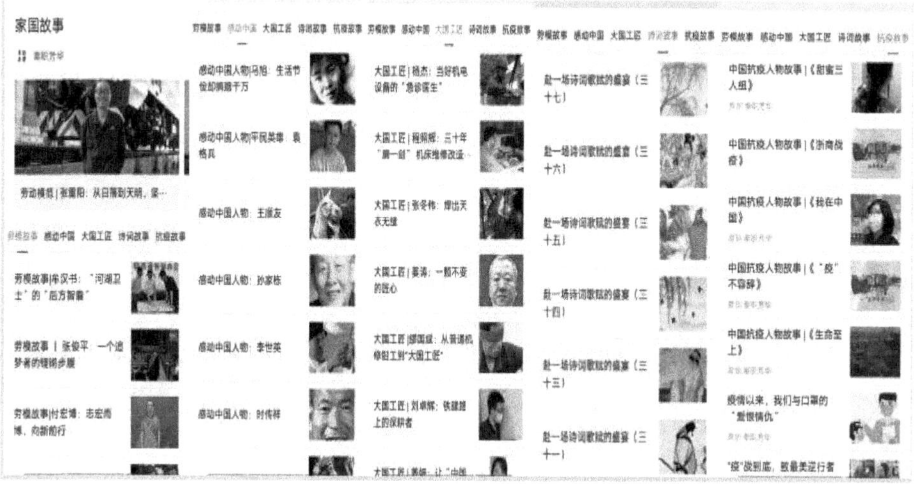

图 7-3 “家国故事”专栏部分故事展示

“身边故事”专栏已推出“100 个高职学生的 100 个故事”“辅导员年度人物故事”系列。其中“100 个高职学生的 100 个故事”是主打板块，分为崇德篇、尚能篇、求真篇、创优篇、榜样人物篇五个篇章，故事充分展现了朋辈身上的优良品质，用身边的榜样引领学生，吸收优秀学生的精神养分，提升“看齐意识”。目前该板块已经推送 242 个学生故事，累计点击阅读量达到 10 万余次（图 7-4）。

3. 坚持“显隐结合”原则，如春风化雨，润物于无声

显性教育与隐性教育相互补充、有机统一，可以不断增强思政教育的思想性、理论性、亲和力、针对性。项目组旗帜鲜明、公开直接地进行马克思主义理论显性教育。“秦职芳华”的理论学习板块自 2018 年开始至今，坚持推送《习近平新时代中国特色社会主义思想三十讲》《平“语”近人——习近平总书记用典》等系列理论推文，循序渐进地对青年学生进行价值引领，用历史的眼光启示青年，用伟大的目标感召青年，用光明的未来激励青年。理论学习板块将枯燥的理论图文并茂地呈现在师生面前，广受师生喜爱，在我校掀起了习近平新时代中国特色社会主义理论的学习热潮，部分推文也被引用到学校课堂教学中，在师生中引起较大反响。

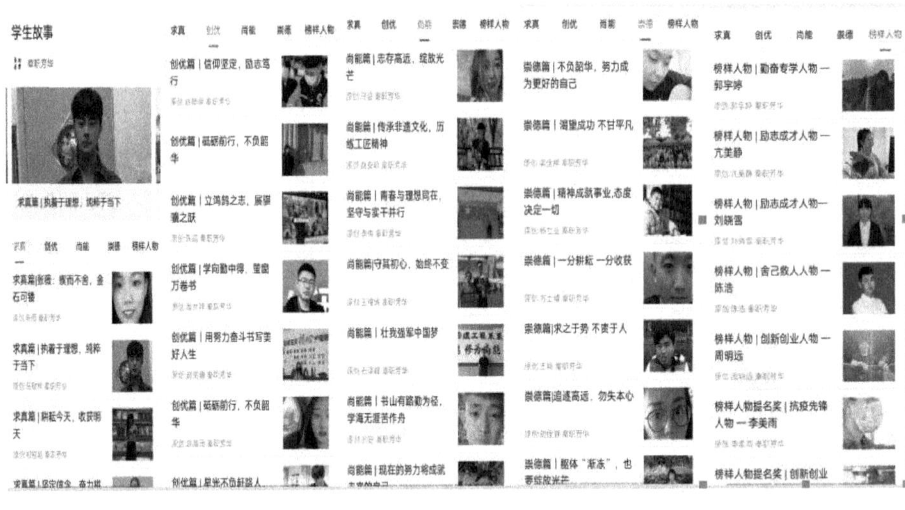

图 7-4 “身边故事”专栏部分故事展示

“1+3+N”网络故事育人新模式是隐性教育的重要载体，它融得进、看得见、落得实，并不断向纵深发展，从不同侧面把优秀人物代表身上承载的品质、情怀、能力以故事的形式呈现，通过讲党史故事，激发学生对中国共产党的政治认同；通过讲家国故事，提升学生的家国情怀；通过讲身边故事，增强学生向榜样看齐的看齐意识，从而自觉养成良好行为。“1+3+N”网络故事育人新模式从不同侧面启发学生自觉认同，产生共鸣，达到了潜移默化的思想和价值引领效果，实现了立德树人的目的（图 7-5）。

图 7-5 学生读后感和故事主人公发表感想

三、取得成效

（一）故事育人矩阵，赋能学生培养

“1+3+N”网络故事育人矩阵以习近平新时代中国特色社会主义思想铭刻脑海、扎根心田、融入血脉为奠基，以围绕学生、关照学生、服务学生为目标，借助“秦职芳华”微信公众号，用生活中的真实事例引发学生的思考，将艰涩的“大道理”转化为易于接受的“小故事”，逐步推出身边故事、家国故事、党史故事等系列故事，这些主题系列故事，目前已经在学院遍地开花，焕发强大生命力。故事所承载的思想观点具有可复制性、可学习性、可推广性，引起了广大学生的共鸣。

（二）以点带面辐射，贯通网络育人

四年来，“1+3+N”网络故事育人矩阵在深化拓展教育切口、做亮做强主题教育、发掘提炼精彩故事、有效提升学生综合素质等方面，发挥了独特而重要的作用。以习近平新时代中国特色社会主义思想为基准面，以政治认同、家国情怀、人格养成为切入点，以点带面辐射带动全局，努力形成全面覆盖、类型丰富、层次递进、相互支撑的网络生态育人共同体。显性教育与隐性教育相互补充、有机统一，增强思政教育的思想性、理论性、亲和力、针对性。

（三）理论和实践结合，育人成果显著

近四年来累计推出 242 篇优秀学生故事，点击量达到 10 万余次，“1+3+N”网络故事育人新模式已成为学院网络思政教育的品牌工程。项目孵化出两个精品项目、三个典型案例、四个课题、七篇论文。2022 年 2 月，荣获第五届全国高校网络思想政治教育优秀工作案例三等奖，2021 年 4 月，荣获河北省高校网络思想政治教育优秀工作案例二等奖。

四、经验启示

（一）构建网络育人新模式，增强青年学生政治认同

“1+3+N”网络故事育人新模式结合时代主旋律，通过深挖“党史故事”中的红色资源，以史育人，以史赋能，用习近平新时代中国特色社会主义思想培根铸魂，帮助青年学生树立为国家和人民服务的远大理想和志愿。不断挖掘学生身边师生公认的优秀学生，借助“身边故事”的引领和激励，学生找到了努力方向和前行动力，项目组达到了引领示范的教育效果。

（二）创新网络育人格局，培育青年学生家国情怀

“1+3+N”网络故事育人新模式结合当前学生们关注的热点话题，以学生喜闻乐见的方式推送“家国故事”，探索音频、图片、视频等形式，增强大学生的直观感受，引导青年学生以家国天下为重，把个人命运同国家、民族的

命运紧紧联系在一起，坚定理想信念、勤奋学习工作。

（三）优化网络育人供给，助力青年学生人格养成

“1+3+N”网络故事育人矩阵，坚持内容原创，至今已推出242篇原创网文，累计点击阅读量达到10万余次。该故事系列已推出“100个高职学生的100个故事”“辅导员年度人物故事”。其中“100个高职学生的100个故事”分为崇德篇、尚能篇、求真篇、创优篇、榜样人物五个篇章。每一个篇章代表一个类型的故事，这五个篇章又构成了一个整体，衍生成带有某种价值取向的故事群。

实践证明，通过网络故事育人的方法，把思想政治教育元素像“盐”一样“溶”入故事中，是推进习近平新时代中国特色社会主义思想“三进”的有效途径，是解决思想政治教育的方法与效果、传授与吸收之间矛盾的重要抓手，是思想政治教育工作者争取主流价值观话语权的有力武器，也是讲好中国故事、传播好中国声音、宣传好主流价值取向的现实诉求。如果说单一的故事不易提供可普遍适用、可普遍推广的生活规律与经验，那么构建故事矩阵则可使故事育人的力量变得更强大、更有辐射力与说服力。

第八章 心理育人

2017 年 12 月，中共教育部党组出台了《高校思想政治工作质量提升工程实施纲要》，文件中，“心理育人”理念被明确纳入新时代高校思政教育工作十大育人体系中。2018 年 7 月，中共教育部党组出台了《高等学校学生心理健康教育指导纲要》，文件进一步将“立德树人”根本任务作为检验高校工作的根本标准。

在高校大学生思想政治教育工作中，心理育人是极其重要的一部分，也是人才培养体系中十分必要的环节。只有立足高校学生的心理特点，努力探索新时代高校心理育人质量提升路径，全力打造高校人才培养体系特色，才能更好更快地提质培优促发展，真正做到立德树人。当前，如何培育德智体美劳全面发展的高素质人才、如何坚持育德和育心相结合是高校不断探索的新课题，科学构建新时代高校心理育人模式对于高校和学生而言，都具有较强的现实意义。

第一节 心理育人的概念及意义

一、心理育人的概念

在 2016 年召开的全国卫生与健康大会上，习近平总书记曾指出：“要加大心理健康问题基础性研究，做好心理健康知识和心理疾病科普工作，规范发展心理治疗、心理咨询等心理健康服务。”对于当代高校大学生而言，心理健康是迫切需要关注的，心理健康教育更是一项十分重要的内容。因此，把握大学生心理，构建心理育人工作新格局十分重要而紧迫。

目前，心理健康教育工作在国内外都受到了极大的重视，许多发达国家的大学生心理健康教育工作已经取得了丰富的成果。关于什么是心理育人，心理育人的概念是什么，许多西方专家学者认为，心理育人是将心理健康教育和心理素质教育等概念归纳为同一类别的理论体系，心理育人是通过心理健康教育的方式实现育人的目的。

心理学家马建青认为，心理育人是指通过心理的方式来实现育人。具体地说，是教育者从教育对象的身心实际出发，遵循人的心理成长规律和教育规律，通过多种方式实施心理健康教育，有目的、有计划地对教育对象进行心理引导、缓解心理困惑、开发心理潜能、提升心理品质、促进人格健全，以实现培育有理想、有能力、有担当的时代新人这一目的的教育活动。贾林祥认为，广义上讲，凡通过运用心理学相关素材、仪器设备，以及心理辅导、心理咨询等相关活动达到育人目的的活动，均可称为心理育人。狭义上的心理教育，是指育人者为达到培养新时代所要求的有理想、有能力、有担当的中国特色社会主义事业建设者和接班人的目的，根据人身心发展的规律和特点，采取灵活多样的方式，有目的、有计划地对受育者进行积极的心理引导，开发他们的潜能，完善他们的人格，提升他们的积极心理品质的教育实践活动。心理教育中的育人者，既包括所有的教职员工，也包括学生的父母、朋友、亲戚、社会教育的力量和被教育的人自己。

推进大学生心理育人工作质量提升是以马克思主义全面发展学说为依据，以党的教育方针为指导，以全国高校思想政治工作会议精神为引领，以提升高职高专人才培养质量、体现“以学生为中心”、促进学生全面发展为宗旨，以“立德树人”育人标准为目标，以探究“三全育人”理念下通过心理育人手段促进学生身心健康成长。在吸纳现有的高校心理育人研究成果的基础上，充分学习和借鉴国外心理学、社会学的原理，构成了心理育人的理论来源。

二、心理育人的意义

我国高校心理育人工作始于20世纪80年代。心理育人工作30余年来的发展与成果，极大地促进了思想政治教育，推动心理健康教育进入新时代。

（一）心理育人有助于大学生心理健康发展

大学生是祖国的未来，是社会主义事业的建设者和接班人，现在的他们正处于一个成长关键期。在网络盛行的今天，受到中西方不同文化的冲击和影响，许多学生变得迷茫、无措。积极心理学认为，每个人都拥有积极品质与消极品质，但个体的优势才是使人适应环境的最佳力量，激发个体的潜能，使个体形成积极的人格特质。高校可以将积极心理学的理念融入育人过程中，通过培养良好行为习惯和创造良好的社会环境来促进学生形成积极人格，培养学生的积极心理品质，使学生在面对困难和挫折的时候，能够形成积极的应对困难的行为方式和思考方式。

当今时代飞速发展和变化，知识更新和科技发展日新月异。社会日益激烈的竞争压力、生活环境和节奏的不断变化，使当今的大学生面临的学习、生活、情感、就业等心理压力不断增大，心理问题不断增加。通过全程、全方位、全员开展心理育人，满足大学生精神和心理需求，减轻各方面的心理负担，有利于大学生提高独立生活和适应社会的能力，提升大学生心理调适的能力。

（二）心理育人有助于提升思想政治教育的开展

党的十九届六中全会通过的《中共中央关于党的百年奋斗重大成就和历史经验的决议》中强调：“必须抓好后继有人这个根本大计”，“培养造就大批堪当时代重任的接班人”。高校承担着为党育人、为国育才的重要使命，必须始终心怀“国之大者”，坚持社会主义办学方向，紧扣立德树人根本任务，引导广大青年立大志、明大德、成大才、担大任，努力成为担当民族复兴重任的时代新人。习近平总书记在全国高校思想政治工作会议上指出，思想政治工作从根本上说是做人的工作，必须围绕学生、关照学生、服务学生。而这正是心理育人工作所强调的。国家卫健委、中宣部、教育部等22个部委于

2016年颁发《关于加强心理健康服务的指导意见》，其中明确指出："加强心理健康服务、健全社会心理服务体系是改善公众心理健康水平、促进社会心态稳定和人际和谐、提升公众幸福感的关键措施，是培养良好道德风尚、促进经济社会协调发展、培育和践行社会主义核心价值观的基本要求，是实现国家长治久安的一项源头性、基础性工作。"该论述对心理育人工作的价值定位进一步明确了它与思想政治教育之间的紧密联系。

高校育人工作的根本目的是培养人，心理育人是提升思想政治工作质量的一个重要手段。在教育教学中，大学生只有拥有了健康的心理，才能有效理解教学内容、接受思想政治教育。如果大学生没有健康的心理，很容易产生思想和心理问题，做出不良甚至违法乱纪的行为。帮助大学生养成良好的心理素养是高校思想政治教育的一项重要任务，心理育人的开展可以有效引导大学生养成良好的心理素养。在尊重大学生心理活动规律的前提下，将"德育"和"心育"相结合，培养大学生积极健康的心态、健全发展的心理，能够更好地促进大学生思想政治教育的开展。

第二节 心理育人的内容与途径

一、心理育人的内容

目前，高校主要通过开展心理健康教育课程来实现心理育人的目标。对于"心理育人"的概念来言，"心理"与"育人"是相互包含、互相联系的。"心理"不仅可以表达为"育人"的方法和途径，同时也可以表达为"育人"的内容、观念等。总而言之，"心理"是实现最终"育人"目的的有效手段和载体。只有这样来理解心理育人，才能更好地把握心理育人的实质。

（一）培养学生树立正确的三观

当今社会信息化、网络化高速发展，各种意识形态和思想思潮并存，各种不同的思想、观点充斥在网络世界中。大学生处于思想发展的关键期，人生观、世界观、价值观尚未发展成熟，喜欢追求新生事物，缺乏辨别是非的能力。在探索世界的过程中，容易受到错误思想的影响，甚至陷入某些别有用心之人设置的陷阱中。因此，作为高校思想教育工作者，我们应及时掌握学生思想动态，时刻保持警惕，帮助学生树立正确的人生观、世界观、价值观。

在高校心理育人的过程中，应基于大学生思想易于变化的特点，采取丰富多样的、大学生喜闻乐见的形式，让学生学习和了解中华民族的文明发展史、中国共产党的百年奋斗史等，培育学生的家国情怀，树立正确的价值观；让学生们学习和了解新中国成立以来取得的伟大成就、对世界经济发展创造的巨大贡献等，帮助学生树立正确的世界观；让学生们加强政治理论学习对思想的武装，同时，在学习专业知识技能的过程中，不断增强应对挫折和压力的能力、面对社会的实践能力和适应能力，培养大学生积极乐观的人生态度，帮助学生树立正确的人生观。

（二）培养学生形成积极的心态

如今，许多大学生是独生子女，在家人的百般疼爱中成长，在大学的集体生活中，很容易产生心理落差和心理问题。高校心理育人的一项重要任务，就是使大学生保持平和的心态，理智地应对各种挫折。积极心理学认为，积极的社会环境对人的发展有非常重要的作用，这就告诉我们，在育人的过程中，要充分重视社会氛围的营造和社会心理的引导，把培育理性、平和的积极心态，促进人际和谐和社会和谐作为新时代心理育人的重要任务之一。

（三）引导学生形成坚强的意志品质

意志是人能够自觉地确定目标，有意识地根据目的、动机调节支配行动，努力克服困难，实现目标的心理过程。意志品质是衡量一个人意志发展水平的重要标尺。心理学研究表明，良好的意志品质主要表现在四个方面：独立性、果断性、自制性和坚韧度。一个人能不能把一件事情做完，能不能抓住机遇取得成功，与他的执着、自制、果断、自主的意志品质是有关系的。因此，培养坚强的意志品质，有利于实现大学生的人生目标。

高校心理育人的对象主要是大学生。当代大学生是新时代中国特色社会主义现代化建设的接班人，是祖国的未来，是民族的希望，因此，大学生有必要培养良好的心理素质和意志品质。但是，当代大学生以“90后”的独生子女居多，他们大多在良好的成长环境中长大，成长过程大多一帆风顺，极少会遇到困难和挫折，可谓“温室中的花朵”，即使面对逆境挫折，也往往有家长代为解决。因此，当代大学生普遍缺乏应对挫折的能力，在高校心理育人工作中，培养大学生坚强的意志品质就尤为重要。

（四）培养学生形成健全的人格

人格健全是一个人心理健康的重要标准之一。如果一个人的人格不健全，或者有人格缺陷，那么这个人的心理便是不健康的。大学生正处于身体和心理成长发育的关键期，极其容易受到各种不良思想的影响，从而形成不健康的人格，甚至形成错误的人生观、世界观、价值观。一个人格不健全的人很难融入正常的人际交往，难以正常学习和生活，甚至有可能对他人和社会产生不良影响。因此，在高校心理育人工作中，培养大学生形成健全的人格是一项非常重要的任务和课题。

人格是指个体在对人、对事、对己等社会适应中的内部倾向性和心理特征。日常生活中和心理学当中“人格”一词所表达的含义是有区别的。在高校心理育人工作中，人格不仅表现为一个人的气质、性格、理想、价值观等，还表现为他的道德品质、行为方式等。人格并非先天形成的，受到后天成长的环境影响，家庭教育和学校教育更是对人格的形成有着极其重要的影响。

二、心理育人的途径

（一）心理育人制度建设

高校作为心理育人的主要实施单位，应构建心理健康教育制度。根据国家、省市各级文件精神，建立健全符合本校大学生实际的、有针对性的、加强心理健康教育工作的制度，把心理育人工作纳入学校教育与发展的整体规划，加大人力、物力、财力的专项投入，建立学校、院系和学生三级心理健康教育工作体系。

高校心理健康教育中心应指导各系部积极开展各类心理健康教育工作。各系部应结合本单位的工作实际，不断优化、强化心理育人工作队伍，科学组建基层心理健康服务站，配备专人专业负责本系部师生心理健康工作，系统培养学生心理委员、宿舍心理信息员等学生干部，全面关注学生心理动态，深入把握学生心理变化特点，结合工作需要和学生心理特点，有序开展心理知识的宣传和推广，组织开展内容丰富、形式多样、趣味性强、参与度高的心理健康教育活动。同时，心理健康教育中心应统筹和协调学院各方面的育人资源，形成科学的心理健康教育工作体系，对于学生心理问题的具体排查、心理咨询、团体辅导、危机干预等都应出台科学可行的制度文件。学院财政应予以高度支持，确保心理育人工作能够有效开展。

（二）心理育人课程建设

2001 年，教育部在《关于加强普通高等学校大学生心理健康教育工作的意见》中鼓励“各高等学校应创造条件，开设大学生心理健康教育的选修课程或专题讲座、报告等”。2005 年印发的《教育部、卫生部、共青团中央关于进一步加强和改进大学生心理健康教育的意见》中也提倡高校结合实际，有针对性地开展选修课程，将宣传普及心理知识、介绍增加心理健康教育的途径和方法、解析常见心理现象和传授心理调适方法作为心理健康课程的主要内容。2011 年，教育部办公厅关于印发《普通高等学校学生心理健康教育课程教学基本要求》的通知要求，在高校内开设大学生心理健康教育必修课程，并将其定义为“知识传授、心理体验与行为训练为一体的课程”。心理健康教育课是大学生心理健康教育的主渠道，通过普及心理健康知识、宣传心理保健技能，帮助学生保持清醒的意识且有效控制自己的心理和行为，提高心理素质，激发心理潜能，提高生活质量，最终实现身心和谐的共同发展。

（三）心理育人队伍建设

中共教育部党组印发的《高等学校学生心理健康教育指导纲要》中明确指出：“各高校要建设一支以专兼职教师为骨干、以兼职教师为补充，专兼结合、专业互补、相对稳定、素质良好的心理健康教育师资队伍。”构建全员心理育人队伍体系，高校应配齐、配强专兼职心理健康教育教师队伍、专兼职辅导员、行政人员、专职教师、学生干部、心理委员等，促进心理育人主体多元化。注重对教师队伍专业资质的考核、专业技能的培养，师德师风建设，将立德树人指导思想融入育人全程。将心理健康教育教师配备情况纳入各类教育督导、考核评价指标体系，作为学校思想政治教育工作和“文明校园”“平安校园”等评优创先的重要评估指标。分级分类对心理健康教育教师队伍开展培训，提高团队教学水平、咨询辅导和危机干预的能力。鼓励、支持心理健康教育教师队伍进行教学科研，在人力、资金等方面给予专项支持，促进心理健康教育形成优秀育人成果并推广优秀经验。

各高校应针对人员配备不足、专业性不强、实践经验不足的现状，明确队伍建设目标任务，根据本校的薄弱环节圈定工作方向和重点，配齐配足师资队伍，加强专业人才培养、专业教师继续教育和专业培训、促进教师职业素养可持续提升。加强专业教师队伍的管理及配套制度的制定，促进心理健康教育及心理育人工作的规范化，以实现高职高专院校心理育人工作队伍和谐、健康发展，为三全育人工作目标的实现提供人才保障。

（四）心理育人活动建设

大学生特色心理健康活动在心理育人中发挥着十分重要的作用，尤其是一些特色鲜明并经过长期实践的品牌活动，这些活动往往形式多样，学生喜欢，大学生在专业的心理健康教育教师的指导下参加心理健康教育活动，不仅能促进他们对心理健康知识的了解，也能促进学生的身心健康发展。基于大学生心理健康成长的特点和需求，学校可以有针对性地从教师襄助成长、朋辈互助成长、学生自助成长三个角度开展实践育人活动。教师襄助主要通过帮助学生澄清个人角色形象，帮助学生形成良好的自我同一性；朋辈互助主要通过帮助学生发展人际交往能力，培养学生自信乐观的积极心态；学生自助主要通过帮助学生养成良好的行为模式，掌握有效的心理调适技能，促进学生心理健康发展。

（五）心理育人咨询服务

当今社会经济全球化、信息多元化等因素极大地影响着大学生的思想和心理健康，部分大学生对待各种社会问题和现象缺乏辩证和清醒的思考，极易产生心理困惑和心理问题。因此，在高校开展心理咨询服务是非常必要的。心理咨询是心理咨询师运用心理学理论和方法，帮助来访者解决心理问题或者由心理问题引发的行为问题的过程。目前，高校常见的心理咨询方式主要有个体心理咨询、团体心理咨询、朋辈心理咨询和网络心理咨询四种模式。为了确保心理咨询服务的有效开展，学校应大力加强对心理咨询室、心理活动中心的建设，例如团体活动室、沙盘游戏室、心理宣泄室、心理咨询室等，为学生提供温馨、自在的咨询环境，减轻学生的心理压力。

建立心理健康教育平台工作开展机制，完善咨询工作、保密工作、档案工作、跟踪工作、登记工作、普查工作、访谈工作等各项工作制度，确保平台在规范的制度保障下顺畅运行。要根据学校具体情况的变化，动态调整和完善各项制度，并加强对制度执行情况的实时监测和评价，建立各级分类工作机制和制度，最终实现学校心理健康服务工作网络化管理模式。确保学校、系部、班级都有分层有效的、针对性强的工作方案和管理制度，保证学校的心理育人工作扎实有效地开展。

（六）心理育人干预体系

生活中，总有一些突发事件，面对这些突发事件，人们大多会产生强烈的心理应激反应，并可能引起心理问题。因此，高校应针对大学生群体，构建科学可行的大学生心理危机预防与干预体系，确保有心理异常的学生能够被早发现、早关注、早报告、早诊断、早治疗。各级要对明确工作任务和职责，学生心理委员、宿舍心理信息员应配合辅导员高度关注所在班级、宿舍的学生心理健康，如有异常应及时报告辅导员；辅导员应在第一时间掌握学生信息，了解学生思想动态，根据情况上报给院系领导、心理健康服务站站长、学院心理中心；院系在掌握学生情况后，视情节严重程度判断是否联系学生家长、学院领导，如有需要应第一时间带领学生前往精神卫生中心获得专业人士的帮助。在此基础上，形成并不断完善“学院—心理健康中心—各院系—辅导员—学生”的五级心理危机干预体系。

第二节 心理育人的重点与手段

一、心理育人的重点

（一）创新新时代高校心理育人工作机制

党的十九大报告中明确指出："要加强社会心理服务体系建设，培育自尊自信、理性平和、积极向上的社会心态。"在新时代背景下，高校心理育人工作应建立健全心理育人工作机制。要想推动心理育人工作的稳定开展，就要及时完善心理育人机制，通过相关机制来规范心理育人工作的内容，有效提升心理育人工作的质量。对于高校来说，应该作好充分的准备，合理安排心理育人活动的经费、场地和人员，并且要确保硬件设施的完善，结合学生的实际情况来制订有针对性的辅导计划，促使学生改善自己的心理健康，实现高校心理育人工作有效性的提升。另外，还要强化辅导员的责任意识，明确心理育人工作的界限和范围，使其能够严格按照相关原则来开展工作，继而发挥出心理育人工作的实效。

各高校应当结合工作实际建立专门的心理育人工作领导机构。心理育人工作领导机构负责人应由学院分管领导担任，成员由各系部负责人组成，由心理健康中心、学生工作部门协调组织实施大学生心理育人活动。同时，要根据本校的具体情况，制订切实可行的工作制度和工作规划，将工作重心前置。各系建立专门的工作小组，责任人为系领导，辅导员、团支书、专任教师、心理委员为工作组成员，负责开展本系的心理健康教育和心理预防干预工作。每班设立一名心理委员，可由班干部兼任，负责配合学校及院系开展心理健康教育工作，并及时摸排出班级中有心理问题的同学，完成上报，协助做好本班级的心理预防和干预工作。

（二）加强新时代高校心理育人队伍建设

高校开展心理育人工作时，需要不断增强教职员工的心理育人意识，使其能够充分认识心理育人工作的开展重要性，然后制订合理、科学的工作计划，确保心理育人工作能够发挥出实质作用，进而为存在心理问题的学生提供帮助。对此，高校辅导员要及时更新自己的观念，将先进的心理育人理论融入实际工作中，推动高校心理育人工作的开展。在“全员育人”原则下，加强对专兼职心理健康教育教师、辅导员、专业教师等教育教辅人员的知识和技能培训，提高心理咨询服务水平。

1. 全面优化、强化学院心理育人师资队伍

大学生心理健康教育是提高大学生心理素质和综合素养、确保思想政治教育有效开展的重要途径，高校应科学构建心理育人的师资队伍，整合协调全院的资源力量，构建分积分层、专门专业的心理育人团队。教育部等八部门印发的《关于加快构建高校思想政治工作体系的意见》中明确指出，要把心理健康教育课程纳入整体教学计划，按不低于 1 ∶ 4000 的比例配备专业教师，每校至少配备两名。同时，要发挥心理健康教育教师、辅导员、班主任等育人主体的作用，规范发展心理健康教育与咨询服务。因此，高校首先要建设一支专兼结合的心理育人工作队伍，以专职心理教师为主，以校内外兼职心理教师为辅，共同推进学院心理育人工作的开展。高校专职心理教师应有心理专业背景和心理工作经验；校内选聘的兼职心理教师应有心理专业、大学生思想政治教育等相关专业背景，具备心理咨询资格证等相关从业资格证；校外选聘的兼职心理教师应为心理学专业相关从业人员，如精神卫生中心的心理咨询师、心理咨询督导师等，能够协助校内心理教师鉴别和干预学生的心理问题。专兼职心理教师应具备良好的素质，所构成的育人队伍应相对稳定，确保对大学生心理健康的教育有序高效推进。其次，学院应将心理育人工作分解落实，根据工作实际，在各系部下设心理健康服务站。各院系的心理健康服务站应由专人担任站长，如主管学生工作的党总支书记、团总支书记、专职辅导员等，专门负责对本系部学生心理健康状况的摸排，定期向学院心理健康中心上报所在系学生心理健康情况，建立并管理所在系部心理异常学生心理健康档案；带领所在院系学生开展各种心理知识普及、心理教育活动等。最后，应在学生中间选拔培养心理委员、宿舍心理信息员等开展心理工作的学生干部队伍。每个行政班级都应选拔一名心理健康、有良好的群众基础、对心理知识有热情的学生担任班级的心理委员，同时，每间学生宿舍也应推选出一名学生作为宿舍心理信息员，协助辅导员宣传心理知识，及时掌握所在宿舍和

班级的学生思想、心理动态，如发现异常应在第一时间上报给辅导员，并在老师的指导下进一步开展学生工作。

2. 全面优化、强化高校心理育人队伍综合素质

高校心理育人工作需要在心理学相关知识的指导下，结合大学生身心发展的规律和特点，通过专业的心理学途径开展，这需要育人队伍有较强的业务能力、心理素质和综合素质。因此，高校应重视对心理育人队伍业务能力和综合素质的培养，加强对育人队伍的培训和考核，不断优化和强化心理育人队伍的业务水平。根据《高校思想政治工作质量提升工程实施纲要》《高等学校学生心理健康教育指导纲要》等文件的要求，高职院校应积极开展心理健康教育师资队伍培训，制订心理健康教育专兼职队伍的培训规划，保证心理健康教育专职教师每年接受不低于40学时的专业培训，或至少参加两次省级以上主管部门及二级以上心理学专业学术团体召开的学术会议。高校应全面贯彻落实国家相关文件的精神，制定符合本校实际的心理育人队伍培训方案，每年制订心理育人队伍培训计划，通过线上线下相结合、“请进来”和“送出去”相结合的方式开展对心理育人队伍的培训，给心理育人队伍提供更多业务交流的平台和机会。针对专职心理教师、兼职心理教师和学生心理委员、宿舍心理信息员工作的差异，制订不同的培训培养方案。对于专职心理教师，应注重对其业务能力和水平的纵深培养，帮其广泛了解心理咨询的不同流派，并根据教师的个人意愿对某一项技能进行深入学习研究，定期聘请专业的心理咨询督导师为专职教师进行督导和辅导，不断提高专职心理教师的业务水平和业务技能；对于兼职心理教师，一方面可以组织各类讲座、案例研讨、文化沙龙等活动，由校内专职心理教师对大家进行培训，一方面可以对悟性高、学习能力强、热爱心理知识的兼职教师进行深入栽培，使其在心理育人工作中能够发挥更大的作用。对于学生心理委员和宿舍心理信息员，心理中心在向他们普及相关心理知识的同时，应不断提高他们的学习兴趣和学习动力，确保学生心理工作队伍的学习常态化、自觉化；同时，应组织学生心理工作队伍成员系统、深入地学习心理知识，全力支持学生考取心理工作相关证书等。

3. 全面建立健全心理健康教育奖励激励机制

当前，大多数高校缺乏对心理健康教育工作者的考核和奖励激励机制，

导致许多专兼职心理健康教育教师在工作中存在不同程度的职业倦怠。因此，高校应建立健全对心理健康教育教师的奖励激励机制，最大限度地调动专兼职心理教师的工作积极性和工作热情，不断提高心理育人工作质量。首先，要严格把控心理育人工作者的选拔任用关，健全心理育人工作者的选拔任用机制和考核机制，奖励先进，以先进带动后进，实行末位淘汰制，调动心理育人工作者的育人热情；其次，在职称评审、奖励评聘中，要认可心理育人工作者的工作业绩，激发心理育人工作者的自我价值感和职业认同感；最后，高校应加强心理健康教育工作阵地建设，为心理育人工作者提供舒心的工作环境，为学生提供温馨的咨询环境，加强资金经费保障，充分保障心理育人工作有序、有效开展。

（三）健全新时代高校心理危机干预体系。

1. 构建危机预警机制

首先，要全方位开展心理危机教育。采用线上线下相结合、学生喜闻乐见的方式，向学生开展心理健康知识教育，宣传和普及心理危机干预知识，提高学生应对心理危机的能力，形成心理危机干预全员意识，让学生在面对突发事件时能够从心理、社会和环境方面寻求应对危机的策略。其次，要多渠道开展心理健康筛查。依托大数据、人工智能、云计算等信息化手段和心理测评工具，开展学生心理健康筛查，完善多渠道监测预警，强化对高危人群的心理健康管理，分级分类化解高危群体。以应激事件、人格特质、心理健康、社会情绪、病史家族史等为基础构建心理危机预警系统，通过分析不同指标的强度和阈值来预测个体心理危机的发生风险和发展趋势，建立重点人群的信息数据库，对存在一定心理危机风险的群体进行追踪，及时预警可能存在心理危机的人群，并建立心理健康档案。

2. 构建风险研判机制

高校应建立健全风险研判制度，全程、全方位地制定不同阶段学生心理问题和心理危机的评估机制，通过对学生日常言行表现等来评估判断学生是否存在心理问题，以及心理问题的严重程度，将存在心理问题的学生根据实际情况分为不同等级，如一般心理问题、重点关注、危机干预等不同等级，并根据不同等级的心理问题采取不同的应对措施，确保学生的身心安全。

高校应坚持预防为主、干预为辅的原则，充分了解学生原生家庭环境、个人成长经历等信息，对有心理问题的学生早预防、早发现、早评估、早干预，建立心理问题学生档案，全面落实危机预警体系，建立严重心理危机事件月报工作制度，加强心理健康知识宣传与普及，提升实时心理陪护能力，健全心理危机预防和快速反应机制。

3. 构建心理疏导机制

高校应全面构建校内心理疏导机制，配齐心理咨询室、心理宣泄室、心理治疗室等线下和线上的心理干预平台，24 小时心理危机干预热线等，为学生提供消极情绪释放和疏导的途径，让学生愿意求助和倾诉，最大限度地帮助学生解决各类心理问题，维护校园的安全和稳定。

4. 构建应急处置机制

应急处置机制是一种基于应急预案的应对心理危机的紧急处理机制和策略。一是应建立健全高校心理危机事件处理小组，出台并不断完善心理危机事件应急预案。心理危机事件处理小组应由学院领导作为主要责任人，心理健康中心、学生工作处、各系部负责人作为组员，配合学院处理学生突发心理危机事件。二是应不断完善学院心理危机干预组织协作机制，整合学院各部门力量，组建由高校专兼职心理教师、心理咨询师、专职辅导员、学生心理委员、心理信息员、校外心理专家等成员组成的心理危机干预队伍，开展有针对性的心理危机干预。三是组织大学生心理普查研判分析会，强化家校共育联动，与校外专科医院、心理研究院所建立服务联动机制，畅通心理危机转介绿色通道，构建心理危机预警干预动态网络，将心理危机事件消除在萌芽状态。

二、心理育人的手段

（一）加强教育教学

高校心理育人课程的基本形式有知识传授、行为训练和心理体验，主要内容包括情绪管理、自我意识与人格、人际交往、恋爱心理、压力管理等方面，心理健康教育教学必须面向所有的学生。近年来，心理健康教育课程已逐渐从选修课调整为必修课，这足以证明心理健康教育的重要性。

当今社会，互联网和大数据已经应用到我们日常生活的各个方面，高校目前已经基本实现了互联网和局域网的全覆盖。对于互联网的使用，高校的大学生都并不陌生，甚至学生更希望、更习惯于使用网络进行各种知识的汲取。特殊时期，高校应不断加强线下教学的趣味性，提高学生的学习兴趣和参与度，同时应注重利用线上资源，如网络直播、微课、慕课等配合线下教学，便于学生自主学习、反复观看。通过线上教学和线下教学相结合的方式，充分调动学生的学习兴趣和学习动力，确保教学质量得到保证。

此外，高校可以充分利用校园网站、广播站、微信公众平台等新媒体平台，在学生的入校适应期、成长迷茫期和考研择业期等不同成长阶段推送心理疏导科普文章，将心理健康宣传教育贯穿学生成长的全程。打造心理健康教育门户网站，提供栏目丰富、内容翔实的心理健康自助资源，实现宣传教育全覆盖。搭建课程教学育人平台，面向在校学生开设大学生心理健康教育公共必修课，助力学生掌握心理健康知识，适时开展自我心理调适，筑牢心理防线。

（二）创新实践活动

丰富心理健康教育实践活动，开展读书、讲座、沙龙、竞赛等系列心理活动，营造积极正向的校园文化氛围。

借助团体辅导这一重要手段，以团体活动的方式开展学生心理健康教育、心理体验与心理疏导，开展班团干部协作沟通能力培训、情绪宣泄与治疗等，不断培养学生健康的心理素质。参考学生普遍感兴趣的“游戏体验”方式，设计开展不同主题的心理健康互动体验活动，让学生在体验中达到教育效果。举办心理健康讲座、心理情景剧、心理微视频大赛、阅读沙龙心理辅导、心理健康知识竞赛、心理征文大赛、心理趣味运动会等丰富多彩的主题活动，在实践活动中浸润学生的心灵，培育学生健康的心理品质。

（三）建立干预体系

建立健全“早发现、早评估、早预防、早干预”的心理预防机制，全面摸排，关口前置。每年对在校生进行心理普查，做到“早发现”；对心理普查数据进行分析、筛查，做到“早评估”；第一时间对筛选出的学生进行精准心理谈话，做到“早预防”；对需要帮助的学生开展心理咨询，并组织专家对特殊学生进行会诊，必要时转至医疗机构，进行危机干预，做到“早干预”。形成“学校—中心—院系—辅导员—学生”五级网络预警体系，及时发现学生心理安全隐患。通过预防干预，搭建起一座座连心桥，宽慰学生或焦虑、或抑郁、或沉闷的心灵，有效预防和减少学生重大心理问题和心理疾病的发生。

（四）做好咨询服务

1. 靶向施策，科学干预，充分发挥心理健康教育指导中心的心理服务支持力

扎实做好个体心理咨询服务工作，逐步完善学院心理咨询室建设，发挥专兼职心理咨询师的作用，为学生提供心理咨询服务。聘请心理医院精神科医生为学校兼职心理咨询师，每周固定时间到校为学生提供心理咨询服务，使队伍结构更加平衡，为不同问题学生提供更有效的服务。通过培训、督导的方式，不断提升专兼职心理教师的心理咨询实操水平。不断推进团体心理辅导品牌服务，因时因需针对不同发展阶段的学生群体推出不同主题的团体辅导，使学生在团体心理活动中获取营养，感受温暖。

2. 要不断提高心理咨询工作水平

高校心理咨询工作是非常重要的一部分，为了使广大学生打消对心理咨询的畏惧感和排斥感，高校应不断提高心理咨询工作的“硬件”和“软件”。首先，应该重视对心理咨询室的建设，心理咨询室应该注重隐私性，同时应采用温暖的装饰和色调装潢，适当布置一些绿色植物、卡通抱枕等，可以有效缓解来访者的紧张心理。同时，更要重视心理咨询师咨询水平的提升，为心理咨询师提供交流、学习的平台，定期请心理督导师入校督导，对心理咨询师进行业务能力培训，提高咨询师的咨询技能和水平，使咨询师能更好地为学生服务，解决学生心理问题。

3. 要提高心理咨询工作的针对性

受到不良网络风气的影响，享乐和超前消费引发的心理问题、不良情绪的自我控制与调节问题、自卑和自负的心理问题、自制力和自控力差的问题、

抑郁和焦虑问题、社交恐惧和社交障碍问题等，在现今大学生中较为普遍。因此，高校心理教师在开展心理咨询服务工作的过程中，要善于发现规律，并有针对性地实施应对措施。

（五）促进家校联动

父母之爱可以为孩子提供强大的心理支撑。当学生遭遇困境、面对较大的心理压力时，不仅需要在校师生对其呵护和照顾，更需要来自父母和家庭的支持和鼓励。高校心理育人应协同教师、心理委员、家长三支队伍，凝聚合力，全员呵护学生心理健康。

1. 教师尽心

构建一支以心理学专业教师、精神医学医师、心理健康教育专职教师为骨干，兼职人员为补充，社会力量为辅助，专兼结合、高素质的大学生心理健康教育和心理咨询工作队伍，提升心理育人能力。定期开展对专兼职教师的业务能力培训，不断提高专兼职教师咨询能力、危机处理能力以及个人情绪的消化能力；逐步改善教师与家长沟通的技巧，比如在与学生家长沟通时，用“既报喜又报忧”或“先报喜后报忧”等策略，将心理危机学生的优势和进步及时告知家长，激发家长对孩子的关爱。

2. 朋辈暖心

在各班级选拔心理委员参与心理育人工作，进行“线下＋线上”相融合的培训模式，通过主题心理班会、班级心理素质拓展、朋辈倾听等方式为班级同学提供心理支持。确保分布在各个宿舍的心理委员、志愿者在工作中发挥重要的“哨兵”作用，使危机预防“早发现、早汇报、早解决”。同时，朋辈志愿者可组织开展各项学生活动，带动越来越多的学生关注自己与他人的心理健康、情绪情感，营造不断优化的心理工作氛围。

3. 家长用心

充分发挥家长对心理问题学生的陪伴、监护、干预等作用，鼓励辅导员、班主任等加强与家长的沟通，创建学生交流 QQ 群和家长交流微信群等，将学校及学院的风貌、动态向学生及家长发布，让学生及家长及时了解学生动态，增进彼此的熟悉感；推送疫情防控、交通安全、防推销防诈骗、防校园贷等文章，确保学生入校前能够有效增强安全意识；不定时推送校园内新闻和政策，并为家长进行答疑解惑，同时对学生心状况进行摸底；利用“云”家长会等形式交流学生的心理健康情况，发挥家校育心合力。

第四节　心理育人典型案例

案例：构建“五位一体”工作新格局　提升心理育人实效

一、实施背景

中共教育部党组于2017年12月印发的《高校思想政治工作质量提升工程实施纲要》中，明确将“心理育人”纳入了新时代高校思政教育工作十大育人体系，2018年7月中共教育部党组印发的《高等学校学生心理健康教育指导纲要》中，进一步将“立德树人”根本任务作为检验高校工作的根本标准。在此基础上，秦皇岛职业技术学院把加强大学生心理健康教育作为落实立德树人根本任务的重要抓手，坚持育心与育人相结合，积极构建平台保障、咨询服务、危机干预、教育教学、实践活动“五位一体”的心理育人工作新格局，进一步提高大学生心理健康工作的针对性和有效性，为大学生健康成长保驾护航。

二、具体做法与过程

（一）师资队伍专业化

学院统筹推进大学生心理健康教育工作，建设规范化、标准化、专业化心理育人工作格局。学院下设一个心理健康教育中心、一个个人咨询室、一个团体活动中心，为心理健康教育科学发展提供基础保障。制定《秦皇岛职业技术学院学生心理危机干预办法》，为心理健康教育提供制度保障。不断加强心理健康教育师资队伍建设，吸收有资质的心理专业教师、辅导员成为兼职心理咨询师，按照师生配比，目前已有两名专职心理咨询师、十名专兼职心理咨询师，打造出“以专为主、专兼结合、结构合理、素质优良”的工作队伍，为提升学生心理健康水平打下坚实基础和专业保障。

（二）咨询服务及时化

学院坚持心理健康教育工作“软件”建设和“硬件”建设两手抓、两手硬，多措并举、真抓实干，显著提升心理育人环境。采用“线上＋线下”的心理育人模式，开通心理咨询专线，结合心理普查、咨询预约、评估预警等线上平台，持续为学生开发、构建线上心理育人体系，让心理育人打破空间限制，实现对学生精准、有效帮扶。为给学生的健康成长提供“一站式”便民服务，学院在图书馆开设心理咨询室，提升心理健康教育中心的硬件设施，打造集心理团辅训练、心理咨询等功能于一体的场所环境，结合双线并行的心理咨询服务模式，帮助学生摆脱心理困扰，引导学生调节情绪、放松身心、矫正认知、完善人格，为学生全面发展保驾护航。

（三）危机干预体系化

学院坚持预防为主、干预为辅，充分考虑学生个体、原生家庭、学校和社会各种因素，提倡对心理危机学生早预防、早发现、早评估、早干预。建立“心理健康教师—辅导员—学生心理委员—宿舍心理信息员—全体学生”五级教育培训体系和危机预警体系，定期开展对班级心理委员、宿舍心理信息员等学生骨干的培训，建立严重心理危机事件月报工作制度，提升心理健康知识宣传与普及、实时心理陪护能力，健全心理危机预防和快速反应机制。开展大学生心理普查研判分析会，强化家校共育联动，与校外专科医院、心理研究院所建立服务联动机制，畅通心理危机转介绿色通道，构建心理危机预警干预动态网络，有效将心理危机事件消除在萌芽状态。

学工部心理健康中心面向全体师生开通疫情期间网络心理咨询特别专线，及时识别和处理高危人群，已累计接待个案30余例，认真分析总结个案产生的原因，提出解决办法，帮助广大师生解除了因疫情引发的焦虑、恐惧和烦闷等情绪问题，以及由此引发的其他问题。

（四）心理知识普及化

学院重视第一课堂的主渠道作用，充分发挥专业建设与课程创新的双向驱动作用，不断深化课程体系研究，从心理类课程、心理类培训、心理知识宣传等方面全力推进学生的心理健康教育。将大学生心理健康教育纳入人才培养方案中，开设“大学生心理健康”公共必修课，涵盖理论知识教学、团体心理辅导以及宣传教育活动等。定期开展学习压力缓解、人际关系改善、生命安全教育等心理团体辅导课程，结合系列心理主题班会，开展心理健康教育，不断深化“认识、实践、认识”的教育理念和教学模式，优化教学方案，提升教学效果，普及大学生心理健康知识。学院成立心理工作室、辅导员工作室，扎根学生一线，助力学校培养心态阳光、人格健全的大学生，为学生心理健康成长营造良好环境。

（五）实践活动常态化

学院不断创新心理育人方式方法，研究并开展贴近学生心理、符合学生特点的学习和实践活动，让学生在活动中收获心理健康知识，增强心理健康意识。深入贯彻“助人自助”的工作理念，组建大学生心理健康协会，发挥朋辈优势，针对大学生的身心特点，每年定期举办“5·25”大学生心理健康教育活动、11月感恩活动月，组织开展心理知识竞赛、心理征文、心理情景剧、心理微电影等活动，增强师生关注心理健康的意识和自我调适能力。同时，不断培育更多主题鲜明、内容丰富、积极参与、效果显著的心理育人特色活动项目，逐步提升学生的心理健康素养，帮助学生更好地助人助己。

三、取得成效

（一）创新心理育人路径

“5·25大学生心理健康教育活动”以心理云课堂、云班会、云阅读、成长云记录、云种植五大版块为主线提升心理健康水平，参与师生累计13000余人次。“抗击疫情，传递温暖，健身健心，携手同行”主题活动以短视频、漫画评选和“21天达人养成记”等活动为载体阐述热爱即疗愈的理念，激发内在积极力量。

学院通过普及心理健康知识、开展心理知识竞赛、举办心理剧大赛等系列活动，把心理育人工作融入学生文体活动中，充分调动学生自我认识、自我教育、自我成长的主动性和积极性，引导学生从中主动探索沟通策略和交往技巧，矫正人际交往中的认知偏差，克服人际交往中的心理障碍，优化人际交往的艺术和方法，不断提升心理育人实效。

（二）提升学生心理健康水平

学院将心理育人作为维护学校安全稳定的事业加以重视，以提升全院学生心理健康水平为主要目标，以重点关注心理问题学生、预防心理危机事件发生为着力点，紧紧围绕“三全育人”工作的总体布局，以立德树人为根本，坚持以育心与育德相结合、重点人群心理干预与全面提高大学生心理健康意识和素养相结合、课内与课外相结合、自助与他助相结合、上下联动、全员参与的原则，已构建覆盖校、院、班、寝的四级联动工作机制，形成了教育教学、实践活动、咨询服务、预防干预、工作保障“五位一体”的心理健康教育与服务工作格局，全员、全程、全方位守护大学生心理健康。在“五位一体”工作新格局下，近年来学院学生心理健康状况良好，学院被授予全国高校心理委员协作组理事单位，2015 年被评为河北省优秀心理健康教育机构。

四、经验启示

心理育人是高校思政教育工作的重要组成部分，思政教育拓展了心理育人的理论宽度和发展空间。在实现大学生思想观念转化和道德水平提升的思政治教育过程中，心理育人有助于培养学生自尊自信、理性平和的社会心态，提升学生的心理健康水平。

第九章　管 理 育 人

自2017年中共教育部党组印发的《高校思想政治工作质量提升工作实施纲要》出台后，十大育人体系的实施内容、探索途径为各大高校进一步加强思想政治教育工作提供了明确有力的指引。管理工作是高校工作的重要部分，是保障正常教育教学活动有序开展、校园安全稳定和谐、促进学生全面提升素质发展的基础。

习近平总书记曾在外出考察时强调："要全面贯彻党的教育方针，落实立德树人根本任务，深化教育改革，把社会主义核心价值观教育融入各级各类学校课程。"落实立德树人根本任务中，管理育人是一个十分重要的环节。高校在新形势下如何将立德树人根本任务与教育管理工作相结合，是全体高等教育管理者当前不断思考和探索的课题。

第一节　管理育人的概念及意义

一、管理育人的概念

管理育人的概念在不同文化领域和政治生态环境下有着较大的差异。国外高校虽然没有"管理育人"的概念，但是他们的管理机制和教育方法与我们的"管理育人"有异曲同工之处。国外在发挥"管理育人"功能上多为"学生事务管理""学生服务"，同时非常重视对学生思想道德的教育。西方国家尤其重视将学生的价值引领融入日常管理、校园环境和学科教育的各个方面，这些都是值得我们学习和借鉴的。

目前，我国学术界对高校思想政治工作的研究丰富且深刻。“管理育人”一词最早由国务院于1993年发布的《中国教育改革和发展纲要》提出：“要加强德育队伍建设，不断提高队伍素质，同时，要从政策和制度上保证教书育人、管理育人、服务育人的落实。”

2004年，中共中央、国务院在《关于进一步加强和改进大学生思想政治教育的意见》中明确指出：“学校管理工作要体现育人导向，把严格日常管理与引导大学生遵纪守法、养成良好行为习惯结合起来。”2017年教育部党组印发的《高校思想政治工作质量提升工程实施纲要》中明确将管理育人质量提升体系作为高校十大育人体系之一，指出了管理育人在高校思想政治工作中的重要地位。在高校，无论是人才培养还是科学研究，管理都是统一协调的基础和核心。从广义上讲，管理育人是一种教育思想，即在学生的培养过程中，高校通过育人环境条件，形成各方统一协调合作的综合育人系统，教育、引导、督促学生成长成才。研究者普遍认为，高校管理工作的基本出发点和落脚点都是为党育才、为国育人。本着“以人为本”的原则，高校在教育管理活动中，整合并借助学校各方面的资源和力量，实现对管理对象的教育。教育管理的对象不仅仅是学生，还包括学校所有的教职工。

二、管理育人的意义

（一）管理育人可以促进高校教育教学质量

著名的教育家赫尔巴特曾说过：“如果不坚强而温和地抓住管理的缰绳，任何功课的教学都是不可能的。”高校是大学生主要的学习和生活场所，人们常把大学比喻成一个“小社会”。高校肩负着立德树人的重要使命，是开展大学生思想政治教育的重要阵地。高校为了不断适应时代变化和人才培养的需要，要坚持“以人为本”原则开展教育管理活动。

现今，高校招生实行“并轨”，就业市场不景气，大学生通过双向选择进入人才市场，面临着巨大的竞争，同时，各高校之间同样面临着生存与发展的竞争。因此，学校唯有不断努力改善育人条件和提升育人水平，提高人才培育和管理质量，才能积极地适应市场，承担起为祖国育人育才的重要使命。

为此，充分发挥高校管理育人功能，对于培养时代新人、构建“三全育人”新格局、促进学生全面发展具有重要意义。

（二）管理育人可以保障高校德育工作开展

高校管理人员及其管理活动主要包括三个部分：行政管理、教学管理、后勤管理。通过制定和严格执行各项规章制度，管理者以身作则，加强对自身行为的规范，对教职工和学生都能产生潜移默化的影响，对保证高校德育工作的顺利开展、全面实施和目标的实现，学校内部形成良好的教风、学风是极为重要的。高校管理育人不仅可以帮助学生养成良好的行为习惯，同时还能在育人活动的开展过程中锤炼学生的意志品质。

（三）管理育人可以确保高校办学目标实现

高校办学水平和毕业生质量直接影响着高校的办学形象，它会作为学生择校的重要依据，影响高校人才培养目标。

高校肩负着培养社会主义事业建设者和接班人的重要任务，管理育人是高校贯彻落实“三全育人”的重要途径。高校要将育人作为管理的出发点和落脚点，让管理人员参与学生成长环节，深刻诠释全员育人内涵；把管人、育人贯穿于学生成长的始终，做到育人全程，把管人、育人贯穿于高校教育的全程，发挥好第一课堂、第二课堂的作用；健全教育设施，扩大教育方式方法，促进全员教育。只有坚持科学管理，强化育人意识，才能不断推动高校深化教育改革，才能推动与经济发展速度相适应的育人质量，才能保证实现学校的办学目标。

（四）管理育人是贯彻落实“三全育人”的重要途径

高校肩负着培养社会主义事业建设者和接班人的重要任务。教育部等八部门在《关于加快构建高校思想政治工作体系的意见》中指出：“提高管理服务水平。健全管理服务育人制度体系，宣传推广一批管理服务育人的先进经验和典型做法，大力营造治理有方、管理到位、风清气正的制度育人环境。”“推进党团组织、管理部门、服务单位等进驻园区开展工作，把校院领导力量、管理力量、服务力量、思政力量压到教育管理服务学生一线，将园区打造成为集学生思想教育、师生交流、文化活动、生活服务于一体的教育生活园地。”管理育人是高校贯彻落实“三全育人”的重要途径。高校要将管理育人作为学生教育管理的出发点和落脚点，让管理人员主动参与学生成长环节，深刻诠释全员育人内涵；要将思想政治教育贯穿于学生成长的始终，实现教育的全程，把管理育人纳入高校教育的全程，发挥好第二课堂的作用，健全教育设施，扩大教育方式方法，促进全员教育。

第二节 管理育人的内容与途径

一、管理育人的内容

（一）教学管理

高等学校具有培养专业人才、开展科研工作、从事社会服务等多种职能，为社会主义现代化建设服务。培养人才是各高校的基本职能和根本任务，教学管理工作尤其重要。学校教学管理要制度化、科学化、规范化，确保学校人才培养目标的实现。教学管理涉及四个方面的内容：过程管理、业务管理、质量管理、监控管理。

1. 过程管理

教学过程是教师教学和学生学习组成的双边活动过程，是根据一定的社会要求以及学生身心发展的特点而形成的。教学过程的管理，即通过计划、教案、检查、总结等措施，确定教学工作的先后顺序，建立与之相适应的达到教学目标的活动过程。

2. 业务管理

业务管理指有计划、有组织地开展学校教学业务工作的管理活动，是学校教学管理的重要环节。

3. 质量管理

教学质量管理是按要求安排教学活动，并对教学过程的各个阶段和环节进行质量控制的过程。学校教学管理的中心任务在于提高教学质量。

4. 监控管理

教学监控分为教学质量监控和教学过程监控两大类，监控管理可以有助于查找教学中存在的问题。

（二）行政管理

行政管理是一种利用国家权力管理社会事务的活动，也可泛指行政事务管理的所有企事业单位。为了减少人力、物力、财力支出，提高行政管理的效率和效能，现代行政管理更多地应用系统工程思想和方法。行政管理作为高校管理的主要内容，具有全局性和全局性，这就要求新一代管理者既要有管理职能，又要有协调职能。

在国内高校，行政管理主要包括两大行政管理机构——从事教研活动的管理机构与从事非教研活动的管理机构。在高校行政管理工作中，主要任务是统筹学术研究与行政工作的关系，对每个教职员工进行深入了解，对学术权力与行政权力的关系进行合理处理；协调好各行政部门之间的关系，合理分配各部门的功能，逐步提高功能与岗位的匹配性；协调好改革管理与教职员工结构之间的关系，将“管理育人”思想理念贯穿于高校行政管理工作全程，切实提高教职工的待遇、归属感和获得感，为教职工的学习、生活和工作服务。对高校来说，学校的行政管理水平关系着学校能否完成为党和国家培养、输送高素质人才的目标。因此，在激励高校行政工作发展和改革的过程中，应严格落实并完善绩效考核工作，推动行政工作规范化。

（三）后勤管理

高等学校后勤管理是指学校各项工作的计划、组织和控制活动，是为教学、科研和师生员工提供物质和生活上的服务，是构成高等学校系统（教学科研系统、思想政治工作系统和后勤保障系统）的三个子系统之一，是高等学校的物质保障系统，包括技勤管理、图书资料管理、生活后勤管理、基本建设管理、财务管理等各个方面的内容。高校后勤涉及校园生活的方方面面，包括学生的住宿、饮食、医疗、卫生等等。高校后勤管理工作是大学教学和管理的重要保证，也是高校发展的重要元素。随着高校后勤社会化改革的不断推进，高校后勤管理模式也正逐步向多元化发展。高校后勤集团是指为学校基础设施建设发挥作用，为学院各项工作正常有序开展提供服务的单位组织。高校后勤服务质量的提升，有利于提高学校各项工作的开展效率，确保学生学习生活、教师教学科研工作的顺利开展，在一定程度上保障着学校的安全与稳定。

高校后勤涉及的工作范围比较广，内容比较烦琐，业务一般分为经营性业务和保障性业务两大类。经营性业务往往需要高校同意和认可，具有一定的营利性；保障性业务，即为师生提供日常学习和生活所必需的住宿、餐饮等内容，同时包括与学习环境相关的维护、维修等内容。对于高校后勤来讲，服务和管理都是一样重要的。高校管理育人的宗旨是“以人为本”，后勤管理的宗旨应是“全心全意为师生服务”。高校在后勤管理工作中应让广大师生参与到管理工作中，注重了解师生日常的需求，善于听取师生的意见和建议。

二、管理育人的途径

（一）制度管理

近年来，我国高等教育飞速发展，国内许多高校在世界大学排行榜上名列前茅，但还不能说我们国家是高等教育强国。在高校管理育人工作中，要坚持“体用合一”，有所侧重。“体”在高校发展中指高校体制，“用”在高校职能中指高校功能。高校管理育人工作必须要从重“用”向重“体”转变，高度重视高校制度建设。

高校管理制度，是高校为了学校的良好秩序和良好教育而制定的规则体系，用以指导和约束学校及校内有关组织和成员的行为。新时期高校管理育人的发展趋势主要特征是依法治校、规范办学。《国家中长期教育改革和发展规划纲要（2010—2020 年）》（以下简称“纲要”）向高校提出了面向全社会依法自主办学、科学实施管理的要求。高校在各项管理工作中，应围绕“立德树人”总体目标，深入贯彻管理育人理念，规范、完善各项规章制度，在管理工作中促进学生全面发展。“纲要”中还有专门一章，系统阐述“建设现代学校制度”，这在党中央和国务院发布的文件中还是第一次。综观国内外教育法律及法规的基本框架，所谓现代学校制度，一是学校举办的制度，二是政府管理学校的体制，三是学校内部管理（治理）结构。

1. 构建高校管理育人的制度体系

古语有云："无规矩不成方圆。"对于高校来言，管理是基于制度进行的，建立健全符合高校实际的育人制度体系是十分必要的。高校制度体系涵盖的内容是非常广泛的，应该包括教师管理、教学管理、学生管理、后勤管理、科研管理等涉及高校日常教学和生活的方方面面。高校制度体系应为管理育人工作的开展提供工作依据、办事方法和流程、工作记录要求、规律性常态化工作的时间节点等内容，要使管理者在管理中"有法可依"，使被管理者明确何为"法令禁止"，为依法治校、依法办学、依法管理育人提供制度保障，推动科学规范管理育人工作，不断提高教育人的水平。

2. 提升高校管理育人的制度执行力

高校是否能够实现"依法治校"的目标极大程度上取决于制度的执行力度。许多高校存在着领导权力高于制度、习惯用老办法解决新问题、执行过程中止步于"喊口号"等实际问题，导致管理制度的执行大打折扣，管理育人效果欠佳。提高高校管理育人的制度执行能力，需要学院领导、中层干部、基层工作者的共同努力。因此，要在日常管理工作中，不断强化全体教职员工的制度执行意识，学院领导应该率先垂范，提高教职员工的团队合作意识，营造温暖人心、激励人奋发向上的校园文化氛围，建立科学可行的监督考核系统。通过制度要求、领导带头、教职工自发执行，确保管理育人制度能够完全贯彻落实，有效提高育人成效。

（二）平台管理

2021 年 3 月，教育部在《关于加强新时代教育管理信息化工作的通知》中明确提出，高校需要"完善教育管理信息化制度体系……规范信息化建设项目的申报立项、招标采购和实施验收，规范信息资产的新增购置、日常运维和更新替代，形成信息系统名录、数据资源目录、服务事项目录和信息基础设施清单"。随着教育信息化进程的深入推进，大数据、人工智能等信息化技术手段成为推动高校管理育人创新发展的强大力量。高校应充分利用先进的智慧技术技能手段，推进管理育人的科学化、精准化、智能化，有效提高管理育人水平。

建设符合高校建设所需的信息化项目建设管理平台，现已成为高校信息化工作持续高效规范开展的必然要求，以进一步满足国家对信息化工作的管理要求，提升高校信息化建设运维和过程管理监督能力。普通高校应围绕立德树人的根本任务，积极贯彻国家教育方针政策，着力加强教育教学改革，加强校内外各级各类教育实践平台建设。高校应不断推进育人平台建设，创新管理手段，充分利用学院广播站、宣传栏、宣传海报等教育平台，以“暑期社会服务”、“三下乡”、校企共育、实习实践活动等教育服务体系为依托，建设第二课堂育人体系平台，为学生提供良好的学习氛围和实践平台，强化学生实践能力和创新能力的培养。

普通高校要在学校党委的领导下，完善意识形态工作的总体安排，应充分利用学院网站、微信公众平台、微博、抖音等网络平台进行育人管理和思想教育工作。一方面要加强对网络舆情的关注、引导与管控，密切关注大学生思想动态；另一方面要将思想政治教育工作与宣传工作相融合，巩固意识形态阵地建设，打造思想政治教育网络平台。

普通高校应不断优化和完善智慧平台的应用和管理。充分利用“智慧校园”、“OA 系统”、教务系统等手机端和电脑端智能管理平台进行科学化、规范化的校园管理，不断完善平台服务功能和水平。学生不仅可以通过线上平台进行选课、查成绩、请假销假等，还可以帮助学生形成在校期间参与活动、获得奖励等记录的档案材料；教职工不仅可以在线上平台进行材料报送审批等工作，还可以帮助教职工进行工作梳理和总结。

（三）自我管理

大学生经历了十年寒窗苦读，大部分学生在步入了高校的大门后，从高强度管理的高中生活步入几乎全凭自觉的大学生活中，巨大的反差容易使学生疏于对自我的管理，很多同学因为不适应大学过于“自由”的学习和生活，降低了对自己的要求，“放飞自我”，成绩下降，甚至挂科。因此，高校应注重对学生自我管理意识和自我管理能力的培养，帮助学生养成良好的学习、生活习惯。自我管理是自我教育法的一个分支，具体是指社会个体自觉地用法律、纪律、规章制度和道德规范约束自己，调节和控制自己言行的方法。

首先，要营造良好的学习氛围，培养学生的学习兴趣，帮助学生完成从

"要我学"到"我要学"的思想转变。树立职业理想，做到心中有数，想干什么，能干什么，做到心中有数。为实现自己的奋斗目标和理想而不懈奋斗，确定长期目标和短期目标，一切从实际出发，从小事做起。

其次，要营造良好的校园环境，帮学生养成学生良好的生活习惯，明确自己每个月应该花多少钱，怎么花，学会记账，在一本小册子上记录自己的消费情况。同时，做到适时消费，合理消费，不要随意挥霍，相互攀比。要学会勤俭节约，保持艰苦奋斗的优良作风。

培养学生的独立性、自主性，建立学生会"自律委员会"，将"朋辈管理"与"自我管理"相结合。以笔者学院为例，学院"自律委员会"便是学院进行素质教育、发挥学生主体作用、实施民主管理的重要学生组织。学生自律委员会的基本职责是积极发挥学生在管理工作中的自我教育和自我管理作用，充分反映学生对学校的重大教育、教学活动决策的意见和建议。

第三节 管理育人的重点与手段

一、管理育人的重点

（一）创新管理理念

坚持"三全育人"管理理念。党和国家高度重视高校思想政治工作。习近平总书记在2018年全国教育大会上指出："坚持中国特色社会主义教育发展道路，培养德智体美劳全面发展的社会主义建设者和接班人，加快推进教育、建设教育强国、办好人民满意的教育。"中共中央、国务院《关于加强和改进新形势下高校思想政治工作的意见》中指出："坚持全员、全程、全方位育人，简称'三全育人'。把思想价值引领贯穿教育教学全程和各环节，形成教书育人、科研育人、实践育人、管理育人、服务育人、文化育人、组织育人长效机制。"高校在新时代的管理育人过程中，应全面落实"三全育人"管理理念，将大学生思想政治教育全面融入大学生日常管理当中，遵循时代规律和育人规律，创新管理理念，全员、全程、全方位地培育时代新人。

坚持立德树人的管理理念。高校是我国当前教育体系的最后一个阶段，是培养社会主义建设者和接班人的主阵地。正所谓“人无德则不立”，在对高校大学生的教育培养中，不仅应将立德树人作为育人的根本任务，更应将其视为育人的灵魂。在开展大学生思想政治教育工作中，紧紧围绕“培养什么样的人，怎样培养人，为谁培养人”三个主要问题，坚持党对高校各项事物的领导，深入贯彻落实习近平新时代中国特色社会主义思想，持续推进党的十九大、二十大精神入课堂、入教材、入头脑，全方位培养高素质人才。

坚持信息化育人的管理理念。当今社会是网络社会，互联网和大数据已经深入我们日常生活的各个方面。如何创新化推进高校的教育管理的信息化是我们不断研究的一项重要课题。信息化管理不仅仅可以帮助我们高效、快速分析统计学生信息，还可以借由互联网开展思想政治教育工作。可以说，信息化管理已然是大势所趋，高校管理者应该建立互联网思维，把握时代脉搏，推进管理育人智能化、科学化、精准化。

（二）创新管理方法

打造“党建 +”管理育人模式。坚持以“党建”为引领，以立德树人为根本任务，持之以恒，以党建带院建，促进学校管理标准化建设。坚持党的领导，推动党的基层组织向学校各个部门延伸，健全学校党组织工作体系，实现党的组织覆盖和工作覆盖，强化党组织的政治功能，把党的组织优势转化为治理优势和治理效能。创新打造党建引领下的“党建 +”多元管理育人模式，促进党建工作和育人工作同频共振。

打造“互联网 +”管理育人模式。习近平总书记强调：“‘明者因时而变，知者随事而制。’宣传思想工作创新，重点要抓好理念创新、手段创新、基层工作创新，努力以思想认识新飞跃打开工作新局面，积极探索有利于破解工作难题的新举措新办法，把创新的重心放在基层第一线。”在当今信息化时代，高校应与时俱进，把握时代发展脉搏，尊重互联网的实际价值，不断创新思维，打造“互联网 +”的管理育人方法。

打造“校企共育、工学结合”管理育人模式。自《国务院关于大力发展职业教育的决定》中提出“大力推行工学结合、校企合作的培养模式”后，校企合作模式越来越受到国家的高度关注。高职院校与企业之间开展深度合作，实现校企合作协同育人机制，要求以人才培养为中心，以提升人才培养质量为纽带，提高学生的实践应用能力，培养符合企业岗位需求的应用型专业人才。根据高职校企合作教育的自身特殊性，高等学校也应探索创新一些校企协同合作教育更有效的方式，以进一步增强高职校企合作协同教育模式的内在科学性与内在合理性，以此来促进我国高职合作教育的教学发展，健全学校的内部组织管理，促进学校校企合作教育的创新项目的发展，建立学校产教学相融的良性发展生态。

（三）创新管理评价

加强对管理主体的评价手段。高校管理育人的主体包括行政管理者、教师教辅人员、后勤工作人员等。高校教职员工不仅是管理者，而且是教育者、服务者。加强对管理主体的考核评价，有助于高校管理的规范化、科学化，提高育人效果和育人水平。因此，应建立健全对高校全体教育管理者的主体评价制度体系，定期、定性、定量对主体进行考评。

加强对管理方法的评价手段。高校应结合工作实际，参考企业管理中常用的绩效考核评价方法，如目标管理法、360°反馈法、关键绩效指标法、平衡计分卡法、主管述职评价法等多种评价方法，针对不同部门不同岗位，设计符合实际的考核评价手段，促进教学、管理的工作实效。

加强对育人成效的评价手段。教育部等部委联合推出的《“双一流”建设成效评价办法（试行）》，成为新时期“双一流”建设高校破“五维”、立多元多维、创世界一流的重要依据。新的评价办法在评价理念、评价视角、评价主体、评价内容、评价手段等方面，明显区别于现有的大学排名、学科评估等水平评价或绩效评价。特别是突出引导“双一流”建设高校把主要精力聚焦于人才培养，对于高校持续落实立德树人根本任务、全面提高育人水平，具有非常积极的导向意义。成效评价办法以人才培养过程、结果及影响为评价对象，系统考察思政课程、课程思政、教学投入与改革、创新创业教育、毕业生就业质量、德智体美劳全面发展等方面的建设举措与成效。上述内容是新的评价方法“前置维度 + 核心维度 + 评价视角”综合布局中最为突出的考评内容。对于“双一流”建设高校及学科而言，这是不忘立德树人初心，牢记为党育人、为国育才使命、坚持社会主义办学方向的重要体现。

二、管理育人的手段

（一）环境育人

瑞典教育家爱伦·凯指出：“环境对一个人的成长起着非常重要的作用，良好的环境是孩子形成正确思想和优秀人格的基础。”环境一般包括家庭环境、学校环境、社会环境三个主要方面。对于高校大学生来讲，学校环境的影响是最大的，因为学生主要的学习、生活都是在学校内进行的，一年当中有一多半的时间都是在学校度过的，因此，学校的教育理念、教师素质、学习氛围等，都会影响学生的健康成长。

塑造良好的育人环境，能让学生安心地学习。檀传宝教授在《德育美学观》一书中指出，个体由于对美的享受而激发道德动机，更愿意自觉提升自己的道德境界和生活品质。物质环境的布局风格，如整洁的场地、翠绿的草坪、错落有致的建筑，可引发学生愉悦的心理体验，厌恶或鄙视诸如随地吐痰、乱扔果皮纸屑等不文明行为，甚至主动保护环境，帮助别人改掉陋习。因此，物质文化建设要有助于学生综合素养的提升，为推进学校文化建设作出不懈努力。

作为学生汲取知识的重要场所，学校不可忽视育人环境的建设。良好的环境能在潜移默化中对学生起到正向影响和熏陶，整洁优美、健康向上的校园环境必然对学生的学习和发展起着巨大的影响作用。校园环境是校园文化最为直接的体现，校园中的每一座建筑、每一处景点，都是一种思想的传递、一种文化的表达，优美的校园环境对熏陶感师生有着正向作用。高校应不断推进环境文化建设，在彰显大学精神、体现时代特征和未来发展方向上下功夫，全方位提升环境育人水平。高校应注重软件、硬件建设，积极营造良好的校园环境，为学生提供优质的学习和生活条件，提高学生在校学习生活期间的幸福感、归属感、获得感，培养学生在校期间的主人翁意识。

（二）文化育人

党的十八大以来，习近平总书记围绕文化自信与文化育人作出一系列重要论述，深刻阐释了以文化人、以文育人的理念与内涵。培育中国特色社会主义时代新人，需要文化的力量增强其自信，以文化培育精神基因；贯彻落实我国高等教育方针，需要坚持立德树人的文化指向，弘扬中华优秀传统文化；大学生思想政治教育需要加强我国独特文化和发展大势的教育，以文化增强育人内生动力，着力培育具有中国情怀的世界一流人才。将文化育人融入高校思想政治工作全程，是高校贯彻立德树人根本任务、落实传承传播中华文化使命的重要举措，也是高校坚持社会主义办学方向的内在要求。新形势下高校加强和改进文化育人工作，应把握时代性、着眼系统性、增强创新性，聚焦文化认同、培育文化自觉、提升文化自信，为培养担当民族复兴大任的时代新人提供强大的文化支撑。

1. 打造综合素质优良的教师队伍

百年大计，教育为本；教育大计，教师为本。习近平总书记曾多次在讲话中指出："广大教师要做学生锤炼品格的引路人，做学生学习知识的引路人，做学生创新思维的引路人，做学生奉献祖国的引路人。"作为培养时代新人的高校而言，高校教师尤其应具备过硬的业务水平和综合素质。当前，各高职院校正在全面推进"双师型"教师的培养，鼓励教师下场实践，不断提高教师的理论和实践能力。同时，也要推进对教职工的继续教育常态化、终身化，不断提高教师的职业道德和职业素养。

2. 加强中华优秀传统文化教育

当前，许多高校均已开设"中华传统文化"课程，通过课程，激发了众多学生对中国历史文化的兴趣，更是促进了广大学生的文化自信，提高了大学生的思辨能力，有助于思想政治教育的有效开展。

3. 用红色基因铸魂育人

高校应积极利用第一、第二课堂，充分发挥红色资源育人功能，向大学生讲好中国故事。通过一个又一个鲜活的故事，培养高校学生的社会主义核心价值观，坚定广大青年学生的马克思主义思想信念，锤炼广大青年的品格，助力广大青年铸就青春梦想并为之奋斗不息。

（三）活动育人

习近平总书记曾在全国教育大会上指出："要在坚定理想信念上下功夫，

教育引导学生树立共产主义远大理想和中国特色社会主义共同理想，增强学生的中国特色社会主义道路自信、理论自信、制度自信、文化自信，立志肩负起民族复兴的时代重任。”教育需要借助活动为载体，在生活中潜移默化地培养学生的核心素养，帮助学生成长为人格健全、优势突出、善于合作、适应未来的社会主义建设者和接班人。

品德素养。通过志愿服务活动、光盘行动、德育五分钟、国旗下讲话等活动，培养学生向善的能力，使其具有同理心，懂感恩，会合作，从而成为具有责任感和正能量的人。高校开展大学生暑期“三下乡”等社会实践活动，是落实习近平总书记重要指示精神的重要手段，是引领广大青年学生学习和践行党的路线方针政策的重要手段，可以帮助青年学生增强“四个意识”、坚定“四个自信”、做到“两个维护”，能够让大学生深入农村基层受教育、长才干、作贡献。

身心素养。通过运动会、素质拓展等活动，促进学生强身健体、重塑习惯，培养学生规则意识、竞争意识、纪律意识、团队意识，帮助他们养成良好的行为习惯；通过课堂成果展示、小组合作等学习方式，提高学生的学习动力，增强学习自主性，培养良好的学习习惯。

审美素养。审美素养包括认识美、评价美、感觉美、鉴赏美、享受美、表达美、创造美等意识和能力，即人所具备的审美情趣、审美经验、审美理想、审美能力等各种能力的总和。高校可通过各类社团活动、文艺晚会、艺术类通识课等，培养学生感受美、体验美、欣赏美、表现美、创造美的能力。

生活素养。通过校园研学活动、烹饪美食、文明寝室评比等，全面培养学生的劳动观念、劳动兴趣、劳动技能，锻炼学生自力更生的能力。通过开展各式各样的教育教学活动、主题文化活动、实习实践、社会服务活动等，培养学生健全的人格、高尚的情操、积极向上的人生观，将学生培养成为符合 21 世纪素质教育要求的人。

（四）榜样育人

党的十八大报告指出：“深化群众性精神文明创建活动，广泛开展志愿服务，推动学雷锋活动、学习宣传道德模范常态化。”2013 年 5 月，习近平总书记在会见各界优秀青年代表时进一步强调：“青年模范人物是广大青少年学习的榜样，肩负着更多社会责任和公众期望，在青少年中乃至全社会都有着很强的示范带动作用。”高校大学生不仅是中国特色社会主义建设的接班人，更是祖国未来的希望。作为为祖国培养人才主战场的高校，必须坚持立德树人原则，大力培育和弘扬先进模范典型，充分发挥榜样的激励和引导作用。高校应实施榜样育人工程，充分挖掘、培育、宣传、学习、推广榜样，在学院之中形成选树榜样、宣传榜样、学习榜样、争做榜样的浓厚氛围。

通过积极探索榜样精神融入教材、课堂、实践、网络、校园文化，用榜样人物的优秀品质、模范行为、先进事迹和崇高精神影响学生的思想和行为，让榜样精神厚植校园，有效推动榜样精神融入学校思想政治教育教学实践中。不断深入挖掘优秀在校生、优秀毕业生的典型成长事迹，用身边榜样的生动鲜活事例，引导学生深刻体会和感悟社会主义核心价值观教育，探究大学生榜样精神传播的育人效应，建立有效的育人机制，促进学生通过学习身边人的奋斗精神，转化为自身拼搏奋进的力量，引导学生立志成长成才，创新开展大学生思想政治教育的新路径。

1. 在榜样模范选树过程中把好质量关

如今高校榜样选树的活动日益增多，以笔者所在高校为例，每年评选“校园十大年度人物”，获得年度人物荣誉和提名奖励的学生可达二三十人，此外还有国家奖学金、省级优秀学生、省级三好学生、军训标兵等不同层次、不同级别的评选。在榜样选树的过程中，要借鉴入党推优“成熟一个，发展一个”的原则，宁缺毋滥，把好质量关，将真正优秀的学生选拔为模范先锋，这样才能真正发挥价值引导作用。同时，选拔榜样应注重发掘不同的优秀学生，既要有生活普通、事迹平凡且优秀的“草根榜样”，还要有站位高、影响深远的“精英模范”。在选树的过程中要充分发扬民主精神，听取师生的不同意见和建议。

2. 加强对榜样模范的宣传引导

高校要加强对网络平台和新媒体技术的应用，加强对榜样模范事迹的宣传，充分弘扬榜样的先锋模范作用，传播正能量，弘扬主旋律。以笔者所在高校为例，学院深度挖掘了 100 个优秀学生、优秀毕业生，将他们的成长事迹编辑发表在学院“秦职芳华”公众号上；《100 个高职学生的 100 个故事》现已出版，在广大师生中引起了较强的反响，取得了良好的育人效果。此外，高校还应加强对榜样模范在网络上的虚拟形象进行监督和引导。有些学生虽然在现实中表现出色，但偶尔因考虑问题不全面，在网络上转载或发布不合时宜的内容。因此，对榜样模范在网络上的形象监管、对学生网络素养意识的培养也是十分必要和重要的。

3. 建立健全科学规范的榜样文化制度

对于榜样育人工作而言，建立健全一套科学可行的榜样文化制度，对于榜样育人可以提供有效的制度保障。高校榜样制度应包括榜样的选树、榜样的宣传、榜样的激励政策等相关程序。对大多数高校而言，目前虽然建有“三好学生”“文明学生”等榜样选树制度，但仍存在着制度不规范、不完善、不科学等现象。因此，高校应建立健全各级各类榜样选树的制度，要充分做到“公平、公正、公开”，发扬民主精神，确保有效推进高校榜样选树工作有序进行。

第四节 管理育人典型案例

案例：以智慧校园建设促教学管理

——以秦皇岛职业技术学院为例

一、实施背景

数字时代来临，加速数字化转型已成全球共识。通过拥抱数字技术，新的教学模式也层出不穷。为深入贯彻落实党的十九大、二十大，全国网络安全和信息化工作会议精神，以新时代中国特色社会主义思想为指导，大力推进教育信息化建设，积极发展网络教育，深入实施教育信息化 2.0 行动计划，全面提升学院智慧教育建设水平，落实立德树人根本任务，成立提升信息化水平专项工作小组，制订并实施《智慧校园建设方案》和《数字教学资源建设方案》，推动智慧校园建设，强化信息化校园管理，有效促进教学管理和

“三教”改革。

二、具体做法与过程

（一）持续推进智慧校园建设

学院以“三构建、三提升”为主要内容，着重强化数据的整合与挖掘，新建改建学院各类信息化应用系统，建设数据共享中心，消除信息资源孤岛，形成可有效为学校教育教学水平提升提供支持的校园信息化环境。现代信息技术与教育教学深度融合，在线精品开放课程建设和混合式教学模式全面推广，实现了以“以教为中心”向“以学为中心”的转变。通过线上教学平台对课堂进行实时监测预警，师生的课堂行为也做到了有痕迹、可追溯，进一步推动了教学内容、教学方法、教学评价等方面的改革。

学院成立了智慧校园工作小组，以“校企共建，完善基础、突出应用、协调发展、分步实施”的建设思路，分三个阶段累计投入资金约 1292 万元（其中企业投入约 297 万元），圆满完成了任务。学院形成了较为规范的数据标准，全面升级和改造了各职能部门的管理系统29个，基本消除了信息孤岛，实现了校内区域的无线网全覆盖，有效地提升了学院教学和管理水平。

（二）创新理念建设数字资源

学院把快速呼应区域产业发展对人才的需求作为逻辑起点，持续推进数字教育资源建设，形成了“对接产业、实时更新”的全生命周期建设理念和“对接产业、实时更新、边建边用、双向驱动”的数字资源建设模式。开通学院数字资源教学一体化平台，面向全院教师投入使用，并提供了专业培训及后台服务。

以“互联网 + 职业教育”为导向，利用信息化技术进一步扩大优质资源覆盖面，主持建成三级教学资源库。2018 年开始主持建设的国家级别的导游专业教学资源库，注册用户 8 万余人，呈现了“教学资源丰富、辐射地区广泛、知名院校众多”的特点，使不同区域、不同学校、不同群体有机会共享优质职业教育资源，为教育教学带来了新的变革。各专业和企业合作将产业发展新技术、新工艺、新规范融到数字资源建设中，使得数字资源内容对接最新的职业教育标准，建成了 1 个国家级、2 个省级专业教学资源库，12 门省级精品在线开放课程，4 个虚拟仿真实训中心。

三、取得成效

（一）“三教”改革成效显著

数字教学资源建设构建了边建边用、以建促改的双向驱动机制，推动了教学模式的变革，实施了“互联网 + 翻转课堂”的教学模式改革，提高了教学效果。通过各类教学比赛等载体，促使学院教师开阔了视野、积累了经验，真正实现以赛促教、以赛促学、以赛促改，为学校进一步深化教改、提高教学质量起到了积极的促进作用。目前，学院已经建成 3 个省级职业教育教师教学创新团队，获得河北省教学能力比赛 6 项奖项，获得河北省教学成果奖 6 项，累计出版活页式、工作手册式等特色教材 15 部。

（二）人才培养质量显著提升

教学模式改革提高了师生信息化素养，教师不断完善教学内容和教学方法，形成教学生态圈的良性循环，人才培养质量不断提升。一方面，学生高度认可教学改革模式下的教学设计，绝大多数同学认为目前的教学模式很好。另一方面，学生课堂参与度高，师生互动、生生互动、小组互动等多种互动方式极大地提高了同学们的课堂参与度，绝大多数同学对小组互动环节的设置高度认可。最后，学生自主学习能力和学习效果明显增强，课堂教学实效也有效提高，自我获得感和成就感自然有所增强。根据学院统计显示，近 4 届毕业生月收入整体呈上升趋势，学生创业比例达到 2.5%，获得 4 项大学生职业技能大赛国赛奖项和 11 项河北省大学生“互联网 +”创新创业大赛省赛奖项。

（三）进一步增强智慧校园的责任感和使命感

学院通过智慧校园的建设，在学院教育教学、管理、服务的全程中，进一步推动了教育教学与智能科技的深度融合。教育教学进一步完善，管理和服务更加优化。这既是国家对各级各类学校的要求，更是实现学院高质量发展的现实与长远需要。智慧校园建设，充分利用了现代技术加快推进人才培养模式改革，实现个性化培养的有机结合，消除了信息孤岛，保证了信息安全，并综合运用大数据等手段推动学院管理与服务方式变革，提升管理与服务效能，切实增强了智慧校园的责任感和使命感。

（四）进一步提高了管理育人的效果和效率

学院依据智慧校园建设实施方案和建设任务分解表，挂图作战，销号管理，扎实推进项目建设，圆满完成建设任务。为学院积极利用云计算、大数据等技术提升学院信息化管理水平，教务、学生、科研、资产、财务等管理与运行数据进行采集、存储、分析、治理、挖掘、展示，为实现教学分析的即时化、管理流程的精细化、决策保障的科学化打下了扎实的基础。

四、经验启示

在信息化发展的新时代，高校应充分利用云计算、大数据、物联网、移动互联网、人工智能等信息技术，推动信息技术与高校人才培养、科学研究、文化传承与创新、社会服务等深度融合和创新应用，提升教育教学质量和科研服务水平，提升科学决策和教育治理能力，培养思维品质高、动手能力强的创新人才，不断完善高校信息技术基础设施，打造网络化、数字化、个性化、泛在化的智慧育人环境。

各高校应高度重视智慧校园建设，以“应用为本、服务为本、育人为本”为原则，统筹做好智慧校园建设工作，不断提高信息化环境建设，进一步提升综合办学水平；应将智慧校园建设与服务管理、教育教学有机结合，突出信息化在教育教学中的应用，努力打造学校智慧化典型应用场景，提升信息化领导力，提高师生信息化素养及水平，为学校教学和管理提供有力保障。

第十章 服务育人

第一节 服务育人的概念及意义

一、服务育人的概念

教育作为人类特有的一种社会活动，伴随着人类的出现而产生。人类为了学会生存，就要学习必要的知识和技能，在这个过程中，便产生了教育。可见，教育是随着人的自身发展和社会发展需要而产生的。随着社会的发展，便产生了专门从事教育的职业工作者，他们将自己的知识和技能通过招收学徒的方式传给学生，使受教育者掌握一定的社会生存本领。从原始社会的狩猎、火的使用，到孔子兴办私学，再到近代学校教育的出现，教育一直伴随着人类社会的发展，但教育的本质始终没有改变。

服务育人作为“三全育人”的一项重要内容，在教育实践过程中发挥着重要作用。服务育人是教育管理向教育治理理念转变过程中，在教育理念和教育实践上的一个重大飞跃。传统教育模式强调对知识的灌输和对学生的绝对管理，而忽视了学生教育的主体身份，没有把学生作为服务的对象，而是把学生作为管理的对象。在很长一段时间里，服务育人常常被视作高校后勤管理部门的一项职能，或者是作为高校工会的一项职能（比如“三育人”评选推荐工作，即管理育人、教书育人、服务育人的评选推荐）。随着国家对思政工作的重视和教育理念的发展，人们逐渐认识到了服务育人在立德树人过程中的重要作用。2017 年教育部颁发《高校思想政治工作质量提升工程实施纲要》后，在全国范围内开展了“三全育人”综合改革，也就是在这一时期，正式把服务育人作为“三全育人”的一项重要内容，开始从理论上和实践上进行改革和探索。

从狭义上来说，服务育人是指在教学过程中，教师通过知识的传授和技术技能的指导与培训，使学生掌握一定的社会知识和技能，培养学生成为德智体美劳全面发展的社会主义建设者和接班人。从广义上来说，服务育人是指国家、社会、学校、全体教职工，利用一切载体、途径、方式对学生进行教育的过程。服务育人不仅仅存在于教学过程中，还出现在校园文化活动、社会实践、心理健康教育等过程中，可以说贯穿了学生从入学到毕业、从教师到全体教职工都参与的育人过程中。

二、服务育人的意义

（一）有利于营造学生成长成材的浓厚氛围

学生在校的学习和生活环境，就是一个“有讲台的课堂”和一个“没有讲台的课堂”的融合，服务育人更多体现在“没有讲台的课堂”的育人环境中。苏联教育家苏霍姆林斯基曾说：“要让每一面墙壁都会说话”，其实不仅仅是每一面墙壁，还有每一个人、每一个制度、每一项活动……在这样的环境下，每一位教职工的一言一行、一个微笑、一份爱心、一次赞扬和鼓励，都能起到一种榜样示范和潜移默化的教育作用，让学生铭记在心、终身难忘，良好的育人环境对学生的成长成才有着极大的促进作用。服务育人强调全员参与，改变了“只有教师行使育人职责，只有课堂进行育人”的认识误区，极大地提高了学生在校学习的获得感。教师带着学生开展一个项目，校长同学生开展一次座谈交流，招生就业部门给学生提供一个好的实习环境，学管部门给学生提供一次及时的心理辅导，学校食堂为学生提供价廉味美的饮食，等等，所有的这些都是服务育人的具体体现，这些事情看似不大，但极有可能对学生的一生产生深远影响。因此，服务育人一个最重要的益处，就是为学生成长成材提供一个温暖的、积极的、健康的育人环境。

（二）有利于提升学生的道德素养

树人首先要立德，一个没有良好道德素养的人才通常对社会的危害更大。良好的校园文化环境能陶冶学生的道德情操，让学生变得高尚、文雅、充满活力。“亲其师，信其道，尊其师，奉其教，敬其师，效其行”，“德高为师，身正为范”，这些都表明“德”在教育中发挥着重要作用。服务育人在学生道德培养过程中主要起到榜样示范作用，用润物细无声的方式教育学生、感染学生。比如，在加强学生的爱国主义教育和“四史”教育过程中，我们可以通过教学生唱一首红色歌曲、看一部红色电影、参观一次红色教育基地、重温一次入党誓词、举行一次升国旗、开展一次学会感恩主题班会等丰富多彩的形式，帮助青年学生树立正确的世界观、人生观和价值观，深化对党的认识和了解，增进为实现中华民族伟大复兴而奋斗的爱国情怀。在感恩教育中，我们可以通过主题班会、演讲比赛、社会实践等方式，引导大学生“感受爱、认识爱、学会爱、能够爱、传递爱”，使其知、情、意、行在理想与现实的碰撞中实现自我完善，回报社会。

（三）有利于培养学生的能力水平

教育最终目的是让学生成为一个对社会有用的人。除专业知识和专业技能外，学生走向社会还需要独立的思考能力、勇于突破的创新能力、良好的合作交流能力，而这些能力的获取正是在服务育人过程中实现的。独立的思考能力需要为学生提供自己发现、思考的机会，根据学生所学的知识和技能，开展相应的服务项目，搭建服务平台，使学生把所学的内容同现实生活联系起来，提高学生的理解能力和思维能力。创新能力需要为学生提供创造性思维的、宽松的服务环境，当学生的心理安全或心理自由获得满足时，学生就能够自由地表达自己的思想，自主地塑造自己的人格，提高创新能力。合作交流能力是学生毕业走向社会非常重要的能力，学生要学会与他人一起学习、生活，与他人互动。学校需要为学生提供和创设角色互换的演练场、搭建团队、开展社会实践，使学生在与他人互动过程中学会交流沟通。服务育人在这些能力培养过程中，为学生搭建了平台，营造了环境，提供了保障措施，从而为提升学生的综合素质奠定了基础。

第二节　服务育人的内容与途径

学校全体教职员工在服务育人过程中要为人师表，为学生学习、生活提供优质服务，帮助学生解决思想、学习、生活遇到的困难和问题，带领引导学生朝着正确的方向前进，树立正确的“三观”，从而培养学生积极健康的道德品质和良好的行为习惯。服务育人通过体系完备的工作机制、丰富多彩的校园活动、主题鲜明的社会实践等途径，为把培养学生成为一个道德高尚、能力突出、身心健康的社会之才打下坚实基础。

一、服务育人的内容

（一）培养良好道德素质的时代新人

德育是教育的首要内容，服务育人首先要培养学生良好的道德品质。德育要紧跟时代发展步伐，推进德育工作专业化、规范化、实效化，实现德育工作的针对性、时代性、实效性，构建目标明确、内容完善、载体丰富、保障有力的全员、全程、全方位育人体系。德育工作应该具有前瞻性，今天的教育是培养具有世界眼光的社会主义建设者和接班人，应该教育学生具有战略思维和国际视野，必须加强社会主义核心价值观教育和“四史”教育，使学生认识到中国特色社会主义道路是实现中华民族伟大复兴的唯一正确道路。德育工作应该具有时代性，时代是思想之母，实践是理论之源，德育产生于现实社会，时代滋养培育人的德性。为此，服务育人必须紧紧围绕新时代脉搏，做好立德树人这篇大文章，精选教材、精心设计活动主题，开展内容丰富、形式多样的活动，用社会主义核心价值观教育引导学生，以积极向上的力量鼓舞学生，促使学生养成良好的思想品德和行为习惯，为国家培养具有国际视野和家国情怀的德智体美劳全面发展的时代新人。

（二）培养职业发展所需的关键能力

在中共中央办公厅、国务院办公厅印发的《关于深化教育体制机制改革的意见》中，明确指出“要注重培养支撑终身发展、适应时代要求的关键能力。在培养学生基础知识和基本技能的过程中，强化学生关键能力培养”，并进一步指出要培养四种关键能力，即认知能力、合作能力、创新能力、职业能力。职业发展所需的关键能力，是学生经过长期训练、积累并在实践过程中形成的。为了培养职业发展所需的关键能力，学校应做好以下几方面工作：一是学校应充分利用校内外各种资源，为学生成长搭建平台。在校内，特别重视学生社团的建设、管理和考核，要开展以关键能力培养为主题的校园文化活动；在校外，学校应鼓励学生积极参加各种技能大赛、创新创业大赛，开展大学生“三下乡”和志愿服务活动，通过学生的参与来锻炼培养学生能力。二是为学生创造真实的工作场景，让学生在潜移默化中提高自身水平，要改变以往传统的教学模式，要充分调动学生学习的积极性，提高学生自主学习能力，提倡以结果为导向的学习，提高学生解决问题的能力。三是培养良好的学习和生活习惯，让学生学会自律，学会自我管理，培养职业发展应具备的职业素质。

（三）培养身心健康的合格建设者和接班人

身心健康是学生未来学习、生活和工作的前提和基础，没有健康的身体和心理就没有幸福的人生。服务育人要求教师做好学生健康成长的引路人，为全面建设社会主义现代化培养更多优秀人才。首先，学校要开足体育课，提供充足的体育运动场地，经常开展形式多样的体育竞赛活动；提供价廉物美的饮食环境，保障学生有一个健康的身体。其次，要尊重学生、理解学生、对学生宽容，多给学生鼓励，增强学生的信心，要把学生心理健康教育同专业教育结合起来，让每一个学生都能健康成长。针对青年学生的实际情况，特别注重生命教育、挫折教育、青春期教育，发挥辅导员、心理教育教师和专业课教师的协同作用，加强对学生的人文关怀，共同培养身心健康、德智体美劳全面发展的社会主义建设者和接班人。

二、服务育人的途径

（一）健全完善的工作机制

落实立德树人根本任务，提升服务育人工作质量需要有效的工作机制。学校要在组织宣传、行政管理、教育教学等方面采取有力措施，建立起全员参与、全程融入、全方位营造的服务育人工作机制，提升服务育人成效。一是打造高素质的服务育人队伍。通过将服务育人工作纳入教师日常绩效管理，与职称评聘、评优评先等工作结合起来，评选服务育人标兵，打造服务育人示范岗等方式，打造一批服务育人先进典型，以点带面，提升教师队伍服务育人意识、能力和水平。二是让学生参与学校管理，发挥学生的主体作用，倾听学生的心声，拓宽服务渠道，打通服务育人“最后一公里”，及时解决学生关切的问题，拉近学校与学生之间的距离。三是推进第一课堂与第二课堂协同发展，让教育的力量充满校园的每一个角落。四是将服务育人经费预算单列，同服务育人工作任务一起纳入各职能部门、各教学单位日常工作安排中，做到服务育人同学校其他工作一同部署、一同考核。

（二）主题鲜明的实践活动

社会实践是服务育人的重要环节，是对青年学生进行思想政治教育、培养创新精神、提高能力素质、增进责任意识和感恩意识的重要途径，是青年学生自我认识、自我塑造、自我提升的重要渠道。高职院校的服务育人可以通过以下几种社会实践方式：一是利用好国家“大思政”实践教学基地平台开展服务育人，教育引导青年学生在实践中感悟马克思主义中国式时代化的思想魅力和实践伟力，增进对习近平新时代中国特色社会主义思想的政治认同、思想认同、理论认同、情感认同，争做堪当民族复兴重任的时代新人。二是利用好暑期“三下乡”实践载体，鼓励大学生走向农村、走向基层，在实践过程中接受教育、增长才干、作出贡献。三是开展好日常的志愿服务，比如参加义务植树、捡拾垃圾、无偿献血、走访慰问孤儿院、到社区开展科技宣传等，通过一件件小事，彰显奉献友爱互助进步的人间大爱，也让学生在参加社会实践的过程中得到锻炼。

（三）精准对接的能力培养

服务育人不仅要增进学生的道德素质和思想认识，还要有助于提高学生的能力。针对高职院校学生的实际，重点加强对学生的认识理解能力、合作沟通能力、创新创业能力、心理抗压能力等方面的培养，服务育人要精准对接学生迫切需要提升的能力需求，做到有的放矢。认识理解能力直接影响着学生树立什么样的世界观、人生观和价值观，合作沟通能力关系着学生毕业后的职业发展，心理抗压能力关系着学生在生活和工作中的社会适应性，创新创业能力是培养大国工匠和全面建设社会主义现代化国家的内在要求。高职院校必须针对这些能力需求，增强能力供给，做好服务育人的保障工作。比如，可以带领学生走向田野地头，进行认知训练，让学生在亲自体验中认识到“谁知盘中餐，粒粒皆辛苦”的不易，让学生看到在我们实现共同富裕的过程中还有很多贫穷的父老乡亲需要帮助，让他们明白在党的领导关怀下农村已经发生了翻天覆地的变化。所以，有针对性地开展服务育人是提升学生能力素质的最佳途径。

（四）丰富多彩的校园活动

校园文化活动是指在校园内举行的各种节（艺术节、文化节、科技节、轮滑节）、各类竞赛（作文、书法、写作、演讲、辩论等）、各类比赛（篮球赛、足球赛、拔河比赛、运动会等）以及各类讲座、培训等活动的总称。作为学生的第二课堂，校园文化活动在立德树人过程中发挥着重要作用，是开展服务育人的重要途径之一，对学生的思想道德、价值观念心理素质和行为准则产生着潜移默化的深远影响，对提升学生的综合素质发挥着重要作用。丰富多彩的校园文化活动，让学生在互动中学会沟通、交流与写作，让学生在参与中学会竞争、担当与创新。比如，大学生科技文化节不仅有助于提高学生的科技文化素养，丰富大学生的业余文化生活，还能提高学生策划、沟通、组织和协调等能力。

第三节　服务育人的重点与手段

服务育人要坚持提高技能与提升素质相结合、培养健康心理与培养健康体魄相结合，这不仅是职业教育的育人要求，更是全面建设社会主义现代化和实现中华民族伟大复兴对人才的需求。服务育人必须坚持目标导向和需求导向，为国家培养德智体美劳全面发展的合格人才。

一、服务育人的重点

（一）价值引领

服务育人关乎着“培养什么样的人、怎样培养人、为谁培养人”的工作质量，我们要自觉把价值引领贯彻到服务育人全程。工作中要牢牢做好三方面工作：一是明确价值引领的方向。要把价值引领融入人才培养全程，包括课堂教学、教材、教法以及校园文化活动和社会实践，融入知识传授和能力培养全程。二是要找准价值引领着力点。在育人评价体系中设置服务育人效果的监测点，在课程评价、校园文化活动评价和社会实践评价中明确价值引领的方向、标准。三是要讲好服务育人故事，通过形象生动、通俗易懂的方式让学生树立文化自信，厚植爱国情怀。这些故事可以是国外的，也可以是国内的，可以是古代的，也可以是新时代的，可以是关于国家的、党的、社会的，也可以是关于文化的、道德的、情感的、人生的，等等。通过讲故事打造有温度、有深度、有广度的大课堂，引导培养学生开展对国家、民族和生命意义的思考，以润物无声的形式将正确的价值观传导给学生，实现育人效果最大化。

（二）劳动精神

劳动是人类社会变革的根本力量。服务育人与劳动结合，是回归学生自身的主体教育的一种方式，能够帮学生在自主实践中发现自我，通过自己的努力创造幸福的生活。教育与劳动结合，有助于培养学生的奋斗精神、诚信品质和创造能力。高职院校应着重加强学生的劳动观念、劳动习惯的养成教育。可以从以下几个方面来抓：一是创造劳动环境，弘扬大国工匠精神、两弹一星精神和劳模精神，把劳动教育纳入人才培养全程，与德育、智育、美育、体育相融合，有目的、有计划地组织学生参加日常生活劳动、生产劳动和服务性劳动，让学生动手实践、出力流汗，接受锻炼，磨炼意志，培养学生树立劳动光荣、劳动伟大的观念。二是科学设置劳动教育课程，加强对学生劳动素养的考核评价，发挥劳动教育的育人功能。三是发挥社会、学校和家庭在劳动教育中的协同作用，学校要通过开足劳动教育课程、设立技能大师工作室、聘请劳动实践指导教师等方式，确立劳动教育的重点主导地位；社会要为学生的劳动实践搭建平台、提供支持，家庭要教育孩子养成爱劳动的好习惯，社会、学校和家庭共同努力，推进劳动教育的规范化和常态化。

（三）创新能力

创新是一个国家和民族发展的不竭动力。社会越发展就越需要创新，反之亦然。创新的关键在于人才，在于教育。服务育人一定要把培养学生的创新能力作为重要目标，着力培养学生的创新意识、创新思维和创新技能。培养学生的创新能力，可以从以下三个方面做起：一是教会学生如何学习。现代社会是一个知识爆炸的社会，因此信息时代人们获取知识更加便利，这是好的一面；不好的一面是学生不知道如何从海量的知识中获取对自己有用的知识，这就需要教师的引导，教师的帮助让学生知道如何学习并获取有用的知识。二是改变传统的灌输式教育方式。采取启发式的教育方法，发挥学生的主体作用，让学生在学习过程中学习思考，培养学生的创新思维。三是搭建创新教育平台。学校可以同本地的科技馆、博物馆、历史馆、纪念馆、天文馆等合作，建立创新教育实践基地，开展创新项目合作。同时学校加大智慧校园建设，提升学生利用信息技术手段的能力。学校组织学生积极主动地参加各级各类技能大赛，培养学生的创新技能。

（四）合作能力

合作能力是学生毕业后在工作中能否取得成功的一个非常重要的能力。合作能力不仅能带来事业的进步，也能与他人保持良好的人际关系，让自己生活得更幸福。服务育人过程中，要特别注意培养学生与他人的合作能力、培养学生的团队精神。首先，要让学生正确认识自我，帮助学生认识自己的缺点和不足，不要以自我为中心，要心胸开阔不要心胸狭窄，要性情开朗不要性情孤僻，要严于律己、宽以待人，要重视加强学生的人格训练，使其能够正确认识自己、评价自己。其次，要广泛开展团队合作项目，让学生在与他人合作的过程中认识自我、提升自己，同时学会尊重他人、鼓励他人以及客观评价他人。最后，要培养学生的合作意识。比如一场拔河比赛，没有大家的通力配合是很难取胜的。比赛中，由于各种原因，队友发挥失常或出现失误都是难免的，这种情况下，队员间更要相互谅解、鼓励与支持，切忌埋怨、责备。要使学生认识到，人与人之间只有良好的合作，才能相处得更融洽、亲和，取得成功的机会也更大。

（五）学习能力

学习能力是为学生更好地适应未来岗位需求而培养的一种能力。在终身学习观念下，学校的一个重要任务是培养学生成为终身学习者，提高学生终身学习的能力。一是要让学生树立终身学习观，在校学习只是其中的重要一环，从学校毕业后还需要不断地学习，增加知识储备，健全完善人格魅力，改被动学习为主动学习。二是学校要积极开展教育教学改革，从注重知识传递转向知识“创造”与“探索”，加大学习技巧训练，鼓励学习利用闲暇时间进行学习，培养良好学习习惯。三是教育引导学生结合自身实际，制订终身学习计划，科学安排学习和工作时间，精选学习内容，并做到持之以恒。哲学家怀特海曾经说，只有当人类“发明了发明的方法”之后，人类社会才能快速地发展。人类社会在几百年前才出现了大发展，在那之前，每个世纪的发展几乎等于零。同样的道理，教师只有教会学生学习的方法之后学生才能进步。

二、服务育人的手段

提升服务育人实效，需要加强校风、学风和教风建设，利用信息化手段提升服务育人的针对性，社会、学校和家庭要共同合作，协力做好育人工作。

（一）加强校风、教风、学风建设

良好的校风、教风和学风是提高服务育人质量的根本保证。高职院校应积极构建以“文明、和谐”为主要内容的校风、“德能并修”为主要内容的教风和“素质、能力”为主要内容的学风建设，采取有力措施，提升育人能力和水平。一是实现学校管理向学校“治理”转变，营造文明、和谐的校园新风，为师生参与学校治理搭建平台，让师生参与到学校工作中来，充分发挥师生在办学治校过程中的主人翁精神。二是实现从灌输式的传统教育模式向启发式教育模式的转变，探索推进“三教”改革，加大教师队伍培训力度，提升教师教书育人能力。三是实现学生由被动学习向主动学习转变，教师做好价值引领，教育引导学生形成良好的学习、生活习惯，积极参与学院组织的各种活动。通过“三风”建设，塑造一批师德高尚、业务扎实、敬业奉献、教学严谨的教师队伍，培养一批懂得学习、善于学习、百折不挠、勇于探索的新时代高职学生。

（二）数字化赋能服务育人

随着数字化的全面融入，教育的理念和方式也发生了深刻变化，利用数字化手段开展教育教学便成了大势所趋。数字化服务育人理念要先行，无论是学校的管理者还是学校的教师都应加大学习和培训，可以通过集中培训、专家讲座、参观学习等多种培训学习方式，培养数字化思维。学校和教师要主动适应新形势，实现由传统教育模式向数字化教育模式转变，提升服务育人的针对性。加强信息化智慧校园建设，提供无处不在的思想政治教育网络、强大的学习工具、高质量的数字学习内容。利用数字化，大力加强精品在线开放课程和教学资源库建设，同时做好学情数据分析，开发虚拟仿真实训平台，满足数字化服务育人需求。

（三）社会、学校、家庭协同育人

学生的成长成才离不开社会、学校和家庭，服务育人要打破社会、学校和家庭教育的界限，把社会、学校和家庭教育有机结合起来，共同打造学生健康成长和全面发展的环境基础。一是政府要积极履行育人职责，社会是一个大课堂，这个课堂氛围的好与坏，政府在这个大课堂中发挥着重要作用。全力打造一个公平、正义、团结、和谐、有序、廉洁的社会环境，为学生成长提供平台和依托。二是学校要和社会、家庭实现信息共享，要让家长了解孩子在校学习、生活状况，如必须有效地运用学校开放周、家长会、家访、校讯通等手段，有效地与家长保持沟通。学校要与行业、企业及其他有关单位建立深度合作关系，培养让社会和家长满意的合格人才。三是家长要主动配合学校，做好学生学习生活方面的引导和保障工作。

第四节　服务育人典型案例

案例："1+2+3"精准云服务　助推毕业生稳就业

一、实施背景

2020 年，全国有 874 万名大学生毕业，规模创历史新高。新冠肺炎疫情的暴发和蔓延，对社会经济的发展造成了较大冲击，也不可避免地对高职院校毕业生的就业创业造成了一定影响。企业延迟复工，各行业发展遭受冲击，招聘岗位有所减少，学生就业机会就相应减少，高职院校就业工作的压力也因此增加。

习近平总书记在统筹推进新冠肺炎疫情防控和经济社会发展工作部署会议上强调："要注重高职院校毕业生就业工作，统筹做好毕业、招聘、考录等相关工作，让他们顺利毕业、尽早就业。"秦皇岛职业技术学院机电工程系深入学习贯彻落实习近平总书记的重要指示精神，在学院党委的坚强领导下，落实"稳就业""保就业"的要求，采用"1+2+3"精准云服务模式，提供云招聘、云指导、云签约、云帮扶，全程助推毕业生稳就业，初次就业率达 95.9% 以上。

二、具体做法

机电工程系2020届毕业生366人。院系专门成立就业工作小组，全面落实党中央对“稳就业”的要求，关注毕业生思想动态和就业需求，利用网络平台，全方位开展毕业生网上就业云服务工作。针对疫情时期毕业生就业岗位减少、延期上岗、延期升学考试等问题，制定专项方案，并对个别家庭困难、心理压力大、就业困难的毕业生，多措并举，精准帮扶，最大限度保障毕业生就业权益。具体做法如下：

（一）建立一个机制

机电工程系建立“辅导员＋思政导师＋专业导师＋心理咨询师”多维度联动机制，分层次、多角度关注毕业生的思想和心理动态，有针对性地做好向导、引导、指导工作，多维联动，稳就业。

系领导、辅导员、思政导师、专业导师分别通过线上视频会、微信群、QQ群等多种网络媒体对毕业生进行形势政策教育、思想政治教育、技术能力培养、心理疏导帮助，全力以赴提供有态度、有温度、有力度又有速度的服务，并帮助毕业生主动适应招聘模式的转变，提升学生在线上招聘模式中的求职实力，提升毕业生的就业信心。对焦虑不安、信心不足、就业困难的同学，采用一对多、多对一、一对一等形式进行重点帮扶，确保云服务覆盖率达到100%。

（二）关注两类群体

1. 贫困家庭学生群体

机电工程系开设“就业精准帮扶专线”，根据学生本人的个性特点及就业取向，为贫困家庭学生提供精准帮扶。3180501班杨某某同学，家住甘肃省偏远地区，是建档立卡贫困户，辅导员主动联系该同学，了解该生计划先升学再就业，在多维联动机制下，帮助该生树立信心，推送专接本政策，在专业学习上进行指导帮助；在该生专接本失利后，辅导员又多次与学生及家长沟通，了解就业意向，先后推荐8家就业单位并助其成功入职。

2. 就业困难学生群体

机电工程系建立“未就业毕业生咨询与指导专线”，通过线上摸排，精准掌握学生思想动态，帮助毕业生分析失利原因，总结经验，分析现状，并根据毕业生实际需求，有针对性地推送就业单位招聘信息及面试技巧，组织参加网络面试，通过点对点推荐等方式，为毕业生“送平台，送资源”寻求就业机会，从而实现以点带面的就业局面。新冠肺炎疫情暴发后，机电工程系主动联系了首钢京唐钢铁联合有限责任公司、二十二冶集团有限公司、长城汽车股份有限公司、中国能源建设集团等 20 余家合作企业进行了二次网络招聘，48 名学生达成就业意向。

（三）采取三种方式

1. 网络直播送方法

机电工程系将传统就业的“面对面”转换到“屏对屏”，建立就业工作直播间，在“零接触”的情况下，“不断线”地为毕业生答疑解惑。

先后开展以“专接本那些事儿！”“网络面试，我知道！”“毕业，你准备好了吗？”为主题的平台直播。直播内容覆盖解读河北省关于专接本最新政策、河北省大学生应征入伍新政策、分析就业形势、讲解简历撰写、求职技巧、就业心理辅导、毕业生需提交的就业材料、个人档案去向、求职补贴发放以及毕业实习答辩等相关问题。

在线参与人数累计超过 900，对毕业生提出来的 170 余条问题进行了详细解答，同时，连线往届就业、征兵、升学等不同身份的学生分享经验与感悟。

2. 网络指导送技巧

机电工程系先后在微信、QQ、公众号、系网站等各个平台以网络推文方式推送 30 余条由教育部、中共河北省委组织部、河北省教育厅、河北省人力资源和社会保障厅等部门发布的就业相关政策。

同时，还不断加强引导学生自主使用各类就业招聘平台，例如人社部“职等你来，就业同行”、教育部“24365 校园招聘服务”、人民网“云端见”大学生就业服务、秦皇岛职业技术学院就业工作平台等网络招聘平台，并发布 30 余条网络直播大讲堂等推文，为广大毕业生求职者提供便利的就业服务。此外，辅导员线上为毕业生推送信息累计 20587 条，答疑解惑 10695 条，视频连线 5623 次。

3. 网络面试送岗位

机电工程系利用网络媒体，主动联系合作企业和校友企业，为毕业生拓宽就业渠道、寻求就业机会、带来更多的岗位信息，转危机为“危中求机”。

在一个多月的时间内，先后联系了 30 余家单位，为毕业生提供了 150 余个就业岗位，并有 100 余人达成就业意向。

三、取得成效

（一）保证就业质量稳步提升

截至 2020 年 12 月 31 日，机电工程系 2020 届毕业生 366 人中 351 人就业，就业率 95.9%；协议就业 74 人，占比为 21.08%；对口就业 241 人，占比 68.66%；专接本 66 人，占比为 18.8%；征兵入伍 20 人，占比为 5.7%。主要就业单位有首钢京唐钢铁联合有限责任公司、唐山首钢京唐曹妃甸港务有限公司、中国二十二冶集团有限公司、长城汽车股份有限公司、迁安九江线材有限责任公司、富智康精密电子（廊坊）有限公司、京东方（河北）移动显示技术有限公司、海尔集团（天津分公司）等大型企业。就业质量稳步提升。

（二）保证就业心态积极乐观

机电工程系齐心协力，多措并举，重点帮扶，积极引导学生认识自我，明确自我，作好充分的知识储备和心理准备，树立信心，勇敢地做出切合自身实际的职业生涯规划并付诸行动，朝着既定目标不懈努力。

（三）保证就业云服务效果凸显

当下，网络思想政治教育以其共享性、交互性、隐秘性、平等性、开放性等特点应用于高职院校学生思想政治工作实践中。发挥网络的作用，利用网络平台加强对毕业生的教育引导、就业指导、重点帮扶，使就业工作的开展更具有针对性、指导性、明确性和主动性。

四、经验启示

机电工程系打造的就业创业指导与服务团队，立足系部，走向学院，在职业规划、就业、创业、专升本方面助力学生展开翅膀，勇敢翱翔。就业创业指导和服务工作变得有条不紊，很多问题迎刃而解，就业创业工作大为改观。

第一，聚焦“00后”学生实际需求，打造新型就业创业服务生态圈。机电工程系就业创业指导团队，让学生行有路标，上有通道，专业化、精准化预防解决了学生在就业创业过程中出现的一系列问题。党的十九大报告指出，就业是最大的民生，鼓励创业带动就业。机电工程系就业创业指导团队与时俱进，成功打造真正适合“00后”的就业创业服务立体生态圈。

第二，网络思政在大学生思想政治教育中日趋常态化，要提高学生工作队伍利用网络媒体开展思想教育工作的水平，拓宽网络媒介的应用，并引导学生适应新媒体下的教育教学生活。

第三，利用“互联网+”云服务，推动系部就业创业指导全覆盖。利用移动互联网平台推动就业创业指导“全覆盖”，让学生把碎片化的时间利用起来，彻底清理高职院校就业指导工作的死角，提升就业指导工作的水平，打开系部就业创业工作新局面。

第四，大学生就业工作是关乎国计民生的大事，学生工作队伍要注重与时俱进，结合实际，提升对学生就业指导的针对性与实效性，实现精准帮扶，确保学生就业率与就业质量同向同行。

第十一章 资 助 育 人

第一节 资助育人的概念及意义

一、资助育人的概念

资助育人理念是2009年在国家奖学金颁奖大会上首次明确提出的。两年后，国家召开了全国第一次资助育人工作研讨会，对资助育人的形式、内容、目的进行了研讨并达成共识，这次研讨会推动了资助育人理念的进一步发展。2016年，资助育人理念得到进一步深化，并明确了资助育人在新时代的新使命，即国家通过发放奖学金、助学金、贷款和贫困生补助等形式，帮助家庭经济困难的学生更好地完成学业，帮助青年学生树立正确的“三观”，养成良好的科学精神、思想品质、实践能力和道德素养，最终实现成长成才。

我国高校资助育人工作，从狭义上来讲指的是通过直接给予经济方面的资助帮助贫困学生完成学业；从广义上来讲，既包含了涉及学杂费、生活费等方面的基础性经济帮扶，又包含了为培养学生形成健全人格而进行的系列人文实践活动的开展。高校资助育人工作不仅通过经济帮扶学生解决生活问题，还提供更广泛、更全面、更深层次的育人资源，承担着重要的育人功能。作为保障教育公平的重要工作内容，资助育人工作的内涵也需要随着社会发展进步而不断完善。因此，做好新时代的资助育人工作，需要紧密把握新时代的历史逻辑和现实逻辑。

一是要着眼脱贫攻坚和小康社会的时代背景。实现共同富裕和中华民族伟大复兴是全体中国人为之奋斗的伟大目标。进入新时代以来，中国已成功实现了脱贫攻坚任务，正朝着第二个百年奋斗目标前进。全面建设社会主义现代化国家和实现中华民族伟大复兴离不开教育，培养大批高素质的技术技能人才是教育的使命，而教育资助在这个过程中发挥着重要作用，资助了更多的困难家庭学生，有助于进一步巩固脱贫攻坚成果，有助于建设一个更加公平的社会。教育公平是社会公平的重要基础，而资助是实现教育公平的托底政策。从某种程度上说，教育扶贫的先导性作用、教育在精准扶贫中的直接作用，必须建立在高效、科学的资助育人工作体系之上。

二是要体现社会公平正义和发展成果共享的时代旋律。2012 年以来，党中央基于新时代新需求，提出了创新、协调、绿色、开放、共享的发展理念，注重机会均等，让广大人民群众共享发展成果。就教育领域而言，保证所有学生共享社会发展已经取得的巨大成就，同时共享成长和发展的机会和空间，无疑是践行共享发展理念的基本要求。资助工作一方面要帮助经济困难学生享受到教育的机会和基本条件，另一方面要更加精准地满足不同学生的成长需求，为学生搭建更加公平的竞争和成长平台。没有教育公平，就难以保障每一个学生共享发展的成果和机会，这不仅关系到经济和社会发展，也关系到民生福祉和人心向背。高校资助育人工作，也必须服务于共享发展的时代旋律。

二、资助育人的意义

资助育人是“三全育人”工作的一项重要内容，在立德树人工作中占有重要地位，对促进教育公平和提高人才培养质量具有重要作用。在资助育人工作中要坚持问题与导向并重，资助与育人并重的原则，通过对学生进行有针对性的资助，解决学生的实际困难和思想中存在的问题，让资助工作变成一个得人心、暖人心、稳人心的工作，在对学生的关爱与帮助中引导学生积极健康成长。因此，资助育人不仅仅关系到资助对象的个人，还关系到社会的公平正义。

在实现共同富裕的过程中确保“一个都不能少”，这是党和政府对人民的庄严承诺。党的十八大以来，国家加大了对困难学生的资助力度，并建立了政府、学校和社会三位一体、全链条式的资助育人体系，育人的范围和效果越来越明显。

（一）资助育人促进了教育的公平

“不让一个学生因家庭经济困难而失学”是国家资助政策的出发点和目标。国家每年都会拨出专项资金，建立绿色通道，保障家庭经济困难的学生公平接受教育。各高校根据国家要求，也逐步加大了对学生资助的力度，从事业收入中提取一定比例用于学生资助。行业企业、社会团体和个人积极履行社会职责，积极捐资助学，与政府和学校一起推动了学生资助工作的深入开展。经过多年努力，政府、学校和社会三位一体、全链条式的资助育人体系已经形成，有效地维护了教育的公平，帮助困难家庭学生顺利完成了学业。

（二）资助育人拓展了“三全育人”的厚度

做好新时代高校资助育人工作，就是在对困难家庭学生资助过程中，紧紧围绕立德树人这个根本任务开展工作，站在“培养什么样的人，怎样培养人，为谁培养人”的政治高度审视和谋划困难学生资助工作。教育部印发的《高校思想政治工作质量提升工程实施纲要》中，明确要求将资助育人纳入高校思想政治工作体系，作为新时代高校思想政治教育工作十大育人体系的重要内容，为解决助困与育人“两张皮”的问题指明了方向。对学生的资助工作必须仅仅围绕“育人”工作导向，并以此为学生资助工作的出发点和落脚点，将资助育人贯穿落实到全员、全程、全方位育人工作中，提升“三全育人”工作水平。

（三）资助育人搭建了学生成长的平台

开展学生资助工作从本质上说一项育人工作，拓宽了育人厚度，已成为立德树人工作的一项重要内容。学校通过“奖、贷、助、勤、补、减”有机结合的学生资助政策体系，解除了学生学习和生活的后顾之忧，为他们的兴趣培养、能力提升和视野开拓提供更多、更好的机会和平台。很多来自农村、山区或是中西部偏远地区的家庭经济困难的学生，通过政府、学校或社会力量的帮助，坚定了学习的动力和对未来美好生活的渴望，为他们的成长成才打下了基础。

第二节　资助育人的内容与途径

一、资助育人的内容

国家的资助政策已帮助数以万计的贫困家庭学生大学梦、就业梦，是一个实实在在的惠民政策。目前，我国已经建立了内容丰富、体系健全的学生资助体系，通过“奖、贷、助、勤、补、减”方式，做到了对困难家庭学生应助尽助。

资助育人的内容主要有国家奖学金、国家励志奖学金、学业奖学金、校内奖学金、国家助学贷款、新生入学资助、勤工助学、学费减免、补偿代偿、绿色通道、校内资助等。具体内容详见表 11-1、表 11-2：

表 11-1　本专科生教育阶段国家资助政策

项目名称	资助对象	资助标准	资助方式	资助主体
国家奖学金	本专科（含高职、第二学士学位）在校生	每年奖励 6 万名，每生每年 8000 元	国家财政下拨资金	政府
国家励志奖学金	同上	每年奖励在校生的 3%，每生每年 5000 元	中央和地方政府下拨资金	政府
国家助学金	本专科（含预科、高职、第二学士学位）在校生	每生每年平均 3000 元	同上	政府
国家助学贷款	家庭经济困难学生	每生每年不超过 12000 元	国家下拨资金	政府 金融机构
国家教育资助	应征入伍服义务兵役、招收为军士（原士官）、退役后复学或入学的高等学校学生	每生每年不超过 12000 元	学费补偿、国家助学贷款代偿、学费减免	政府
基层就业学费补偿贷款代偿	自愿到中西部地区、艰苦边远地区和老工业基地县以下基层单位就业、服务期在 3 年以上（含三年）的本专科毕业生	每生每年不超过 12000 元	补偿学费或代偿用于学费的国家助学贷款	政府
师范生公费教育	六所教育部直属师范大学的公费师范生及“优师计划”师范生	在校期间不用缴纳学费、住宿费，还可获得生活费补助	国家负担学习期间的学习、住宿、交通费用	政府
勤工助学	在校学生		参加高校组织的勤工助学活动取得相应报酬	学校

（续表）

项目名称	资助对象	资助标准	资助方式	资助主体
绿色通道	家庭经济困难新生	学校根据学生具体情况开展困难认定，采取不同措施给予资助		学校
校内资助	家庭经济困难学生		校内资助	学校

表 11-2　研究生教育阶段国家学生资助政策

项目名称	资助对象	资助标准	资助主体
国家奖学金	全日制研究生	每年奖励 4.5 万名，其中，硕士研究生 3.5 万名，每生每年 2 万元；博士研究生 1 万名，每生每年 3 万元。	政府
学业奖学金	在校研究生	由各校自定	学校
国家助学金	全日制研究生	中央高校硕士研究生每生每年 6000 元，博士研究生每生每年 15000 元；地方高校参照中央高校执行。	政府
"三助"岗位津贴	助研、助教、助管	资助标准为每生每年不高于 16000 元	政府

二、资助育人的途径

（一）建立一体化、动态化资助育人工作体系

高校的学生资助政策是中国特色社会主义制度在教育工作中的具体体现。中国特色社会主义制度具有集中力量办大事的制度优势，为了不让一个因家庭困难而上不起学的学生失去上学的机会，充分发挥中国制度的优势，形成了各地方政府、学校、行业企业和个人共同参与的资助育人工作体系，党中央、国务院牵头，多方参与，学校具体负责落实的资助育人工作机制。高校在推进资助育人过程中，应该做到部门协同联动，建立起由学校党委统一领导，职能部门分工负责，二级学院（系）协同联动的资助育人工作机制。同时，要利用大数据和现代信息技术，加强与地方政府相关部门的数据共享和信息沟通，实现资助育人的动态化、精准化。通过信息共享，学校能够实时掌握学生的家庭信息，及时了解学生的家庭经济状况，让家庭经济困难的学生能够完整准确地了解国家的资助政策，帮助学生破除心理疑虑，积极申请

资助项目。

（二）构建资助和育人融合联动的工作模式

资助只是手段，目的在于育人。资助与育人相结合，是开展学生资助工作的基本要求。高校应根据家庭经济困难学生的基本情况，为每一位学生建档立卡，并在此基础上有针对性地开展经济资助项目，这是做好资助育人工作的前提。经济上的资助能够帮助家庭经济困难的学生顺利完成学业，找到一份工作，是真正阻断贫困代际传递的治本之策。但是，对家庭经济困难的学生来说，只有经济上的资助是不够的，还应辅之以心理帮扶、就业指导等。家庭经济困难学生，面临贫困的家庭现状，和同龄人相比更加敏感、内向、自卑，不善于人际交往。所以，在开展经济资助的同时，鼓励他们积极参加团体心理辅导，帮助其形成健康的心理，形成正确的世界观、人生观和价值观。

（三）建立专兼结合、全员全程全方位的资助育人队伍

全面推进资助育人工作，必须选好、建强资助育人专兼职工作队伍，全员参与、部门联动，实现资助育人成效最大化。加大对资助育人工作队伍培训，使他们熟悉国家在学生资助方面的政策，在面对资助政策宣讲时要敢讲、会讲、能讲资助政策，将国家社会对高校学生的关爱传递到位。适时开展感恩教育励志教育，在开展感恩教育励志教育的过程中，“精而选精”开展感恩教育励志教育，以学生能够接受的方式开展感恩教育励志教育。在潜移默化中，将感恩教育、励志教育融入学生的日常生活中，将国家资助政策的育人作用挖掘到位，让学生对国家对社会多一份感恩多一份担当。此外，资助育人工作者还要熟悉现代化办公软件，能够运用现代信息技术手段辅助做好资助育人工作，让资助工作者成为专业化职业化的工作人员，进而打造“职业化、专业化、信息化”的工作队伍。重视兼职资助育人队伍建设，注重发挥同辈群体在学生资助工作中的作用，依托学生党支部，发挥学生党员的作用，实现学生党员与家庭经济困难学生结对帮扶。建立健全资助育人激励机制，激发资助育人工作人员的积极性和主动性。完善资助育人工作绩效评价，定性评价与定量评价相结合、过程评价与结果评价相结合、自我评价（学校）

与第三方评价（社会）相结合，以此来衡量学生资助工作队伍的工作情况。

（四）要把社会主义核心价值观教育融入资助育人工作

学生资助工作从本质上来说是立德树人工作，通过资助解困实现资助育人、资助成才的目标。一是要培育坚定信仰和崇高理想，人民有信仰，民族有希望，国家才有力量。对不少家庭经济困难的学生而言，长期的经济贫乏容易造成他们对一些问题的认识片面化，如果再缺少社会关爱和思想引导，就很容易产生理想信念动摇、政治立场不坚定等问题。各高校在资助工作开展过程中，始终把马克思主义信仰教育、社会主义核心价值观教育等放在突出位置，把社会主义核心价值观教育融入资助工作中，融入奖、助、免等所有资助形式的对象选拔以及勤工俭学、社会实践、技能培训等各种工作载体的设计中，尤其是要把“四史”教育、抗美援朝精神、抗疫精神、北京冬奥精神等融入其中，培育引导学生坚定“四个自信”，争做中国特色社会主义的合格建设者和接班人。二是要培养学生的奋斗精神和家国情怀。幸福的生活是奋斗出来的，在对学生的资助过程中要让学生养成勤奋好学、劳动光荣的心理认知。奋斗精神不仅仅体现在对个人成长发展的追求上，更体现在为全面建设社会主义国家和实现中华民族伟大复兴的实践中。因此，资助育人工作要始终把艰苦奋斗精神和家国情怀的培养作为重要内容，在奖学金及其他资助评定的环节，充分体现价值导向。勤工助学的岗位设定和资助标准的制订充分体现了对劳动精神的弘扬和劳动习惯的养成。各省，市，校名级基本都制订出台了相应的制度规定，对大学生（尤其是贫困大学生）应征入伍、志愿服务西部、基层就业参加相关专项计划等予以最大力度的支持，培育学生树立正确的成才观、就业观和价值观。三是要培养学生的感恩意识和诚信品质。在对学生资助的过程中，培养学生的感恩意识和诚信品格，不仅是资助育人工作的要求，亦是立德树人工作的要求。让学生从志愿服务等帮助他人的活动中树立感恩意识。成立专门的感恩社团或组织，设立专门的经费项目，有组织有计划地开展大学生感恩教育实践，鼓励学生积极开展以志愿公益为主题的社会实践，把感恩教育的课堂向校外延伸，在助学贷款申请、还款等相关环节，把诚信教育融入其中，让“贷”和“还”的环节，都成为品德教育的窗口。通过润物细无声的教育，帮助学生成长为有理想、有本领、有担当的时代新人。

第三节　资助育人的重点与手段

一、资助育人的重点

高校要根据工作实际，对贫困家庭贫困学生实行精准帮扶，使资助育人更好地发挥教育作用。学校开展的资助育人工作必须坚持“以人为本”，在充分了解和全面分析贫困大学生的现实需要的前提下，关注和重视其个体发展，把他们培养成知识储备充足、技术能力好、心理健康好、品格素养好的多方位优秀人才。着眼于资助对象的未来发展需求，构建发展性的资助育人体系，帮助学生完善知识能力结构，为学生未来成长和发展奠定坚实基础，实现教育公平的最大化。从心理帮扶、道德培养、责任意识、创新创业、素质提升等方面扎实做好资助育人工作。

（一）培养健康乐观心理

经济上的贫困会增加学生心理上的压力和负担，这种压力和负担会导致学生无法健康成长，无法顺利完成学业，甚至厌学。因此，在学生资助工作中，不能缺少对学生心理的关怀，培养健康的、积极的、乐观的心理是资助育人的一项重点工作。政府、学校、教师以及学管工作人员要积极主动帮助学生，解决他们心中的困难，通过组织丰富多彩的活动和潜移默化的引导帮助他们正确认识自我、正确认识社会，培养他们不怕困难、自强不息、敢于创新的意志品质，使他们能够以非常阳光的心态面对学习、生活和工作。

（二）培养高尚道德品质

感恩、诚信、责任不仅仅是人生的一种态度，更是一种美德。学校应加强对学生的感恩教育，厚植感恩意识、诚信意识和责任意识，教育引导学生自立自强，在资助育人过程中，要让学生充分了解国家政策，感谢党和政府、学校对他们的关心关爱，将此转化为他们学习的动力，增强他们的责任意识，使之养成高尚的道德品质。当前，一些学生受不良信息的影响，道德意识和价值观缺失，因此加强学生的感恩、诚信和责任意识显得非常重要，学会感恩、学会尊重、懂得责任是资助育人的重中之重。

（三）培养创业就业能力

资助育人不仅要关注学生在校期间的现实困境，更要关注学生未来走向社会的适应性问题，资助育人实现由“输血”向“造血”转变。一是要培养学生的创新创业精神，通过举办宣讲会、座谈会、邀请校友作报告等方式激发学生的创业意识。学校也要有针对性地开展创新创业培训，为有意开展创业的学生提供资金支持和指导。二是要提升学生的就业能力，就业关乎着个人发展，关乎着国计民生，提升家庭经济困难学生的就业能力，也应该成为资助育人的一个重要关注点。高校应主动为家庭经济困难的学生搭建就业平台，拓宽就业渠道，同时为家庭经济困难的学生提供就业指导，帮助他们实现高质量就业。

（四）培养良好综合素质

为了使家庭经济困难的学生主动适应未来岗位需求和激烈的竞争环境，在资助育人过程中，应着力加强学生的岗位能力培养。由于成长环境和教育条件的差异，家庭经济困难的学生往往在综合素质上与其他学生有所差异，更加需要各高校在具体工作实践中加以重视。除了学生所学的专业能力之外，应重点加强学生解决问题和分析问题的能力，全面提升学生的综合素质，包括思想、品质、生活能力、业务技能、社会交往能力、心理及生理等很多方面，这就需要各高校根据不同学生群体的特点和成长阶段，因材施教，分类引导，为学生更好地适应社会打下基础。

二、资助育人的手段

（一）做优做强资助育人服务项目

项目式引领是做好资助育人的一个重要手段。高校在资助育人工作中应结合实际，主动开发资助服务项目，将“扶志”与“扶智”相结合，提升资助育人实效。通过开展资助育人服务项目，推进资助育人精准化、实效化。

资助育人项目应重点聚焦价值引领、学业帮扶、能力提升、感恩教育等方面，让学生在参与项目的过程中得到实实在在的帮助。比如，在价值引领方面，可以将“四史”教育、社会主义核心价值观教育融入其中，为学生成长筑牢思想基础；在学业帮扶方面，可以在专业知识、技术技能培训、参加实习实训锻炼等方面进行帮扶，帮助家庭经济困难的学生顺利完成学业；在能力提升方面，可以举办一些有关能力提升方面的培训或者开展一些素质拓展类的活动，帮助学生全面提升素质和能力；在感恩教育方面，可以组织学生多参加志愿服务、乡村振兴等方面的社会实践活动，将个人梦融入中华民族伟大复兴的中国梦中，培养学生的家国情怀。

（二）讲好用好资助育人故事

立德树人是资助育人工作的内在要求，讲好用好资助育人故事，用故事教育人、感染人是做好资助工作的一个有效方式。讲好用好资助育人故事需要做到以下几点：一是明确故事的价值定位，所讲的故事一定是充满正能量、积极健康、向上向善的故事，要知道为什么讲故事、讲什么样的故事、达到什么样的育人效果，只有这样才能做到传播知识、传播思想、传播真理，塑造灵魂、塑造生命、塑造新人；二是明确故事的服务目标，突出故事的价值引领，把握故事的时代脉搏，要时刻为家庭经济困难的学生成长成才着想，通过讲故事让他们学会感恩、懂得责任与担当；三是坚持正确的政治方向，不能为了讲故事而讲故事，也不能为了博取学生眼球而讲故事，故事题材的选择要紧紧围绕立德树人这一根本任务，通过讲故事增强学生的“四个自信”，激发学生自觉融入全面建设社会主义现代化国家和中华民族伟大复兴的历史征程中。

（三）健全完善资助育人工作机制

目前，高职院校资助育人工作还存在着政策宣传不到位，家长和学生对奖学金、助学金的公平性还存在疑虑，对贫困家庭的认定标准还不清晰，全员参与资助育人氛围欠缺等亟待解决的问题，进一步健全完善资助育人工作机制显得尤为重要。一是加大对国家资助政策的宣传力度。教育行政管理部门、学生资助工作管理机构、各高校共同担负起宣传责任，把国家对学生的资助政策传达到每一个家庭。善于利用微信、抖音、快手、网络等新媒体，大力宣传党和国家的资助政策。学校也要利用发放录取通知书、新生开学、入户家访、开展主题活动等机会，加大学生资助政策宣传，让国家资助政策深入人心。二是建立党委统一领导、部门联动、全员参与的资助育人工作机制，破除资助育人工作只是学管部门的工作思想，树立全员参与的大思政视野下的资助育人理念，形成人人懂资助政策、人人参与资助育人的工作环境。三是完善资助育人考核评价机制，围绕立德树人这一根本任务，将资助育人纳入大思政课范畴，同思政课程和课程思政同谋划同部署，从育人方式、育人内容、育人途径、育人手段和育人成效等多方面进行考核，对资助育人作出贡献的教师给予奖励，在干部提拔使用或职称评聘过程中予以优先考虑。

（四）提升资助育人实践实效

高校应充分利用校内外资源，为资助育人搭建平台，提升资助育人实效。高校要作好统筹谋划，把资助育人纳入学校教学计划，规定相应学分或折算成相应课时，推动资助育人实践走深走实。通过参加校内外各种文化活动、军训、创新创业教育、社会志愿服务、创新创业教育等实践活动，培育懂感恩、能吃苦、爱学习、善创新、有担当、乐奉献的时代新人，同时要围绕家庭经济困难学生的实际，作好系统设计，将励志教育、责任教育、感恩教育、诚信教育贯穿于实践过程始终，提升实践活动的针对性和实效性。在资助育人实践过程中，可以建立“学校领导干部—各中层单位负责人—党员教师—学生”结对帮扶制度，即一位学校领导联系一个学生、一位中层部门负责人联系一个学生、一位党员教师联系一个学生，通过结对帮扶让受助学生感受到来自学校和教师的关爱，给学生营造一个充满爱的学习、生活环境，达到资助育人实践育人的目的。

第四节　资助育人典型案例

案例：秦皇岛职业技术学院资助育人工作的实践探索

一、实施背景

为贯彻落实党中央、国务院关于保障困难学生努力学习、健康成长的精神，做好高校家庭经济困难学生资助工作，推进教育公平、维护社会稳定、努力办好让人民满意教育的指导方针。秦皇岛职业技术学院对学生资助工作高度重视，工作中始终坚持以习近平新时代中国特色社会主义思想为引领，与“四个自信、四个意识、两个维护”教育相融合，认真贯彻国家资助政策，紧紧围绕立德树人这一根本任务，健全学生资助工作体系，不断加强规范管理，推进精准资助和发展性资助，不断创新工作模式，努力将“助人”与“立德”互嵌融合，切实帮助困难学生解决生活和学习困难，让他们拥有平和、健康的心态，帮助他们树立自立、自信、自强意识，在受助的同时，学会助人及感恩，取得了良好的工作成效。

二、具体做法

（一）建立健全工作机制，推进资助工作落实落地

学校成立校级学生资助工作领导小组，负责研究审定学校资助工作重大政策，领导、监督家庭经济困难学生的资助工作并形成了组织机构健全、人员配备到位、工作流程规范的资助工作体系。

制订规范的学生资助工作制度。根据国家和省里相关文件精神，结合学校工作实际，学校及时修订各类学生资助政策，包括《学生资助管理办法》《学生勤工助学管理工作实施细则》等多个专项文件，为资助工作提供制度保障。此外，各系部根据学院有关文件精神制订更细化更符合系部工作实际的资助实施办法，确保政策落到实处。

对家庭经济困难学生进行动态管理。结合学校实际，学校对家庭经济困

难学生认定实行动态管理，从家庭经济困难学生档案的建立至助学金的使用进行全程管理，完善监督机制。通过家庭走访、电话随访、个别访谈、同学座谈等调查方式，及时更新完善家庭经济困难学生信息。

（二）国家资助资金使用规范，管理到位

学校学生资助工作始终按照规范管理制度、规范监管责任、规范资助程序、规范资金管理、规范信息管理、规范机构队伍建设“六规范”要求，认真落实中央和省市各项资助政策和措施，并根据上级有关规定和文件严格执行完成国家奖助学金的初评工作，并确保国家各项资助资金使用规范、管理到位。

（三）构建发展性资助工作体系，提升学生综合素养

在提供校内勤工俭学岗位的基础上，学校实施以“海燕计划——能力素养提升工程”等为主要内容的勤工俭学工作体系。“海燕计划——能力素养提升工程”以学生个人发展需求为出发点，资助贫困生参加技能、兴趣培训课程（活动）、志愿服务等，开展学生安全、理财等方面的专题教育。同时，学校组织开展征文比赛、辩论赛以及主题书画展等形式的感恩季活动，组织“励志成长”素质拓展训练营、开设“励志讲堂”、评比“自强之星”等，提升学生的综合素养。

三、取得成效

（一）资助体系逐步提升

学校以“精准资助”和“资助育人”为重点，构建多个资助精品项目，形成完整的实践育人体系和运行机制，并在校内全面推广应用，成效显著。

（二）资助工作全程服务

学校资助工作坚持围绕学生、关照学生、服务学生，给新生开通入学“绿色通道”；给在校生提供充足的勤工俭学岗位，让所有有需要的学生都能

在校内从事勤工俭学的工作；给毕业生发放求职补贴，帮助他们更好地找工作；对于受到自然灾害和新型冠状病毒疫情影响，或者父母亲（或法定监护人）遭受重大变故和本人患重大疾病等出现经济困难的学生，学校及时发放临时困难补助。

（三）资助工作受益面广

学校资助工作以生为本，努力传递党和国家的关爱，传递教育的力量。学校的资助育人模式得到了兄弟院校的一致好评，也得到了社会各界的高度赞誉，取得了良好的社会效应。

（四）感恩教育贯穿始终

学生资助工作与其他学生工作的不同之处在于通过物质资助和精神帮扶的方式，使育人达到潜移默化的效果。

四、经验启示

学生资助工作是立德树人根本任务的重要内容，做好资助工作，意义重大。因此，学校要提高站位，加大力度，着力完善物质帮助、道德浸润、能力拓展、精神激励有效融合的资助育人长效机制，构建起各部门协同、各环节统筹的工作体系，形成全校上下齐抓共管的工作格局。

学生资助必须坚持育人导向，将育人作为资助工作的出发点和落脚点。因此，学校要贴近广大家庭经济困难学生的发展需求，抓住“精准”和“有人”两个着力点，创新资助育人思路、丰富资助载体、细化育人举措，久久为功，不断提升资助育人实效。

实施全能资助项目，实现发展性资助提升素质。开设全能资助项目，推进“精准扶困”“精心扶志”“精细扶智”三项精准化资助行动。把“扶困”与“扶智”“扶志”结合起来，构建物质帮助、道德浸润、能力拓展、精神激励有效融合的发展性资助育人长效机制。

搭建教育实践平台，营造公益慈善氛围。倡导慈善公益实践活动从学生自身做起、从事事点滴做起，通过搭建各类教育实践平台，引导学生在公益实践中成长成才，形成“慈善助学 + 慈善活动 + 慈善基地”三位一体的特色校园文化，营造“人人献爱心慈善成习惯”的校园文化氛围。